BIBLIOTHÈQUE
LATINE-FRANÇAISE

PUBLIÉE

PAR

C. L. F. PANCKOUCKE.

PARIS. — IMPRIMERIE DE C. L. F. PANCKOUCKE,
Rue des Poitevins, n. 14.

OEUVRES

COMPLÈTES

D'OVIDE

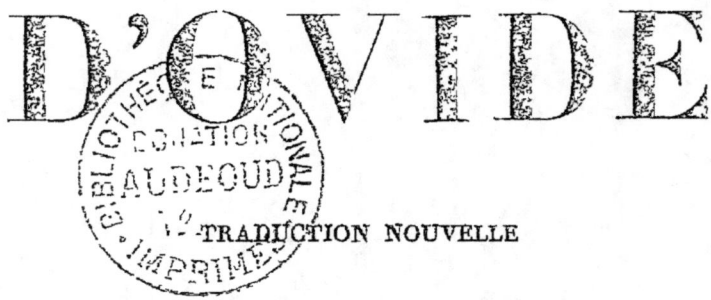

TRADUCTION NOUVELLE

Par MM. Th. Burette, Chapuizy,
J. P. Charpentier, Gros, Héguin de Guerle,
Mangeart, Vernadé.

TOME NEUVIÈME.

PARIS
C. L. F. PANCKOUCKE
membre de l'ordre royal de la légion d'honneur
éditeur, rue des poitevins, n° 14.

M DCCC XXXIV.

TRISTES

TRADUCTION NOUVELLE

PAR M. A. VERNADÉ

PROFESSEUR AU COLLÈGE ROYAL
DE SAINT-LOUIS.

PUBLII OVIDII NASONIS
TRISTIUM

LIBER I.

ELEGIA PRIMA.

ARGUMENTUM.

Per prosopopeiam exsul et infelix poeta librum suum admonet, ut e Scythia ad Urbem profecturus, eo habitu accedat, quo exsules utuntur: mandatque, quod velit responderi sciscitantibus, quid ipse agat. Docet simul, quomodo se excuset, si forte carmina haec visa fuerint ejus ingenio minora: postremo jubet, ut Palatium evitet, unde fulmen emissum in se fuisse commemorat.

Parve, nec invideo, sine me, Liber, ibis in Urbem,
  Hei mihi! quo domino non licet ire tuo.
Vade, sed incultus, qualem decet exsulis esse;
  Infelix, habitum temporis hujus habe:
Nec te purpureo velent vaccinia fuco;
  Non est conveniens luctibus ille color:
Nec titulus minio, nec cedro charta notetur;
  Candida nec nigra cornua fronte geras:

TRISTES
DE P. OVIDE

LIVRE I.

ÉLÉGIE PREMIÈRE.

ARGUMENT.

Ovide, au moment de laisser partir son livre pour Rome, lui recommande de garder un extérieur analogue à sa fortune; d'être discret dans ses réponses; de ne le pas justifier; de mettre de côté tout amour-propre; de s'introduire secrètement; d'éviter le palais de César, ou de ne s'y présenter que s'il trouve un moment bien propice; enfin il lui dit quelle conduite il doit tenir à l'égard de ses frères.

Petit volume, je ne m'oppose pas à ton bonheur : tu iras à Rome sans moi, à Rome, hélas! où ne peut aller ton père. Pars, mais sans ornement, comme il convient à l'œuvre d'un exilé; infortuné, garde la livrée du malheur : point de vaciet pour te revêtir de sa teinture de pourpre ; cette riche nuance sied mal à la tristesse; point de vermillon pour rehausser ton titre, de cèdre pour frotter tes feuillets; point de blanches pommettes se détachant sur un fond noir : un tel attirail peut orner les

I.

Felices ornent hæc instrumenta libellos;
  Fortunæ memorem te decet esse meæ :
Nec fragili geminæ poliantur pumice frontes,
  Hirsutus passis ut videare comis :
Neve liturarum pudeat; qui viderit illas,
  De lacrymis factas sentiet esse meis.
VADE, Liber, verbisque meis loca grata saluta :
  Contingam certe quo licet illa pede.

SI quis, ut in populo, nostri non immemor illic,
  Si quis, qui, quid agam, forte requirat, erit;
Vivere me dices, salvum tamen esse negabis;
  Id quoque, quod vivam, munus habere Dei.
Atque ita te cautus quærenti plura legendum,
  Ne, quæ non opus est, forte loquare, dabis.
PROTINUS admonitus repetet mea crimina lector;
  Et peragar populi publicus ore reus.
Neu, cave, defendas, quamvis mordebere dictis :
  Causa patrocinio non bona pejor erit.
Invenies aliquem, qui me suspiret ademtum,
  Carmina nec siccis perlegat ista genis;
Et tacitus secum, ne quis malus audiat, optet,
  Sit mea, lenito Cæsare, pœna minor.
Nos quoque, quisquis erit, ne sit miser ille, precamur,
  Placatos misero qui volet esse Deos;
Quæque volet, rata sint; ablataque principis ira
  Sedibus in patriis det mihi posse mori.

UT peragas mandata, Liber, culpabere forsan,
  Ingeniique minor laude ferere mei.

ouvrages heureux; toi, tu ne dois pas oublier ma fortune : point de tendre pierre-ponce pour polir ta double surface; présente-toi hérissé de poils épars çà et là : ne rougis pas de quelques taches : à leur aspect on reconnaîtra l'effet de mes larmes.

Pars, ô mon livre, et sois mon interprète fidèle auprès de ces lieux chéris : j'y pénètrerai du moins par le seul accès qui me reste.

S'il est quelqu'un dans cette foule immense qui ne m'ait pas oublié, qui s'informe par hasard de ce que je deviens, dis-lui que j'existe, mais que je ne vis pas ; que cependant cette existence est encore le bienfait d'un dieu. Alors, si la curiosité va plus loin, par prudence et de peur de quelque parole indiscrète peut-être, contente-toi de te laisser lire.

Ton seul aspect va sur-le-champ rappeler mes crimes au lecteur, et la voix du peuple va me déférer au tribunal de l'opinion publique. Garde-toi de me défendre contre les accusations les plus amères : ma cause est mauvaise; un avocat ne ferait que l'envenimer. Peut-être verras-tu quelqu'un soupirer de mon éloignement, laisser à la lecture de ces distiques échapper quelques larmes, et seul, en silence, de peur des oreilles malveillantes, former le vœu que César se radoucisse, et que ma peine soit plus légère. Puisse-t-il aussi ne jamais connaître le malheur, le mortel, quel qu'il soit, qui souhaiterait à mon malheur des dieux plus doux ! puissent ses vœux s'accomplir ! puisse le courroux désarmé du prince me permettre de mourir au sein de ma patrie !

Bien que fidèle à ton message, peut-être, ô mon livre, n'échapperas-tu pas à la censure; on t'accusera d'être au

Judicis officium est, ut res, ita tempora rerum
  Quærere : quæsito tempore, tutus eris.
Carmina proveniunt animo deducta sereno;
  Nubila sunt subitis tempora nostra malis :
Carmina secessum scribentis et otia quærunt;
  Me mare, me venti, me fera jactat hyems :
Carminibus metus omnis abest; ego perditus ensem
  Hæsurum jugulo jam puto jamque meo.
Hæc quoque quod facio, judex mirabitur æquus,
  Scriptaque cum venia qualiacumque leget.
Da mihi Mæoniden, et tot circumjice casus;
  Ingenium tantis excidet omne malis.

Denique securus famæ, Liber, ire memento;
  Nec tibi sit lecto displicuisse pudor :
Non ita se nobis præbet fortuna secundam,
  Ut tibi sit ratio laudis habenda tuæ.
Donec eram sospes, tituli tangebar amore,
  Quærendique mihi nominis ardor erat :
Carmina nunc si non studiumque, quod obfuit, odi,
  Sit satis : ingenio sic fuga parta meo.
I tamen, i; pro me tu, cui licet, adspice Romam :
  Di facerent, possem nunc meus esse liber!

Nec te, quod venias magnam peregrinus in urbem,
  Ignotum populo posse venire puta :
Ut titulo careas, ipso noscere colore,
  Dissimulare velis te licet esse meum.
Clam tamen intrato, ne te mea carmina lædant :
  Non sunt, ut quondam plena favoris erant.

dessous de mon génie. C'est un devoir pour le juge d'examiner les faits et leurs circonstances ; qu'on les examine, et tu seras à l'abri de tout reproche. La poésie ne peut naître que sous l'inspiration d'une âme sereine ; des maux soudains sont venus rembrunir mon existence : la poésie réclame pour composer, la solitude et le calme ; je suis le jouet de la mer, des vents, de la tourmente cruelle : la poésie veut être libre de crainte ; mon imagination égarée me montre sans cesse un glaive prêt à me percer le sein. Ce faible produit de ma veine doit encore étonner un critique impartial, et ces vers, tout décolorés qu'ils sont, seront par lui lus avec indulgence. Qu'on me donne un Homère, et qu'on l'entoure de tant d'infortunes ; de si grands maux paralyseraient tout son génie.

Enfin, ô mon livre, pars indifférent à l'opinion, et songe, si tu déplais au lecteur, à n'en pas concevoir de honte : le sort ne nous est pas assez propice, pour que tu tiennes compte de la gloire. Au temps de ma prospérité, l'honneur touchait mon âme ; j'étais avide de renommée ; aujourd'hui si la poésie, si ce goût qui m'a été fatal, ne m'inspire pas d'aversion, cela doit suffire : mon exil est le fruit de ma veine.

Va cependant, va pour moi, tu le peux du moins, contempler Rome. Grands dieux ! que ne puis-je en ce jour être mon livre !

Ne crois pas, en arrivant étranger à cette ville puissante, y arriver inconnu à ses habitans ; sans titre même, ta teinte seule te fera reconnaître ; en vain voudrais-tu dissimuler que tu m'appartiens.

Toutefois ne t'introduis qu'avec mystère : mes anciennes poésies pourraient te nuire : elles ne jouissent

Si quis erit, qui te, quia sis meus, esse legendum
  Non putet, e gremio rejiciatque suo :
Inspice, dic, titulum : non sum præceptor amoris :
  Quas meruit, pœnas jam dedit illud opus.

Forsitan exspectes, an in alta palatia missum
  Scandere te jubeam, Cæsareamque domum.
Ignoscant augusta mihi loca, Dique locorum!
  Venit in hoc illa fulmen ab arce caput;
Esse quidem memini mitissima sedibus illis
  Numina; sed timeo, qui nocuere, Deos :
Terretur minimo pennæ stridore columba,
  Unguibus, accipiter, saucia facta tuis :
Nec procul a stabulis audet secedere, si qua
  Excussa est avidi dentibus agna lupi :
Vitaret cœlum Phaeton, si viveret; et quos
  Optarat stulte, tangere nollet equos :
Me quoque, quæ sensi, fateor Jovis arma timere;
  Me reor infesto, quum tonat, igne peti :
Quicumque Argolica de classe Capharea fugit,
  Semper ab Euboicis vela retorquet aquis :
Et mea cymba, semel vasta percussa procella,
  Illum, quo læsa est, horret adire locum.
Ergo, care Liber, timida circumspice mente,
  Et satis a media sit tibi plebe legi :
Dum petit infirmis nimium sublimia pennis
  Icarus, Icariis nomina fecit aquis.
Difficile est tamen, hic remis utaris, an aura,
  Dicere; consilium resque locusque dabunt.
Si poteris vacuo tradi, si cuncta videbis

plus de la même faveur que jadis. Si quelqu'un, par cela seul que tu es mon ouvrage, se fait scrupule de te lire, te repousse de son sein, dis-lui : Jette les yeux sur mon titre; ce ne sont plus ici des leçons d'amour; une peine était due à ce poëme; il l'a subie.

Peut-être es-tu impatient de savoir si je t'ordonnerai de gravir la colline où s'élève le palais, demeure de César? Séjour auguste, et vous, divinités de ce séjour, pardonnez à cet aveu : c'est là l'arsenal d'où la foudre est tombée sur ma tête; je connais la clémence des divinités qui y résident; mais je redoute un dieu qui m'a frappé : on voit trembler au plus léger bruit d'ailes la colombe que tu blessas de tes serres, épervier cruel : on voit craindre de s'éloigner de la bergerie la brebis arrachée à la gueule du loup ravisseur : Phaéton fuirait l'Olympe, s'il vivait encore, et sur ces coursiers qu'il ambitionna dans sa folie, il n'oserait porter la main : ainsi, je l'avoue, depuis que j'en ai senti les atteintes, je redoute les traits de Jupiter; je crois, chaque fois que le tonnerre gronde, être menacé de ses feux vengeurs : ceux des Grecs dont le navire échappa aux écueils de Capharée, détournent toujours leurs voiles des eaux de l'Eubée : ma barque aussi, déjà battue d'une horrible tempête, frémit d'aborder des parages où elle fut maltraitée. Livre chéri, sois timide et circonspect; qu'il te suffise d'être lu des classes intermédiaires : Icare s'élance d'une aile trop faible vers les régions élevées, et il donna son nom à la mer Icarienne. Toutefois dois-tu faire ici usage de la rame ou des voiles, c'est ce qu'il est difficile de décider; le temps et le lieu te serviront de guides. Si tu peux être présenté dans un moment de loisir, si tu vois tout calme et paisible, si le courroux a épuisé sa rigueur, si quelque âme généreuse,

Mitia, si vires fregerit ira suas;
Si quis erit, qui te dubitantem et adire timentem
　　Tradat, et ante tamen pauca loquatur, adi;
Luce bona, dominoque tuo felicior ipse
　　Pervenias illuc, et mala nostra leves :
Namque ea vel nemo, vel qui mihi vulnera fecit,
　　Solus Achilleo tollere more potest.
Tantum ne noceas, dum vis prodesse, videto :
　　Nam spes est animi nostra timore minor;
Quæque quiescebat, ne mota resæviat ira,
　　Et pœnæ tu sis altera causa, cave.
Quum tamen in nostrum fueris penetrale receptus,
　　Contigerisque tuam, scrinia curva, domum,
Adspicies illic positos ex ordine fratres,
　　Quos studium cunctos evigilavit idem.
Cetera turba palam titulos ostendet apertos,
　　Et sua detecta nomina fronte geret;
Tres procul obscura latitantes parte videbis;
　　Hi quoque, quod nemo nescit, amare docent :
Hos tu vel fugias, vel, si satis oris habebis,
　　Œdipodas facito, Telegonosque voces;
Deque tribus, moneo, si qua est tibi cura parentis,
　　Ne quemquam, quamvis ipse docebit, ames.
Sunt quoque mutatæ ter quinque volumina formæ,
　　Nuper ab exsequiis carmina rapta meis :
His mando dicas, inter mutata referri
　　Fortunæ vultum corpora posse meæ :
Namque ea dissimilis subito est effecta priori;
　　Flendaque nunc, aliquo tempore læta fuit.

en te voyant hésiter et craindre d'approcher, te présente, et toutefois en touche quelques mots d'avance, approche! et sous cet heureux auspice, plus fortuné que ton père, pénètre dans ce séjour et soulage mes maux : nul autre que l'auteur de ma blessure, comme autrefois Achille, ne peut la cicatriser. Mais ne va pas me perdre, en cherchant à m'être utile ; car la crainte, en mon âme, surpasse l'espérance ; ce courroux qui sommeillait, ne va pas le réveiller et le ranimer; ne sois pas pour moi la cause d'une peine nouvelle.

Quand tu seras entré dans mon cabinet, que tu auras trouvé la cassette arrondie, domicile qui t'est destiné, tu apercevras rangés près l'un de l'autre tes aînés, autres produits de mes veilles laborieuses. Tous offriront à découvert leurs titres à tes regards, et porteront leur nom inscrit en toutes lettres; il en est trois seulement que tu découvriras cachés à l'écart dans un angle obscur; eux aussi enseignent un art que n'ignore personne, l'art d'aimer : fuis leur voisinage, ou si tu as assez d'audace, flétris-les du nom d'Œdipe, de Télégone; parmi ces trois livres, je t'engage, si tu as quelque déférence pour ton père, à te garder, en dépit de leurs leçons, d'en aimer un seul.

Il est aussi quinze livres de *Métamorphoses*, poésies ravies du sein de mes funérailles : dis-leur que ma fortune offre une métamorphose digne de trouver place parmi celles des autres êtres ; car elle a soudain pris un aspect bien différent de ce qu'elle était d'abord; aujourd'hui triste et sombre, elle avait quelque temps été riante.

Plura quidem mandare tibi, si quæris, habebam;
  Sed vereor tardæ causa fuisse moræ.
Quod si, quæ subeunt, tecum, Liber, omnia ferres,
  Sarcina laturo magna futurus eras.
Longa via est; propera; nobis habitabitur orbis
  Ultimus, a terra terra remota mea.

J'aurais encore, si tu le veux savoir, mille recommandations à te faire; mais je crains d'avoir déjà trop retardé ton départ. Si tu renfermais tout ce que mon imagination me suggère, tu serais un fardeau trop pesant à transporter ; le trajet est long; fais diligence ; pour moi, j'habiterai aux confins de l'univers une terre bien éloignée de la terre qui m'a vu naître.

ELEGIA SECUNDA.

ARGUMENTUM.

In exsilium proficiscens poeta, jubente Augusto, deprehensusque in medio mari, fluctibusque pæne obrutus, Deos precatur, ut ipsi saltem ignoscant, nec cum Cæsare ipsum funditus perdant; probatque multis exemplis posse eos id facere. Describit deinde tempestatem : tum Deos precatur, ut se incolumem ad Tomitas perducant.

Di maris et cœli (quid enim nisi vota supersunt?),
   Solvere quassatæ parcite membra ratis!
Neve, precor, magni subscribite Cæsaris iræ!
   Sæpe, premente Deo, fert Deus alter opem :
Mulciber in Trojam, pro Troja stabat Apollo :
   Æqua Venus Teucris, Pallas iniqua fuit :
Oderat Ænean propior Saturnia Turno;
   Ille tamen Veneris numine tutus erat :
Sæpe ferox cautum petiit Neptunus Ulyssem ;
   Eripuit patruo sæpe Minerva suo :
Et nobis aliquod, quamvis distamus ab illis,
   Quid vetat irato numen adesse Deo?

Verba miser frustra non proficientia perdo :
   Ipsa graves spargunt ora loquentis aquæ;
Terribilisque Notus jactat mea dicta; precesque,

ÉLÉGIE DEUXIÈME.

ARGUMENT.

Description d'une tempête qui le surprit à son départ pour l'exil. Il prie les dieux, témoins de son innocence, de le faire arriver sain et sauf à Tomes.

Dieux de la mer, dieux de l'Olympe, (car il ne me reste de ressource que dans mes vœux), ne déchirez pas les flancs de ce navire maltraité par la tourmente! ah! je vous en conjure, ne sanctionnez pas le courroux du grand César! Souvent, contre la persécution d'un dieu, un autre dieu nous prête son assistance : si Vulcain prit parti contre les Troyens, Apollon se déclara pour eux : Vénus était amie, Pallas ennemie de Pergame; la fille de Saturne haïssait Énée, plus bienveillante à l'égard de Turnus; mais Vénus couvrait le héros de sa protection: souvent, dans sa fureur, Neptune voulut perdre le prudent Ulysse; et souvent Minerve arracha sa proie au frère de son glorieux père. Nous aussi, malgré la distance qui nous sépare de ces héros, pourquoi une puissance céleste ne viendrait-elle pas nous protéger contre un dieu courroucé?

Malheureux! mes vœux impuissans se perdent dans les airs; et, tandis que je parle, les vagues terribles rejaillissent jusque sur mon visage; l'impétueux Notus

Ad quos mittuntur, non sinit ire Deos.
Ergo idem venti, ne causa laedar in una,
  Velaque nescio quo, votaque nostra ferunt!

Me miserum! Quanti montes volvuntur aquarum!
  Jam jam tacturos sidera summa putes.
Quantae diducto subsidunt aequore valles!
  Jam jam tacturas Tartara nigra putes.
Quocumque adspicias, nihil est nisi pontus et aer,
  Fluctibus hic tumidus, nubibus ille minax.
Inter utrumque fremunt immani turbine venti;
  Nescit, cui domino pareat, unda maris:
Nam modo purpureo vires capit Eurus ab ortu;
  Nunc Zephyrus sero vespere missus adest;
Nunc gelidus sicca Boreas bacchatur ab Arcto;
  Nunc Notus adversa proelia fronte gerit.
Rector in incerto est, nec, quid fugiatve, petatve,
  Invenit: ambiguis ars stupet ipsa malis.

Scilicet occidimus; nec spes, nisi vana, salutis;
  Dumque loquor, vultus obruit unda meos.
Opprimet hanc animam fluctus; frustraque precanti
  Ore necaturas accipiemus aquas.
At pia nil aliud quam me dolet exsule conjux:
  Hoc unum nostri scitque gemitque mali.
Nescit in immenso jactari corpora ponto;
  Nescit agi ventis; nescit adesse necem.
Di bene, quod non sum mecum conscendere passus,
  Ne mihi mors misero bis patienda foret!
At nunc, ut peream, quoniam caret illa periclo,

dissipe mes paroles, et ne permet pas aux prières que j'adresse à la divinité, de parvenir jusqu'à elle. Ainsi les mêmes vents, comme si c'était trop peu d'un seul supplice, emportent je ne sais où et mes voiles et mes vœux!

Fatale destinée! Quelles montagnes humides roulent autour de nous! On croirait qu'elles vont toucher aux astres. Quelles profondes vallées, quand l'onde s'affaisse et s'entr'ouvre! On dirait qu'elles vont toucher au noir Tartare. De quelque côté que se portent les regards, partout la mer et le ciel, l'une grosse de vagues, l'autre menaçant de nuages. Entre ces deux élémens frémit le tourbillon fougueux des vents; la mer ne sait plus à quel maître obéir: tantôt Eurus s'élance impétueusement de l'orient rougeâtre; tantôt Zéphyr souffle et part du fond de l'occident; tantôt le froid Borée se déchaîne des régions de l'Ourse à l'Océan étrangère; tantôt Notus accourt lutter contre lui corps à corps. Le pilote hésite indécis; il ne sait quelle direction éviter ou suivre : dans cette affreuse perplexité l'art même est confondu.

C'en est donc fait de nous, tout espoir de salut est chimérique, et, au milieu de ces paroles mêmes, la vague vient me couvrir la tête. Les flots vont éteindre ce souffle de vie, et cette bouche ouverte pour d'impuissantes prières va recevoir une onde homicide.

Cependant ma tendre épouse ne pleure que mon exil; de tous mes maux, c'est le seul qu'elle connaisse, qu'elle plaigne. Elle ignore que son époux est le jouet de l'immense Océan, qu'il est à la merci des vents, que la mort est devant ses yeux. Ah! c'est une inspiration des dieux, de n'avoir pas permis qu'elle s'embarquât avec moi! Il m'eût fallu deux fois souffrir la mort. Quand je péri-

Dimidia certe parte superstes ero.

Hei mihi! quam celeri micuerunt nubila flamma!
  Quantus ab aetherio personat axe fragor!
Nec levius laterum tabulae feriuntur ab undis,
  Quam grave balistae moenia pulsat onus.
Qui venit hic fluctus, fluctus supereminet omnes;
  Posterior nono est, undecimoque prior.

Nec letum timeo; genus est miserabile leti.
  Demite naufragium; mors mihi munus erit.
Est aliquid, fatove suo ferrove cadentem
  In solita moriens ponere corpus humo;
Est mandata suis aliquid sperare sepulcra,
  Et non aequoreis piscibus esse cibum.

Fingite me dignum tali nece : non ego solus
  Hic vehor : immeritos cur mea poena trahit?

Proh! Superi, viridesque Dei, quibus aequora curae,
  Utraque jam vestras sistite turba minas!
Quamque dedit vitam mitissima Caesaris ira,
  Hanc sinite infelix in loca jussa feram!
Si, quam commerui, poenam me pendere vultis,
  Culpa mea est, ipso judice, morte minor :
Mittere me Stygias si jam voluisset ad undas
  Caesar, in hoc vestra non eguisset ope :
Est illi nostri non invidiosa cruoris
  Copia; quodque dedit, quum volet, ipse feret.
Vos modo, quos certe nullo puto crimine laesos,

rais aujourd'hui, puisqu'elle est à l'abri du danger, je survivrais du moins dans la moitié de mon être.

Hélas! avec quelle rapidité la flamme a sillonné les nuages! De quel bruit affreux retentit la voûte éthérée! La lame vient assaillir les flancs du navire avec autant de violence, que la masse pesante lancée par la baliste frappe les murailles. Ce flot qui s'avance, surpasse tous les autres flots; c'est celui qui succède au neuvième, et qui précède le onzième.

Ce n'est pas la mort que je crains, c'est ce genre de mort déplorable. Sans le naufrage, la mort sera pour moi une faveur. C'est une consolation, en périssant par la loi de la nature ou par le fer, de presser de son corps expirant la terre, notre élément naturel; c'en est une d'espérer de ses proches le tombeau qu'on leur a demandé, et de n'être point la pâture des monstres marins.

Supposez que j'aie mérité une mort si affreuse, je ne suis pas seul sur ce navire : pourquoi envelopper dans ma perte d'innocentes victimes?

Divinités suprêmes, et vous, dieux azurés, qui régnez sur les eaux, mettez enfin un terme à vos menaces! Cette vie que m'a laissée un courroux plein de clémence, souffrez que, dans mon infortune, je la traîne jusqu'au séjour où je suis condamné! Si vous voulez que la peine soit proportionnée au délit, ma faute, au jugement de César même, n'est pas digne de la mort. S'il avait voulu me faire descendre aux sombres bords, il n'avait pas besoin pour cela de votre aide; il peut, sans crainte de se rendre odieux, répandre mon sang; et ce qu'il m'a laissé, il pourrait à son gré me l'ôter encore. Mais vous, envers qui du moins ma conscience ne me reproche aucun

Contenti nostris, Dî, precor, este malis!

Nec tamen, ut cuncti miserum servare velitis,
    Quod periit, salvum jam caput esse potest.
Ut mare considat, ventisque ferentibus utar,
    Ut mihi parcatis, num minus exsul ero?
Non ego, divitias avidus sine fine parandi,
    Latum mutandis mercibus æquor aro;
Nec peto, quas quondam petii studiosus, Athenas;
    Oppida non Asiæ, non loca visa prius;
Non ut, Alexandri claram delatus in urbem,
    Delicias videam, Nile jocose, tuas;
Quod faciles opto ventos, quis credere possit?
    Sarmatis est tellus, quam mea vota petunt;
Obligor, ut tangam lævi fera litora Ponti;
    Quodque sit a patria tam fuga tarda, queror;
Nescio quo videam positos ut in orbe Tomitas,
    Exilem facio per mea vota viam.
Seu me diligitis, tantos compescite fluctus,
    Pronaque sint nostræ numina vestra rati:
Seu magis odistis, jussæ me advertite terræ:
    Supplicii pars est in regione mei.

Ferte, quid hic facio? rapidi, mea carbasa, venti.
    Ausonios fines cur mea vela vident?
Noluit hoc Cæsar: quid, quem fugat ille, tenetis?
    Adspiciat vultus Pontica terra meos:
Et jubet, et merui; nec, quæ damnaverit ille,
    Crimina defendi fasve piumve puto.
Si tamen acta Deos nunquam mortalia fallunt,

crime, ah! contentez-vous, grands dieux, de mes infortunes!

Mais quoi! quand vous vous réuniriez pour sauver ma triste existence, un être qu'a frappé la mort, ne saurait plus exister. Quand la mer se calmerait, quand les vents me seraient favorables, quand vous épargneriez mes jours, en serai-je moins exilé? Ce n'est pas ici un insatiable désir d'amasser des richesses qui me fait, pour échanger des marchandises, sillonner les plaines de la mer; ce n'est pas, comme autrefois, pour étudier, vers Athènes que je me dirige, ni vers les cités de l'Asie, et ces beaux lieux que je visitai jadis; mon but n'est pas d'aborder à la célèbre ville d'Alexandre, et de jouir, Nil voluptueux, du spectacle de tes fêtes; si je demande des vents favorables, qui le croirait? c'est la Sarmatie qui est la terre où j'aspire; je ne forme des vœux qui m'enchaînent, que pour atteindre à la rive occidentale du Pont, rive sauvage et barbare; c'est de m'éloigner trop lentement de ma patrie, que je me plains en ce jour; c'est pour voir Tomes, ville située je ne sais dans quel coin de l'univers, que je cherche par mes vœux à abréger la route. Si je vous suis cher, apaisez la furie des vagues, et que votre divinité soit propice à mon navire: si je vous suis odieux, faites-moi aborder au rivage qui m'est désigné; dans ma peine le pays est pour moitié.

Hâtez, que fais-je encore en ces parages? hâtez ma course, vents rapides! Pourquoi mes voiles sont-elles en vue des rivages d'Ausonie? César m'en interdit l'aspect: pourquoi retenir un malheureux qu'il bannit? Que mes yeux aperçoivent enfin la côte du Pont: César l'ordonne, et je l'ai mérité; le crime qu'il a condamné, ne saurait trouver de défense légitime et sainte. Toutefois, si la con-

A culpa facinus scitis abesse mea.

Immo ita, vos scitis, si me meus abstulit error,
    Stultaque mens nobis, non scelerata fuit;
Quamlibet e minimis, domui si favimus illi;
    Si satis Augusti publica jussa mihi;
Hoc duce si dixi felicia secula, proque
    Caesare tura pius Caesaribusque dedi;
Si fuit hic animus nobis, ita parcite, Divi!
    Sin minus, alta cadens obruat unda caput!

Fallor? an incipiunt gravidae vanescere nubes,
    Victaque mutati frangitur ira maris?
Non casus, sed vos sub conditione vocati,
    Fallere quos non est, hanc mihi fertis opem.

duite des mortels n'échappe jamais à l'œil des dieux, je fus coupable, vous le savez, sans être criminel.

Que dis-je? Si je fus, vous le savez encore, entraîné par une erreur involontaire; s'il y eut de ma part aveuglement, sans perversité; si, quoiqu'un des plus obscurs citoyens, je soutins toujours la maison d'Auguste; si ses ordres furent assez pour moi les volontés de la patrie; si j'ai célébré le bonheur que notre siècle doit à son empire; si j'ai fait religicusement fumer l'encens en son honneur, en l'honneur des Césars; si tels furent toujours mes sentimens; à ce prix, grands dieux, daignez m'épargner! S'il en est autrement, puisse le flot suspendu sur ma tête m'engloutir à l'instant!

Est-ce une illusion? déjà les nuages amoncelés se dissipent peu à peu; l'aspect de la mer change; son courroux cède épuisé. Non, ce n'est point un effet du hasard; c'est vous, dont j'ai conditionnellement invoqué l'appui, vous, dieux infaillibles, qui me prêtez votre assistance.

ELEGIA TERTIA.

ARGUMENTUM.

Miserabiliter exponit poeta consternationem illam, qua adfectus est, posteaquam jussit eum Cæsar in exsilium abire : quidque ea nocte etiam egerit, quæ fuit illi in urbe novissima, declarat. Miserabilius deinde uxoris, et domesticorum lacrymas describit.

Quum subit illius tristissima noctis imago,
  Quæ mihi supremum tempus in urbe fuit;
Quum repeto noctem, qua tot mihi cara reliqui,
  Labitur ex oculis nunc quoque gutta meis.

Jam prope lux aderat, qua me discedere Cæsar
  Finibus extremæ jusserat Ausoniæ.
Nec mens, nec spatium fuerant satis apta paranti :
  Torpuerant longa pectora nostra mora;
Non mihi servorum, comitis non cura legendi,
  Non aptæ profugo vestis opisve fuit :
Non aliter stupui, quam qui Jovis ignibus ictus
  Vivit, et est vitæ nescius ipse suæ.

Ut tamen hanc animo nubem dolor ipse removit,
  Et tandem sensus convaluere mei,
Adloquor extremum mœstos abiturus amicos,
  Qui modo de multis unus et alter erant.
Uxor amans flentem flens acrius ipsa tenebat,

ÉLÉGIE TROISIÈME.

ARGUMENT.

Ses adieux à Rome : sa consternation : désespoir de tout ce qui l'entoure, de ses amis, de son épouse.

Quand mon imagination me retrace cette nuit si cruelle, marquée par mes derniers momens à Rome; quand je me reporte à cette nuit où j'abandonnai tant d'objets chers à mon cœur, maintenant encore les larmes coulent de mes yeux.

Déjà le jour approchait, que César m'avait désigné pour quitter l'Ausonie; ni mon esprit, ni le temps n'avaient pu suffire à mes préparatifs : mon âme était restée engourdie dans une longue inaction; je ne m'étais occupé ni de mes esclaves, ni du choix de mes compagnons, ni de mon équipage et des autres besoins de l'exil; j'étais resté confondu, tel que le mortel frappé de la foudre, qui existe encore, mais sans avoir la conscience de son existence.

Lorsque l'excès même de la douleur eut dissipé le nuage répandu sur mon esprit, que mes sens se furent enfin rassis; près de partir, j'adresse une dernière fois la parole à mes amis consternés; si nombreux naguère, il n'en restait plus qu'un ou deux près de moi. Ma tendre épouse me

Imbre per indignas usque cadente genas.
Nata procul Libycis aberat diversa sub oris,
Nec poterat fati certior esse mei.

Quocumque adspiceres, luctus gemitusque sonabant,
Formaque non taciti funeris intus erat.
Femina, virque, meo pueri quoque funere mœrent,
Inque domo lacrymas angulus omnis habet.
Si licet exemplis in parvo grandibus uti,
Hæc facies Trojæ, quum caperetur, erat.

Jamque quiescebant voces hominumque canumque,
Lunaque nocturnos alta regebat equos :
Hanc ego suspiciens, et ab hac Capitolia cernens,
Quæ nostro frustra juncta fuere Lari :
Numina vicinis habitantia sedibus, inquam,
Jamque oculis nunquam templa videnda meis,
Dique relinquendi, quos urbs habet alta Quirini,
Este salutati tempus in omne mihi ;
Et quamquam sero clypeum post vulnera sumo,
Attamen hanc odiis exonerate fugam ;
Cœlestique viro, quis me deceperit error,
Dicite, pro culpa ne scelus esse putet,
Ut, quod vos scitis, pœnæ quoque sentiat auctor :
Placato possum non miser esse Deo.
Hac prece adoravi Superos ego ; pluribus uxor,
Singultu medios præpediente sonos.
Illa etiam, ante Lares passis prostrata capillis,
Contigit exstinctos ore tremente focos ;
Multaque in aversos effudit verba Penates,

tenait pleurant entre ses bras; elle pleurait davantage elle-même, et un torrent de larmes inondait ses innocentes joues. Ma fille, absente, retenue au loin sur les bords africains, ne pouvait être informée de ma destinée.

De quelque côté qu'on jetât les yeux, tout retentissait de deuil et de gémissemens; tout offrait le tableau d'une cérémonie funèbre, non silencieuse; hommes, femmes, enfans accompagnent mes funérailles de leur désespoir; et, dans toute ma demeure, il n'est pas une place qui ne soit arrosée de larmes. Si l'on peut comparer de grandes scènes à de plus petites, tel était l'aspect de Troie au moment où elle fut prise.

Déjà le silence régnait parmi les hommes et les animaux; la Lune au haut des airs dirigeait son char nocturne; je contemplai cet astre; puis, portant mes regards sur le Capitole qui, vainement, hélas! touchait à mes pénates: « Divinités habitantes de ces demeures voisines, m'écriai-je, temple que mes yeux ne reverront plus, dieux que je quitte, dieux qui résidez dans la noble cité de Quirinus, salut! salut à jamais! C'est prendre le bouclier bien tard, que d'attendre après la blessure; mais enfin, déchargez mon exil de l'odieux qui pèse sur lui! Dites à ce mortel céleste quelle erreur m'abusa, pour que dans ma faute il ne voie pas un crime : que votre conviction passe dans le cœur de l'auteur de mon châtiment! Ce dieu apaisé, je puis supporter mon malheur. »

Telle fut la prière que j'adressai au ciel; celle de mon épouse fut plus longue, et chacune de ses paroles était entrecoupée de sanglots. Je la vis aussi, la chevelure en désordre, prosternée devant nos Lares, baiser ces foyers éteints de ses lèvres tremblantes, adresser à nos Pénates

Pro deplorato non valitura viro.

Jamque moræ spatium nox præcipitata negabat,
  Versaque ab axe suo Parrhasis Arctos erat.
Quid facerem? Blando patriæ retinebar amore;
  Ultima sed jussæ nox erat illa fugæ.
Ah! quoties aliquo dixi properante : Quid urges?
  Vel quo festines ire, vel unde, vide.
Ah! quoties certam me sum mentitus habere
  Horam propositæ, quæ foret apta, viæ.
Ter limen tetigi; ter sum revocatus : et ipse
  Indulgens animo pes mihi tardus erat.
Sæpe, vale dicto, rursus sum multa locutus;
  Et quasi discedens oscula summa dedi.
Sæpe eadem mandata dedi, meque ipse fefelli,
  Respiciens oculis pignora cara meis.

Denique: Quid propero? Scythia est, quo mittimur, inquam;
  Roma relinquenda est : utraque justa mora est.
Uxor in æternum vivo mihi viva negatur,
  Et domus, et fidæ dulcia membra domus.
Quosque ego fraterno dilexi more sodales,
  O mihi Thesea pectora juncta fide,
Dum licet, amplectar : nunquam fortasse licebit
  Amplius : in lucro, quæ datur hora, mihi est.
Nec mora; sermonis verba imperfecta relinquo,
  Complectens animo proxima quæque meo.

Dum loquor, et flemus, cœlo nitidissimus alto,

insensibles mille supplications, dont son époux infortuné ne devait recueillir aucun fruit.

Déjà la nuit se précipite et ne permet plus de différer; déjà l'Ourse de Parrhasie a détourné son char. Fatale alternative! L'amour de la douce patrie m'enchaînait; mais cette nuit était la dernière avant l'exil prononcé contre moi. Ah! que de fois, en voyant la précipitation de mes compagnons, ne leur ai-je pas dit : « Pourquoi vous hâter? Songez aux lieux où vous vous pressez d'aller, à ceux que vous quittez! » Ah! que de fois, par un innocent subterfuge, j'assignai, comme plus favorable, une autre heure à mon départ! Trois fois je touchai le seuil, et trois fois je revins sur mes pas; mes pieds même, par leur lenteur, semblaient d'intelligence avec mon âme. Souvent, après le dernier adieu, je renouai de longs entretiens; souvent je donnai les derniers baisers, comme si je m'éloignais; souvent je réitérai les mêmes ordres, et cherchai à m'abuser, les yeux attachés sur les objets de ma tendresse.

Enfin, « Pourquoi me presser? c'est en Scythie que l'on m'envoie, m'écriai-je, et c'est Rome qu'il faut abandonner, double regret, qui ne justifie que trop mes délais. Vivant, on m'enlève pour toujours à mon épouse vivante, à ma maison, à l'affection de ses membres fidèles. O vous, pour lesquels j'eus un amour de frère, vous dont le cœur eut pour moi la fidélité de Thésée, que je vous serre dans mes bras, je le puis encore, et ne le pourrai peut-être plus jamais; l'heure qui me reste, est une heure de grâce. » Plus de retard; mes paroles restent inachevées; j'embrasse tous ces objets si chers à mon cœur.

Tandis que je parle, tandis que nous pleurons, on voit

Stella gravis nobis, Lucifer ortus erat.
Dividor haud aliter, quam si mea membra relinquam;
  Et pars abrumpi corpore visa suo est.
Sic Metius doluit, tunc quum in contraria versos
  Ultores habuit proditionis equos.
Tum vero exoritur clamor gemitusque meorum,
  Et feriunt moestae pectora nuda manus;
Tum vero conjux, humeris abeuntis inhaerens,
  Miscuit haec lacrymis tristia dicta suis:
Non potes avelli; simul, ah! simul ibimus, inquit;
  Te sequar, et conjux exsulis exsul ero;
Et mihi facta via est; et me capit ultima tellus:
  Accedam profugae sarcina parva rati.
Te jubet e patria discedere Caesaris ira;
  Me pietas: pietas haec mihi Caesar erit.
Talia tentabat, sic et tentaverat ante;
  Vixque dedit victas utilitate manus.

Egredior, sive illud erat sine funere ferri,
  Squallidus, immissis hirta per ora comis.
Illa, dolore mei, tenebris narratur obortis
  Semianimis media procubuisse domo.

Utque resurrexit, foedatis pulvere turpi
  Crinibus, et gelida membra levavit humo;
Se modo, desertos modo complorasse Penates.
  Nomen et erepti saepe vocasse viri;
Nec gemuisse minus, quam si nataeve meumve
  Vidisset structos corpus habere rogos;
Et voluisse mori; moriendo ponere sensus;

briller au dessus de l'horizon l'étoile funeste : Lucifer était levé. Cruelle séparation ! il semble qu'on m'arrache quelque membre, qu'une partie de mon corps soit séparée de l'autre. Telles furent les souffrances de Metius, quand, poussés en sens contraire, des chevaux indomptés vengeaient sa trahison. Alors s'élève un cri, un gémissement universel autour de moi ; chacun dans sa douleur se meurtrit le sein de sa propre main. Alors mon épouse, collée à mes épaules pendant que je m'éloigne, mêle à ses larmes ces tristes paroles : « Non, rien ne pourra me séparer de toi ; nous partirons, oui ! nous partirons ensemble ; je veux te suivre ; femme d'un exilé, je serai exilée moi-même ; à moi aussi il est ordonné de fuir, et je suis reléguée à l'extrémité de l'univers : je ne serai pour ton vaisseau dans sa course qu'une charge légère. Le courroux de César te force à quitter ta patrie ; moi, c'est ma tendresse : ses lois seront pour moi les ordres de César. » Tels étaient ses efforts, efforts déjà tentés auparavant ; à peine céda-t-elle à la considération d'un intérêt puissant.

Je pars, ou plutôt il semblait qu'on me portât vivant au tombeau, dans un désordre affreux, les cheveux épars, le visage hérissé de barbe. Pour elle, désespérée de me perdre, elle sentit sa vue s'obscurcir, et j'ai su qu'alors elle tomba sur le carreau sans connaissance.

Quand elle reprit ses sens, et que, la chevelure souillée de poussière et le corps étendu sur le marbre glacé, elle se fut enfin relevée, alors elle déplora son abandon, celui de ses pénates ; elle prononça souvent le nom de l'époux qui lui était ravi ; sa douleur ne fut pas moins vive, que si elle avait vu placer sur un bûcher élevé le corps de sa fille ou le mien ; elle voulut mourir, et perdre

Respectuque tamen non posuisse mei.

Vivat, et absentem, quoniam sic fata tulerunt,
Vivat, et auxilio sublevet usque suo!

le sentiment avec la vie; elle s'en abstint par égard pour moi seul.

Ah! qu'elle vive, et, dans mon éloignement, puisqu'ainsi l'ont voulu les dieux, qu'elle vive, et me prête sa fidèle assistance!

ELEGIA QUARTA.

ARGUMENTUM.

Dicit poeta tantam in Ionio mari tempestatem coortam, ut ipsi etiam nautæ
salutem suam desperaverint.

Tingitur Oceano custos Erymanthidos Ursæ,
  Æquoreasque suo sidere turbat aquas:
Nos tamen Ionium non nostra findimus æquor
  Sponte; sed audaces cogimur esse metu.

Me miserum! Quantis increscunt æquora ventis,
  Erutaque ex imis fervet arena vadis!
Monte nec inferior, proræ puppique recurvæ
  Insilit, et pictos verberat unda Deos.
Pinea texta sonant; pulsi stridore rudentes;
  Aggemit et nostris ipsa carina malis.
Navita, confessus gelido pallore timorem,
  Jam sequitur victam, non regit arte, ratem.
Utque parum validus non proficientia rector
  Cervicis rigidæ frena remittit equo;
Sic, non quo voluit, sed quo rapit impetus undæ,
  Aurigam video vela dedisse rati.
Quod nisi mutatas emiserit Æolus auras,
  In loca jam nobis non adeunda ferar :
Nam procul Illyriis læva de parte relictis,

ÉLÉGIE QUATRIÈME.

ARGUMENT.

Nouvelle tempête qui l'accueillit dans la mer Ionienne.

Le gardien de l'Ourse d'Érymanthe se plonge dans l'Océan, et, par son influence maligne, trouble les plaines humides. Nous cependant, nous sillonnons les flots ioniens en dépit de nous-mêmes ; mais la crainte nous contraint à l'audace.

O comble d'infortune ! Quel vent impétueux grossit les vagues ! Le sable bouillonne soulevé du fond des abîmes. Semblables à des montagnes, les vagues viennent assaillir la proue et la poupe arrondie, et frapper l'image des dieux. Le pin de la charpente retentit ; les cordages sifflent ; le navire même semble par ses gémissemens répondre à nos douleurs. Le pilote, dont la pâleur et le frisson trahissent l'effroi, cède à l'impulsion qui triomphe du vaisseau ; son art n'en est plus maître. Comme un écuyer trop faible abandonne au coursier rebelle d'impuissantes rênes, tel je vois le pilote suivre non la direction qu'il voudrait, mais l'irrésistible impétuosité des flots, et lâcher la voile au navire. Bientôt, à moins qu'Éole n'ouvre la porte à des vents opposés, je vais être entraîné vers des lieux où il m'est défendu d'aborder ; car je laisse sur la gauche l'Illyrie dans le lointain,

Interdicta mihi cernitur Italia.
Desinat in vetitas, quæso, contendere terras,
　Et mecum magno pareat aura Deo!
Dum loquor, et cupio pariter timeoque revelli,
　Increpuit quantis viribus unda latus!
Parcite, cærulei, vos parcite, numina ponti!
　Infestumque mihi sit satis esse Jovem!
Vos animam sævæ fessam subducite morti,
　Si modo, qui periit, non periisse potest!

et je suis en vue de l'Italie qui m'est fermée. Cessez, vents ennemis, cessez de souffler vers des contrées qui me sont interdites; obéissez avec moi à un dieu puissant.

Tandis que je parle, que je suis partagé entre le désir et la crainte de m'éloigner, avec quelle furie l'onde vient battre les flancs du navire! Grâce, grâce, divinités de l'empire azuré! Qu'il vous suffise de me voir en butte à la haine de Jupiter! Arrachez à une mort cruelle un malheureux épuisé, si toutefois un mortel qui n'est déjà plus, peut ne pas cesser d'être!

ELEGIA QUINTA.

ARGUMENTUM.

Amici fidem laudat poeta, quod etiam in adversis eum nunquam deseruerit: quam rem raros admodum ex tam multis fatetur sibi præstitisse. Simul eum hortatur, ut in pristino amore persistat, nec Augustum timeat.

O mihi post ullos nunquam memorande sodales,
    O cui præcipue sors mea visa sua est;
Adtonitum qui me, memini, carissime, primus
    Ausus es adloquio sustinuisse tuo;
Qui mihi consilium vivendi mite dedisti,
    Quum foret in misero pectore mortis amor;
Scis bene, cui dicam, positis pro nomine signis;
    Officium nec te fallit, amice, tuum.
Hæc mihi semper erunt imis infixa medullis,
    Perpetuusque animæ debitor hujus ero;
Spiritus et vacuas prius hic tenuandus in auras
    Ibit, et in tepido deseret ossa rogo,
Quam subeant animo meritorum oblivia nostro,
    Et longa pietas excidat ista die.
Di tibi sint faciles, et opis nullius egentem
    Fortunam præstent, dissimilemque meæ!
Si tamen hæc navis vento ferretur amico,
    Ignoraretur forsitan ista fides:
Thesea Pirithous non tam sensisset amicum,

ÉLÉGIE CINQUIÈME.

ARGUMENT.

A un ami. Il lui temoigne sa reconnaissance, le prie de plaider sa cause auprès d'Auguste; il lui dépeint ses maux, et les compare à ceux d'Ulysse.

O toi, que toujours je dois citer avant tous mes autres amis, toi qui mieux que tout autre sus t'identifier avec mon sort, tendre ami, qui, le premier, je m'en souviens, en me voyant consterné, osas me soutenir par tes discours, qui par tes douces insinuations me persuada de vivre, quand le seul désir de la mort était dans ce cœur infortuné, tu reconnais sans peine que je m'adresse à toi, aux indices qui remplacent ici ton nom, et tu ne saurais méconnaître tes généreux services. Ils seront toujours gravés au fond de mon âme, et je te serai à jamais redevable de l'existence. Ce souffle qui m'anime ira se perdre dans le vide des airs, et abandonnera mon corps aux flammes du bûcher, avant que l'oubli de tant de générosité pénètre dans mon cœur, avant que le temps en efface une si vive tendresse. Que les dieux te soient propices et t'accordent un sort qui ne réclame aucune assistance étrangère, un sort différent du mien!

Si ma nacelle voguait au gré d'un vent favorable, tant de dévoûment fût peut-être resté ignoré : Pirithoüs n'eût pas connu toute la tendresse de Thésée, s'il n'était des-

Si non infernas vivus adisset aquas :
Ut foret exemplum veri Phocæus amoris,
　Fecerunt furiæ, tristis Oresta, tuæ :
Si non Euryalus Rutulos cecidisset in hostes,
　Hyrtacidæ Niso gloria nulla foret.

Scilicet, ut fulvum spectatur in ignibus aurum,
　Tempore sic duro est inspicienda fides :
Dum juvat, et vultu ridet fortuna sereno,
　Indelibatas cuncta sequuntur opes :
At simul intonuit, fugiunt; nec noscitur ulli,
　Agminibus comitum qui modo cinctus erat.
Atque hæc, exemplis quondam collecta priorum,
　Nunc mihi sunt propriis cognita vera malis :
Vix duo tresve mihi de tot superestis, amici;
　Cetera fortunæ, non mea, turba fuit.
Quo magis, o pauci, rebus succurrite lapsis,
　Et date naufragio litora tuta meo;
Neve metu falso nimium trepidate, timentes
　Hac offendatur ne pietate Deus :
Sæpe fidem adversis etiam laudavit in armis,
　Inque suis amat hanc Cæsar, in hoste probat.
Causa mea est melior, qui non contraria fovi
　Arma; sed hanc merui simplicitate fugam.
Invigiles igitur nostris pro casibus oro,
　Diminui si qua numinis ira potest.

Scire meos si quis casus desideret omnes,
　Plus, quam quod fieri res sinit, ille petat :
Tot mala sum passus, quot in æthere sidera lucent,

cendu vivant aux rivages des enfers; si le fils du roi de Phocide passa pour un modèle accompli d'amitié, c'est à tes fureurs, malheureux Oreste, qu'il en est redevable; si Euryale ne fût tombé entre les mains ennemies des Rutules, le fils d'Hyrtaque, Nisus, n'eût acquis aucune gloire.

Oui, si le feu éprouve l'or, le malheur est la pierre de touche de l'amitié : quand la fortune nous seconde et montre un visage riant et serein, la foule suit une destinée que n'effleura jamais l'adversité; la foudre vient-elle à gronder, tout fuit, tout méconnaît ce mortel naguère entouré d'un essaim d'adulateurs. Ces vérités que m'avait révélées l'histoire du passé, une triste expérience m'en a fait connaître la réalité; de tant d'amis, à peine êtes-vous deux ou trois qui me soyez fidèles : tous les autres étaient attachés à ma fortune, plus qu'à ma personne.

O vous dont le nombre est si restreint, soyez-en plus actifs à secourir ma disgrâce; procurez à mon naufrage un port tranquille; n'allez point, par une chimérique terreur, craindre que votre attachement ne blesse ce dieu redoutable : souvent César a loué la fidélité même sous des drapeaux opposés; il aime cette vertu dans ses partisans, il l'estime dans un ennemi. Ma cause est moins mauvaise; je n'ai jamais suivi une bannière opposée; je ne dois cet exil qu'à mon aveuglement. Aie donc sans cesse l'œil ouvert, je t'en supplie, sur ma disgrâce, s'il est possible de calmer un peu le courroux de ce dieu.

Si l'on était curieux de connaître toutes mes infortunes, ce serait demander plus qu'il ne m'est permis de faire : mes maux égalent la multitude des étoiles dont

Parvaque quot siccus corpora pulvis habet;
Multaque credibili tulimus majora, ratamque,
Quamvis acciderint, non habitura fidem;
Pars etiam mecum quædam moriatur oportet,
Meque velim possit dissimulante tegi.
Si vox infragilis, pectus mihi firmius ære,
Pluraque cum linguis pluribus ora forent;
Non tamen idcirco complecterer omnia verbis,
Materia vires exsuperante meas.
Pro duce Neritio, docti, mala nostra, poetæ,
Scribite; Neritio nam mala plura tuli:
Ille brevi spatio multis erravit in annis
Inter Dulichias Iliacasque domos;
Nos, freta sideribus notis distantia mensos,
Sors tulit in Geticos Sarmaticosque sinus:
Ille habuit fidamque manum, sociosque fideles;
Me profugum comites deseruere mei:
Ille suam lætus patriam victorque petebat;
A patria fugio victus et exsul ego:
Nec mihi Dulichium domus est, Ithaceve, Sameve,
Pœna quibus non est grandis abesse locis;
Sed quæ de septem totum circumspicit orbem
Montibus, imperii Roma Deûmque locus:
Illi corpus erat durum patiensque laborum;
Invalidæ vires ingenuæque mihi:
Ille erat adsidue sævis agitatus in armis;
Adsuetus studiis mollibus ipse fui:
Me Deus oppressit, nullo mala nostra levante;
Bellatrix illi Diva ferebat opem:
Quumque minor Jove sit tumidis qui regnat in undis,

étincelle la voûte éthérée, celle des atômes imperceptibles que contient l'aride poussière ; les tourmens que j'ai endurés, sont au dessus de l'imagination, et, quoique trop réels, trouveront peu de créance ; une partie même en doit périr avec moi ; puissé-je, par mon silence, les ensevelir dans un éternel oubli ! Quand j'aurais une voix infatigable, une poitrine plus dure que le bronze, quand j'aurais cent bouches et cent langues, non, jamais je ne pourrais tout dire ; l'abondance du sujet dépasserait encore mes forces.

Cessez de chanter le roi de Nérite, poètes immortels, et dites mes infortunes ; celles du roi de Nérite sont moins nombreuses que les miennes : il employa de longues années à errer dans un cercle étroit, entre Dulichie et Pergame ; moi, porté à travers des mers bien éloignées du ciel qui m'était connu, mon sort m'a poussé sur les côtes des Gètes et des Sarmates : Ulysse avait une troupe fidèle de compagnons dévoués ; pour moi, quand il fallut fuir, les miens m'abandonnèrent : Ulysse retournait joyeux et vainqueur dans sa patrie ; et ma patrie me voit fuir vaincu et banni : ma demeure ne fut point Dulichie, Ithaque, Samos, lieux dont la privation ne pouvait être bien pénible, mais cette ville qui du haut de ses sept collines surveille tout l'univers, Rome, le siège de l'empire et le séjour des dieux : Ulysse était vigoureux, endurci à la fatigue ; moi je suis faible, délicat : Ulysse vécut constamment au sein des agitations de la guerre cruelle ; moi je ne connus jamais que les doux loisirs des Muses : un dieu m'accabla sans qu'aucun autre vînt soulager mes souffrances ; la déesse des combats lui porta fidèlement secours : Jupiter est au dessus du dieu qui règne sur les ondes soulevées ; or, le courroux de Nep-

Illum Neptuni, me Jovis ira premit:
Adde, quod illius pars maxima ficta laborum est;
Ponitur in nostris fabula nulla malis:
Denique quæsitos tetigit tamen ille Penates;
Quæque diu petiit, contigit arva tamen;
At mihi perpetuo patria tellure carendum est,
Ni fuerit læsi mollior ira Dei.

tune pesa seul sur Ulysse, et sur moi celui de Jupiter. Mais quoi! la plupart de ses traverses ne sont que des fables, et la fiction n'entre pour rien dans mes infortunes; enfin, s'il chercha ses pénates, il put du moins les retrouver, et ses campagnes long-temps désirées lui furent cependant rendues : mais moi, c'est sans retour que j'ai perdu ma patrie, si le courroux du dieu offensé ne s'adoucit pas à mon égard.

ELEGIA SEXTA.

ARGUMENTUM.

Uxoris fidem et industriam laudat poeta : quod, quum nonnulli avidissime inhiarent ejus opibus, ipsa ingenio, et amicorum præsidio integra omnia servaverit. Unde poeta verecunde tantum pollicetur, eam fore suis carminibus immortalem.

Nec tantum Clario Lyde dilecta poetæ,
  Nec tantum Coo Battis amata suo est,
Pectoribus quantum tu nostris, uxor, inhæres,
  Digna minus misero, non meliore viro.
Te mea, subposita veluti trabe, fulta ruina est;
  Si quid adhuc ego sum, muneris omne tui est :
Tu facis, ut spolium ne sim, neu nuder ab illis
  Naufragii tabulas qui petiere mei :
Utque rapax, stimulante fame, cupidusque cruoris
  Incustoditum captat ovile lupus;
Aut ut edax vultur, corpus, circumspicit, ecquod
  Sub nulla positum cernere possit humo :
Sic mea nescio quis, rebus male fidus acerbis,
  In bona venturus, si paterere, fuit.
Hunc tua per fortes virtus submovit amicos,
  Nulla quibus reddi gratia digna potest.
Ergo quam misero, tam vero teste probaris,
  Hic aliquod pondus si modo testis habet.
Nec probitate tua prior est aut Hectoris uxor,

ÉLÉGIE SIXIÈME.

ARGUMENT.

A sa femme. Il loue son dévoûment, ses efforts pour empêcher qu'on ne s'empare de sa fortune, et la compare aux plus célèbres héroïnes.

Oui, Lydé fut moins aimée du poète de Claros, oui Battis fut moins chère au poète de Cos, son amant, que tu n'es gravée dans mon âme, fidèle épouse, digne d'un plus heureux, sinon d'un plus tendre hyménée. Tu fus l'appui salutaire qui soutint ma ruine, et ce que je suis encore est ton bienfait exclusif; je te dois de n'être pas la proie, la dépouille des traîtres qui convoitaient les débris de mon naufrage. Comme un loup ravisseur, poussé par l'aiguillon de la faim, altéré de sang, épie une bergerie sans défense; comme un vautour avide cherche de tout côté s'il peut apercevoir un corps que la terre ne recouvre pas : tel un homme sans nom, à tort enhardi par mes malheurs, allait devenir maître de mes biens, si tu n'y avais mis obstacle; ton courage l'arrêta, grâce à l'aide d'amis généreux, envers lesquels toute reconnaissance est trop faible.

Jouis donc du témoignage d'un homme dont la sincerité est égale à l'infortune, si un tel témoignage peut avoir quelque poids. Ton dévoûment ne le cède pas à

Aut comes exstincto Laodamia viro.
Tu si Mæonium vatem sortita fuisses,
  Penelopes esset fama secunda tuæ;
Sive tibi hoc debes, nulla pia facta magistra,
  Cumque nova mores sunt tibi luce dati;
Femina seu princeps, omnes tibi culta per annos,
  Te docet exemplum conjugis esse bonæ,
Adsimilemque sui longa adsuetudine fecit,
  Grandia si parvis adsimilare licet.

Heu mihi, non magnas quod habent mea carmina vires,
  Nostraque sunt meritis ora minora tuis,
Si quid et in nobis vivi fuit ante vigoris,
  Exstinctum longis occidit omne malis!
Prima locum sanctas heroidas inter haberes;
  Prima bonis animi conspicerere tui.
Quantumcumque tamen præconia nostra valebunt,
  Carminibus vives tempus in omne meis.

l'épouse d'Hector, à Laodamie qui partagea le trépas de son époux. Si tu avais trouvé un Homère, la renommée de Pénélope serait au dessous de la tienne; soit que tu ne doives tes vertus qu'à toi seule, que ta tendresse ne se soit formée à aucune école, et que cette noble qualité t'ait été départie avec la lumière; soit qu'une mortelle d'un rang suprême, à laquelle tu adressas de constans hommages, t'enseigne à être l'exemple des épouses vertueuses, et qu'une longue fréquentation t'ait égalée à ce noble modèle, si une destinée si élevée peut être égalée par une si humble fortune.

Ah! pourquoi ma Muse n'a-t-elle pas plus de verve! Pourquoi mes chants sont-ils au dessous de tes bienfaits! Pourquoi le peu de vivacité, d'énergie que j'eus autrefois, fut-il par mes longues infortunes étouffé jusqu'à la dernière étincelle! Tu serais au premier rang parmi les héroïnes sacrées; tu brillerais la première par les vertus de ton âme. Quelle que soit toutefois la valeur de mes éloges, tu vivras éternellement dans mes vers.

ELEGIA SEPTIMA.

ARGUMENTUM.

Amicum admonet poeta, ut gemmae faciem suam insculptam intuens, ejus exsilii recordetur, dematque illi coronam ex hedera : siquidem hujusmodi insignia conveniunt felicibus poetis. Mandat tamen, insculptae imaginis loco, legatur opus Metamorphoseon in quindecim libellos digestum : quos quamvis ipse in exsilium proficiscens, in ignem conjecerit, tamen eosdem pluribus exemplis conscriptos exstare intelligit. Postremo sex versus mandat conscribi in prima libelli fronte : quo lector admoneatur, illud opus inemendatum subita ejus consternatione circumferri.

Si quis habes nostri similes in imagine vultus,
  Deme meis hederas, Bacchica serta, comis :
Ista decent laetos felicia signa poetas :
  Temporibus non est apta corona meis.
Haec tibi dissimulas, sentis tamen, optime, dici,
  In digito qui me fersque refersque tuo;
Effigiemque meam fulvo complexus in auro,
  Cara relegati, qua potes, ora vides.
Quae quoties spectas, subeat tibi dicere forsan :
  Quam procul a nobis Naso sodalis abest!
Grata tua est pietas : sed carmina major imago
  Sunt mea, quae mando qualiacumque legas,
Carmina mutatas hominum dicentia formas,
  Infelix domini quod fuga rupit opus.
Haec ego discedens, sicut bene multa meorum,

ÉLÉGIE SEPTIÈME.

ARGUMENT.

A un ami. A l'occasion de son portrait gravé sur une bague, il dit que sa plus fidèle image est dans ses vers; que c'est là qu'il faut le contempler : digression sur les Métamorphoses.

Qui que tu sois qui gardes l'image fidèle de mes traits, détache de ma chevelure cette guirlande de lierre, plante consacrée à Bacchus. De tels attributs ne conviennent qu'aux poètes fortunés; une couronne sied mal à ma destinée funeste. En vain cherches-tu à te le dissimuler, tu sais que je m'adresse à toi, noble ami, qui en tout lieu me portes à ton doigt, qui as fait enchâsser mon portrait dans un or pur, pour contempler, par le seul moyen qui te reste, les traits chéris de l'exilé. En y jetant les yeux, tu peux quelquefois te dire : « Qu'il est loin de moi ce cher Ovide ! »

Cette marque de ta tendresse m'est précieuse; mais ma plus fidèle image est dans mes vers; lis-les, malgré leurs imperfections, ces vers, où j'ai chanté les métamorphoses des mortels, ouvrage interrompu par le fatal exil de son auteur. A mon départ je l'avais, avec

Ipse mea posui mœstus in igne manu;
Utque cremasse suum fertur sub stipite natum
  Thestias, et melior matre fuisse soror;
Sic ego non meritos, mecum peritura, libellos
  Imposui rapidis, viscera nostra, rogis;
Vel quod eram Musas, ut crimina nostra, perosus,
  Vel quod adhuc crescens et rude carmen erat.
Quæ quoniam non sunt penitus sublata, sed exstant
  (Pluribus exemplis scripta fuisse reor);
Nunc precor ut vivant, et non ignava legentum
  Otia delectent, admoneantque mei.

Nec tamen illa legi poterunt patienter ab ullo,
  Nesciat his summam si quis abesse manum:
Ablatum mediis opus est incudibus illud;
  Defuit et scriptis ultima lima meis;
Et veniam pro laude peto, laudatus abunde,
  Non fastiditus si tibi, lector, ero.

Hos quoque sex versus, in primi fronte libelli
  Si præponendos esse putabis, habe:
Orba parente suo quicumque volumina tangis,
  His saltem vestra detur in urbe locus;
Quoque magis faveas, non sunt hæc edita ab ipso,
  Sed quasi de domini funere rapta sui.
Quicquid in his igitur vitii rude carmen habebit,
  Emendaturus, si licuisset, eram.

plusieurs autres poésies, livré moi-même au feu dans mon désespoir; et comme la fille de Thestius brûla, dit-on, avec le tison fatal, son propre fils, et fut plutôt tendre sœur que bonne mère, ainsi je voulus faire périr avec moi d'innocentes poésies, et livrai mes propres entrailles aux flammes dévorantes, soit en haine des Muses coupables de mon crime, soit parce que ce n'était encore qu'une ébauche imparfaite.

Mais puisque ce poëme n'a pas été anéanti, puisqu'il se survit, et que sans doute il en exista plusieurs exemplaires, puisse-t-il maintenant être immortel, charmer les loisirs studieux des lecteurs, et me rappeler à leur pensée!

On n'en saurait cependant soutenir patiemment la lecture, sans être prévenu qu'il me fut impossible d'y mettre la dernière main; il était encore sur l'enclume, quand il me fut ravi, et ne put recevoir le dernier poli de la lime; c'est de l'indulgence que je réclame, non des éloges; un seul me suffira, cher lecteur, c'est de ne point être par toi dédaigné.

J'ai destiné trois distiques au frontispice de ce poëme; si tu les crois dignes d'y figurer, les voici :

« Toi qui prends cet ouvrage orphelin, donne-lui du moins un asile dans ta patrie; et pour qu'il t'inspire plus d'intérêt, apprends qu'il ne fut pas mis au jour par son père même; il fut ravi du sein de ses funérailles. Tous les défauts d'un travail si imparfait, je devais, si j'en avais eu le loisir, les faire disparaître. »

ELEGIA OCTAVA.

ARGUMENTUM.

Queritur poeta, eum, quocum diu familiariter vixerat, subita poetæ consternatione, et exsilii ruina fidem mutasse. Mox tamen illum admonet, ct in fide permaneat, quo ejus officium laudare queat.

In caput alta suum labentur ab æquore retro
  Flumina; conversis Solque recurret equis:
Terra feret stellas : cœlum findetur aratro :
  Unda dabit flammas, et dabit ignis aquas :
Omnia naturæ præpostera legibus ibunt;
  Parsque suum mundi nulla tenebit iter :
Omnia jam fient, fieri quæ posse negabam;
  Et nihil est, de quo non sit habenda fides.
Hæc ego vaticinor, quia sum deceptus ab illo,
  Laturum misero quem mihi rebar opem.
Tantane te, fallax, cepere oblivia nostri,
  Adflictumne fuit tantus adire pudor,
Ut neque respiceres, nec solarere jacentem,
  Dure, nec exsequias prosequerere meas?
Illud amicitiæ sanctum ac venerabile nomen
  Re tibi pro vili, sub pedibusque jacet?
Quid fuit, ingenti prostratum mole sodalem
  Visere, et adloquii parte levare tui?
Inque meos si non lacrymam dimittere casus,

ÉLÉGIE HUITIÈME.

ARGUMENT.

A un ami. Il se plaint de son inconstance, et l'engage à lui rendre sa tendresse.

Les fleuves rapides vont de leur embouchure remonter vers leur source; le Soleil va revenir sur ses pas et faire rétrograder ses coursiers; la terre sera parsemée d'étoiles, le ciel sillonné par la charrue; le feu jaillira du sein des ondes, l'eau du sein de la flamme; toutes les lois de la nature seront bouleversées; aucun corps ne suivra la route qui lui fut tracée; on verra se réaliser tous les phénomènes que je croyais impossibles, et il n'est plus rien qui ne doive trouver créance parmi nous; oui, j'ose le prédire, depuis que je fus trompé par celui sur le secours duquel je comptais dans ma détresse.

As-tu bien pu, perfide, assez m'oublier, craindre assez d'aborder un homme abattu, pour refuser un regard, une parole consolante à mon affliction, cœur insensible! pour ne pas assister à mes funérailles? L'amitié, mot sacré, mot auguste, n'est donc pour toi qu'un vil objet que tu foules aux pieds? Que te coûtait-il de visiter un ami écrasé sous le poids de sa douleur; de contribuer à la soulager par ton entretien; de donner une larme à son infortune, ou du moins de feindre quelques regrets, et de lui accorder quelques plaintes; et par une

Pauca tamen ficto verba dolore queri?
Idque, quod ignoti faciunt, valedicere saltem,
  Et vocem populi publicaque ora sequi?
Denique lugubres vultus, nunquamque videndos
  Cernere supremo, dum licuitque, die?
Dicendumque semel toto non amplius ævo
  Accipere, et parili reddere voce, vale?
At fecere alii nullo mihi fœdere juncti,
  Et lacrymas animi signa dedere sui.
Quid, nisi convictu causisque valentibus essem
  Temporis et longi vinctus amore tibi?
Quid, nisi tot lusus et tot mea seria nosses,
  Tot nossem lusus seriaque ipse tua?
Quid, si duntaxat Romæ mihi cognitus esses,
  Adscitus toties in genus omne loci?
Cunctane in æquoreos abierunt irrita ventos?
  Cunctane Lethæis mersa feruntur aquis?

Non ego te placida genitum reor urbe Quirini,
  Urbe, meo quæ jam non adeunda pede est;
Sed scopulis, Ponti quos hæc habet ora sinistri,
  Inque feris Scythiæ Sarmaticisque jugis;
Et tua sunt silicis circum præcordia venæ,
  Et rigidum ferri semina pectus habent;
Quæque tibi quondam, tenero ducenda palato,
  Plena dedit nutrix ubera, tigris erat;
Aut mala nostra minus, quam nunc, aliena putasses.
  Duritiæque mihi non agerere reus.

pitié naturelle à des étrangers même, de prendre congé de moi; de joindre ta voix à celle du peuple, au cri public; enfin, lorsque ces traits mélancoliques ne devaient plus s'offrir à toi, de profiter pour les revoir du dernier jour qui t'était offert : et, une seule fois encore pour toute la vie, de recevoir et de prononcer avec l'accent de la sympathie un dernier adieu? D'autres m'ont témoigné ces égards sans m'être unis par aucun lien, et leurs larmes ont été les indices de leurs sentimens.

Qu'aurais-tu donc fait, si des relations habituelles, si les motifs les plus puissans, si un attachement de longue durée ne nous eussent pas liés? Qu'aurais-tu fait, si tu n'avais pas été le confident de tous mes plaisirs, de toutes mes occupations, si je ne l'avais été moi-même de tes occupations et de tes plaisirs? Qu'aurais-tu fait, si tu ne m'avais connu qu'au milieu de Rome, toi qui tant de fois fus admis aux mêmes lieux que moi? Les vents impétueux ont-ils dissipé tous ces vains souvenirs? Les eaux du Léthé les ont-elles engloutis dans leur cours?

Non, tu n'es pas né dans la ville de Quirinus, asile de la clémence, dans cette ville, hélas! où je ne dois plus porter mes pas, mais au sein des écueils qui hérissent à l'occident les rivages du Pont, au sein des montagnes barbares de la Scythie et de la Sarmatie : tes entrailles sont de roche, ton cœur impitoyable est de bronze : la nourrice, dont tes jeunes lèvres pressèrent les mamelles gonflées, était une tigresse : sans cela tu n'aurais pas vu mes malheurs avec autant d'indifférence que tu le fais aujourd'hui, et je n'aurais pas à t'accuser de cruauté.

Sed quoniam accedit fatalibus hoc quoque damnis,
  Ut careant numeris tempora prima suis;
Effice, peccati ne sim memor hujus; et illo
  Officium laudem, quo queror, ore tuum.

Mais puisque à ma fatale catastrophe vient s'ajouter le regret de notre première liaison si tristement interrompue, tâche de me faire oublier cette faute, et que la même bouche, qui accuse aujourd'hui ta fidélité, puisse bientôt lui rendre hommage.

ELEGIA NONA.

ARGUMENTUM.

Queritur poeta vulgum sequi fortunam, et secundis tantum rebus adesse amico, at in adversis eum destituere : quod quidem re sibi cognitum fuisse docet, siquidem, antequam relegaretur ab Augusto, multos habuit amicos : at postquam subita ruina corruit, neminem invenit, in cujus præsidio acquiesceret, quum multis, per Cæsaris modestiam, id præstare licuisset; quandoquidem ab eo hostilis erga amicum amor etiam probetur.

Detur inoffensæ metam tibi tangere vitæ,
  Qui legis hoc nobis non inimicus opus!
Atque utinam pro te possint mea vota valere,
  Quæ pro me duros non tetigere Deos!
Donec eris felix, multos numerabis amicos :
  Tempora si fuerint nubila, solus eris.
Adspicis, ut veniant ad candida tecta columbæ;
  Accipiat nullas sordida turris aves :
Horrea formicæ tendunt ad inania nunquam;
  Nullus ad amissas ibit amicus opes :
Utque comes radios per solis euntibus umbra;
  Quum latet hic pressus nubibus, illa fugit :
Mobile sic sequitur fortunæ lumina vulgus :
  Quæ simul inducta nube teguntur, abit.
Hæc precor ut semper possint tibi falsa videri,
  Sunt tamen eventu vera fatenda meo.
Dum stetimus, turbæ quantum satis esset, habebat

ÉLÉGIE NEUVIÈME.

ARGUMENT.

A un ami. Il lui dépeint l'inconstance ordinaire à l'homme, se réjouit de ses succès au barreau, succès qu'il lui prédit autrefois; enfin il le prie de prendre en main ses intérêts.

Puisses-tu atteindre heureusement au terme de ta carrière, toi qui lis ces vers avec quelque bienveillance ! Puissent pour toi s'accomplir mes vœux, qui n'ont pu fléchir pour moi des dieux impitoyables !

Tant que tu seras heureux, tu compteras de nombreux amis : si l'horizon vient à se rembrunir, tu resteras seul. Vois les colombes se presser vers les blanches demeures, tandis que la tour noircie par le temps ne reçoit aucun hôte. Jamais la fourmi ne se dirige vers un grenier vide; un mortel déchu de sa splendeur n'est visité par aucun ami. Comme notre ombre accompagne nos pas aux rayons du soleil, et, lorsque des nuages viennent à voiler son disque, s'évanouit aussitôt; de même le vulgaire inconstant suit l'éclat de la fortune; un nuage vient-il à l'éclipser, il s'enfuit.

Puissent ces vérités te paraître toujours chimériques ! Une triste expérience les a pourtant réalisées en ma personne. Tant que ma maison fut debout, un nombre bien suffisant d'amis fréquentaient ces pénates, non sans célé-

Nota quidem, sed non ambitiosa, domus :
At simul impulsa est, omnes timuere ruinam,
  Cautaque communi terga dedere fugae.
Saeva nec admiror metuunt si fulmina, quorum
  Ignibus adflari proxima quaeque vident.
Sed tamen in duris remanentem rebus amicum,
  Quamlibet inviso, Caesar, in hoste, probat;
Nec solet irasci (neque enim moderatior alter),
  Quum quis in adversis, si quis amavit, amat.
De comite Argolici postquam cognovit Orestae,
  Narratur Pyladen ipse probasse Thoas :
Quae fuit Actoridae cum magno semper Achille,
  Laudari solita est Hectoris ore fides :
Quod pius ad manes Theseus comes isset amico,
  Tartareum dicunt indoluisse Deum :
Euryali Nisique fide tibi, Turne, relata,
  Credibile est lacrymis immaduisse genas.
Est etiam miseris pietas, et in hoste probatur.
  Heu mihi, quam paucos haec mea dicta movent!
Hic status, haec rerum nunc est fortuna mearum,
  Debeat ut lacrymis nullus adesse modus.

At mea sunt, proprio quamvis moestissima casu,
  Pectora processu facta serena tuo.
Hoc eventurum jam tum, carissime, vidi,
  Ferret adhuc istam quum minor aura ratem.
Sive aliquod morum, seu vitae labe carentis
  Est pretium, nemo pluris habendus erit :
Sive per ingenuas aliquis caput extulit artes,
  Quaelibet eloquio fit bona casa tuo.

brité, quoique sans faste ; mais quand elle fut ébranlée, tous redoutèrent sa ruine, et ces esprits pusillanimes s'enfuirent de concert.

Ce n'est pas que je m'étonne, s'ils craignent la foudre, dont on voit les feux embraser tous les objets d'alentour ; mais qu'un ami reste fidèle à l'infortune, César applaudit à ce sentiment même dans un ennemi ; jamais on n'a vu s'irriter ce prince, le plus modéré des mortels, lorsqu'à un malheureux on rendit tendresse pour tendresse. Quand le compagnon d'Oreste fut connu de Thoas, Thoas même, dit-on, applaudit à Pylade ; la fidélité que le fils d'Actor témoigna toujours au magnanime Achille, obtint constamment les louanges d'Hector ; lorsque Thésée descendit au séjour des mânes pour accompagner son ami, le dieu du Tartare se montra sensible à ce dévoûment ; en apprenant l'héroïque fidélité d'Euryale et de Nisus, tes joues, Turnus, on le peut croire, furent trempées de pleurs. Le malheur a aussi des droits à notre sensibilité, et, dans un ennemi même, on applaudit à ce sentiment. Hélas ! combien mes paroles font peu de prosélytes ! et pourtant ma situation, ma destinée présente devrait faire couler des torrens de larmes.

Mais, quel que soit le désespoir où mes disgrâces ont plongé mon âme, tes succès la rendent à la sérénité. Je les avais prévus, tendre ami, à une époque où un vent moins favorable soufflait dans tes voiles. Si les qualités naturelles, si une vie sans tache ont quelque valeur, personne ne devra être apprécié plus haut que toi ; si jamais quelqu'un s'est signalé par l'étude des beaux-arts, c'est toi, dont l'éloquence fait triompher toutes les causes. Frappé de tant de mérite, je t'ai dit à toi-même dès ton

His ego commotus, dixi tibi protinus ipsi :
  Scena manet dotes grandis, amice, tuas.
Hæc mihi non ovium fibræ, tonitrusve sinistri,
  Linguave servatæ, pennave, dixit avis;
Augurium ratio est, et conjectura futuri :
  Hac divinavi, notitiamque tuli.
Quæ quoniam rata sunt, tota mihi mente tibique
  Gratulor, ingenium non latuisse tuum.
At nostrum tenebris utinam latuisset in imis !
  Expediit studio lumen abesse meo;
Utque tibi prosunt artes, facunde, severæ,
  Dissimiles illis sic nocuere mihi.
Vita tamen tibi nota mea est; scis artibus illis
  Auctoris mores abstinuisse sui;
Scis vetus hoc juveni lusum mihi carmen, et istos,
  Ut non laudandos, sic tamen esse jocos.
Ergo, ut defendi nullo mea posse colore,
  Sic excusari crimina posse puto.
Qua potes, excusa; nec amici desere causam;
  Quo bene cœpisti, sic pede semper eas.

début : « Un vaste théâtre, ami, est réservé à tes rares qualités. » Ce n'est ni aux entrailles des brebis, ni au tonnerre grondant à gauche, ni à l'examen du chant ou du vol des oiseaux, que je dois ce présage ; mon seul augure fut la réflexion, et le pressentiment de l'avenir : c'est ainsi que je fus prophète ; c'est là la source de mes révélations.

Puisqu'elles se sont vérifiées, je me félicite, je te félicite de toute mon âme, que ton génie ne soit pas resté enseveli dans l'obscurité. Ah ! plût au ciel que le mien l'ait été dans les ténèbres les plus profondes ! Il eût été heureux pour moi que mes vers ne connussent pas l'éclat de la célébrité ; si un art sérieux, mortel éloquent, te fut utile, un art différent du tien m'a été fatal. Tu connais cependant ma vie ; tu sais que mes mœurs restèrent étrangères à cet Art dont je suis le père ; tu sais que ce poëme fut un badinage de ma première jeunesse, et que, tout blâmable qu'il peut être, ce ne fut pourtant qu'un jeu. Si donc je ne puis colorer ma faute d'aucun prétexte plausible, du moins la peut-on excuser, je pense. Fais valoir les excuses que te suggèrera l'amitié, et ne trahis pas ses intérêts ; tu as noblement débuté : marche toujours dans la même voie.

ELEGIA DECIMA.

ARGUMENTUM.

Laudat navem Ovidius, quam in sinu Corinthiaco accepit: ejusdemque, quum eum in Samothraciam detulisset, posteaque ex ea insula solveret, navigationem describit; optat deinde, ut incolumis Tomos navis eadem adpellat: quod si contigerit, Minervæ se agnam immolaturum pollicetur. Postremo Castorem et Pollucem precatur, ut et illi, et alteri, quam conscensurus est, navi adsint.

Est mihi, sitque, precor, flavæ tutela Minervæ
 Navis; et a picta casside nomen habet.
Sive opus est velis, minimam bene currit ad auram:
 Sive opus est remo, remige carpit iter.
Nec comites volucri contenta est vincere cursu;
 Occupat egressas quamlibet ante rates.
Et patitur fluctus, fertque adsilientia longe
 Æquora, nec sævis icta fatiscit aquis.
Illa, Corinthiacis primum mihi cognita Cenchris,
 Fida manet trepidæ duxque comesque fugæ;
Perque tot eventus, et iniquis concita ventis
 Æquora, Palladio numine tuta fuit.
Nunc quoque tuta, precor, vasti secet ostia Ponti,
 Quasque petit, Getici litoris intret aquas.

ÉLÉGIE DIXIÈME.

ARGUMENT.

Ovide fait l'éloge d'un navire qu'il avait pris à Cenchrée, et qui vient de repartir pour Tomes après l'avoir déposé à Samothrace : il décrit la route que va suivre ce navire, et fait des vœux pour qu'il arrive heureusement au terme de sa navigation, ainsi qu'un autre sur lequel il va lui-même s'embarquer pour Tempyre, afin de traverser la Thrace par terre.

J'eus (et puissé-je l'avoir encore !) un navire sous la protection de la blonde Minerve ; le casque de cette déesse y est peint et lui a donné son nom. Faut-il aller à la voile, le plus léger zéphyr lui imprime une rapide impulsion ; faut-il aller à la rame, il glisse docile aux efforts du rameur. C'est peu de surpasser par la vitesse de sa course ceux qui partent avec lui ; il atteint les vaisseaux même sortis avant lui du port. Il résiste à la lame, et soutient le choc des vagues qui de loin viennent l'assaillir, sans jamais s'entr'ouvrir aux coups de la tempête cruelle. C'est lui qui, depuis Cenchrée, voisine de Corinthe, où je le montai, fut toujours le guide et le compagnon fidèle de ma fuite précipitée ; et à travers tant de vicissitudes et de mers soulevées par les vents furieux, la protection de Pallas le sauva de tous les dangers. Puisse-t-il encore sans danger franchir l'entrée du vaste Pont, et pénétrer jusqu'aux rivages des Gètes, dernier terme de son voyage !

Quæ simul Æoliæ mare me deduxit in Helles,
　　Et longum tenui limite fecit iter,
Fleximus in lævum cursus, et, ab Hectoris urbe,
　　Venimus ad portus, Imbria terra, tuos.
Inde levi vento, Zerynthia litora nactis,
　　Threiciam tetigit fessa carina Samon
(Saltus ab hac terra brevis est Tempyra petenti) :
　　Hac dominum tenus est illa secuta suum :
Nam mihi Bistonios placuit pede carpere campos :
　　Hellespontiacas illa relegit aquas,
Dardaniamque petît auctoris nomen habentem,
　　Et te, ruricola, Lampsace, tuta Deo ;
Quaque, per angustas vectæ male virginis undas,
　　Seston Abydena separat urbe fretum ;
Hincque Propontiacis hærentem Cyzicon oris,
　　Cyzicon, Hæmoniæ nobile gentis opus ;
Quaque tenent Ponti Byzantia litora fauces :
　　Hic locus est gemini janua vasta maris.
Hæc, precor, evincat, propulsaque flantibus Austris
　　Transeat instabiles strenua Cyaneas,
Thyniacosque sinus ; et ab his, per Apollinis urbem,
　　Alta sub Anchiali mœnia tendat iter.
Inde Mesembriacos portus, et Odesson, et arces
　　Prætereat dictas nomine, Bacche, tuo ;
Et quos Alcathoi memorant a mœnibus ortos,
　　Sedibus his profugum constituisse Larem :
A quibus, adveniat Miletida sospes ad urbem,
　　Offensi quo me compulit ira Dei.
Hanc si contigerit, meritæ cadet agna Minervæ :

Quand il m'eut conduit à la hauteur de la mer d'Hellé, petite-fille d'Éole, et qu'en traçant un étroit sillon il eut accompli ce long trajet, nous cinglâmes vers la gauche, et, laissant la ville d'Hector, nous abordâmes, Imbros, à ton port. Bientôt, porté par un souffle léger aux rivages de Zérynthe, mon navire fatigué mouilla près de Samothrace : c'est jusqu'à cette île, d'où il n'y a qu'une courte traversée pour gagner Tempyre, que mon vaisseau m'accompagna ; car je formai le projet de traverser par terre les champs bistoniens : pour lui, il retourna dans les eaux de l'Hellespont, fit voile vers Dardanie appelée du nom de son fondateur, vers tes rivages, Lampsaque, protégée du dieu des jardins, vers ce canal resserré où la jeune vierge ne put atteindre la rive, détroit qui sépare Sestos d'Abydos ; de là, vers Cyzique, située sur les côtes de la Propontide, Cyzique, célèbre fondation du peuple d'Hémonie ; enfin, vers les rivages de Byzance, maîtresse de l'accès étroit du Pont, porte majestueuse des deux mers. Puisse-t-il triompher de ce pas dangereux, et, poussé par le souffle de l'Auster, franchir victorieusement les mouvantes Cyanées, le golfe de Thynias, et de là, saluant Apollonie, atteindre les murs élevés d'Anchiale, raser le port de Mésembrie, Odesse, et la cité qui te doit son nom, ô Bacchus, et celle où des fugitifs d'Alcathoé vinrent, dit-on, fixer leurs Pénates errans ! Puisse-t-il de là heureusement aborder à cette colonie de Milet, où me relègue le courroux d'un dieu offensé !

S'il parvient à ce terme, j'offrirai à Minerve le légi-

Non facit ad nostras hostia major opes.

Vos quoque, Tyndaridæ, quos hæc colit insula, fratres,
    Mite, precor, duplici, numen, adeste viæ!
Altera namque parat Symplegadas ire per arctas,
    Scindere Bistonias altera puppis aquas :
Vos facite, ut ventos, loca quum diversa petamus,
    Illa suos habeat, nec minus illa suos!

time sacrifice d'une brebis : une plus noble victime est au dessus de ma fortune.

Vous aussi, fils de Tyndare, divinités révérées en cette île, soyez, soyez propices à cette double traversée! Mon premier navire va franchir l'étroit passage des Symplégades; un autre va fendre la mer Bistonienne : faites que, dans ces deux directions opposées, ils aient l'un et l'autre un vent favorable!

ELEGIA UNDECIMA.

ARGUMENTUM.

Excusat se Ovidius, si quid forte in ejus carmine incultum fuerit, et minus elegans; culpamque hujus rei omnem rejicit in tempestatem et fluctus, quibus obstrepentibus, se hæc scripsisse narrat.

Litera quæcumque est toto tibi lecta libello,
  Est mihi sollicitæ tempore facta viæ.
Aut hanc me, gelidi tremerem quum mense decembris,
  Scribentem mediis Hadria vidit aquis:
Aut, postquam bimarem cursu superavimus Isthmon,
  Alteraque est nostræ sumta carina fugæ.
Quod facerem versus inter fera murmura ponti,
  Cycladas Ægæas obstupuisse puto:
Ipse ego nunc miror, tantis animique marisque
  Fluctibus ingenium non cecidisse meum.
Seu stupor huic studio, sive huic insania nomen,
  Omnis ab hac cura mens relevata mea est.
Sæpe ego nimbosis dubius jactabar ab Hædis;
  Sæpe minax Steropes sidere pontus erat;
Fuscabatque diem custos Erymanthidos Ursæ;
  Aut Hyadas seris auxerat Auster aquis;
Sæpe maris pars intus erat: tamen ipse trementi
  Carmina ducebam qualiacumque manu.
Nunc quoque contenti strident Aquilone rudentes,
  Inque modum tumuli concava surgit aqua:

ÉLÉGIE ONZIÈME.

ARGUMENT.

A son lecteur. Il implore l'indulgence en faveur de son livre, et rend compte des circonstances au milieu desquelles il fut écrit.

Toutes les épîtres de ce livre que ton œil vient de parcourir, je les ai composées pendant la durée d'une pénible traversée : l'une, tout transi par les froids de décembre, au sein des eaux de l'Adriatique, témoin de mon travail; l'autre, après avoir franchi l'Isthme resserré par deux mers, au moment de monter un second navire pour atteindre au lieu de mon exil. Un poète, composant des vers malgré la fureur des vagues mugissantes, fut sans doute pour les Cyclades de la mer Égée un spectacle surprenant. Je m'étonne moi-même aujourd'hui que le trouble de mon âme et des flots n'ait pas paralysé ma veine; mais, soit que je fusse absorbé par la méditation ou transporté par le délire, mon esprit fut tout-à-fait distrait des inquiétudes de ma position. Souvent j'étais le triste jouet des orages soulevés par les Chevreaux; souvent l'influence de Stérope rendait la mer menaçante; le gardien de l'Ourse d'Érymanthe obscurcissait le jour, ou l'Auster venait au coucher des Hyades les gonfler de pluies; souvent la mer pénétrait dans une partie du navire : d'une main tremblante je n'en traçais pas moins des vers d'un mérite assez équivoque. A cette heure encore

Ipse gubernator, tollens ad sidera palmas,
 Exposcit votis, immemor artis, opem.
Quocumque adspicio, nihil est, nisi mortis imago,
 Quam dubia timeo mente, timensque precor :
Adtigero portum, portu terrebor ab ipso :
 Plus habet infesta terra timoris aqua :
Nam simul insidiis hominum pelagique laboro,
 Et faciunt geminos ensis et unda metus :
Ille meo vereor ne speret sanguine prædam;
 Hæc titulum nostræ mortis habere velit.
Barbara pars læva est, avidæ succincta rapinæ,
 Quam cruor, et cædes, bellaque semper habent :
Quumque sit hibernis agitatum fluctibus æquor,
 Pectora sunt ipso turbidiora mari.

Quo magis his debes ignoscere, candide lector,
 Si spe sunt, ut sunt, inferiora tua.
Non hæc in nostris, ut quondam, scribimus hortis;
 Nec, consuete, meum, lectule, corpus habes.
Jactor in indomito, brumali luce, profundo;
 Ipsaque cæruleis charta feritur aquis.
Improba pugnat hyems, indignaturque, quod ausim
 Scribere, se rigidas incutiente minas.
Vincat hyems hominem : sed eodem tempore, quæso,
 Ipse modum statuam carminis, illa sui !

le vent siffle dans les cordages tendus, et l'onde s'amoncèle en forme de voûte. Le pilote même, les mains élevées vers le ciel, oublie sa science, et par ses vœux implore l'assistance des dieux. De quelque côté que se tournent mes regards, partout l'image de la mort : mon esprit troublé la craint, et, dans sa crainte, la désire encore. Que je touche le port, je trouve dans le port même un objet d'effroi : pour moi la terre est plus redoutable que l'onde ennemie : car la perfidie des hommes et des vagues à la fois fait mon supplice; le glaive et la mer me causent une double terreur : je crains que l'un n'espère de ma mort un riche butin, que l'autre n'ambitionne l'honneur de mon trépas. A gauche est une côte barbare, avide, et toujours prête au butin; le meurtre, le carnage, la guerre y règnent constamment; et quelle que soit l'agitation des flots orageux, mon âme est plus bouleversée encore que l'Océan.

Sois en plus indulgent à l'égard de ces vers, lecteur bienveillant, s'ils te paraissent et s'ils sont en effet au dessous de ton attente. Ce n'est plus, comme jadis, dans mes jardins que je les compose; lit délicat, mon siége ordinaire, mes membres ne reposent plus sur tes coussins. Je me vois, au milieu d'un jour obscurci par l'orage, le jouet de l'abîme indompté; mon papier même est battu des flots azurés. La tempête, dans sa lutte acharnée, s'indigne de mon opiniâtreté à composer au milieu de ses terribles menaces. Eh bien! que la tempête triomphe d'un mortel; mais puisse-t-elle, en même temps que je mets fin à ces vers, mettre elle-même un terme à ses fureurs!

LIBER SECUNDUS.

ELEGIA UNICA.

ARGUMENTUM.

Precatur Augustum Ovidius, ut, si non reditum velit, mitius tamen ac tutius exsilium concedat; dicitque se tentare, si forte carmina, quae illi antea nocuere, nunc possint salutem reddere: quemadmodum Achillis hasta, quae Telephum et vulneravit et sanavit. Longo igitur et artificioso carmine conatur Caesarem placare, ostendens se multa de eo scripsisse; enumeratque poetas alios quam plurimos, qui nunquam ulla clade adfecti sunt, quamvis mordacia, aut turpia poemata ediderint.

Quid mihi vobiscum est, infelix cura, libelli,
   Ingenio perii qui miser ipse meo?
Cur, modo damnatas, repeto, mea crimina, Musas?
   An semel est poenam commeruisse parum?
Carmina fecerunt, ut me cognoscere vellent
   Omine non fausto femina virque, mea:
Carmina fecerunt, ut me moresque notaret
   Jam demum visa Caesar ab Arte meos.
Deme mihi studium, vitae quoque crimina demes:
   Acceptum refero versibus esse nocens.
Hoc pretium curae vigilatorumque laborum

LIVRE DEUXIÈME.

ÉLÉGIE UNIQUE.

ARGUMENT.

A César Auguste. Le poète se plaint de sa Muse, à laquelle il doit tous ses maux, et cependant il a recours à elle pour tâcher de fléchir Auguste : les dieux aussi se laissent désarmer ; il proteste de son dévoûment à la cause de César : ses yeux seuls furent coupables : noblesse de son extraction : l'indulgence du prince dans son arrêt lui laisse un peu d'espoir : vœux qu'il forme en faveur d'Auguste pour prix de sa grâce : peinture de ses maux : il justifie son *Art d'aimer* par l'exemple des dieux mêmes et par celui d'une foule d'auteurs impunément licencieux : enfin il se borne à demander un changement d'exil.

Qu'ai-je encore à démêler avec vous, fatal objet de ma sollicitude, frivoles poésies? Ne fus-je pas de mon imagination la victime infortunée? Pourquoi reprendre cette lyre coupable, naguère instrument de ma condamnation? n'est-ce pas assez d'avoir une fois attiré le châtiment sur ma tête? C'est à ma veine que je dois d'avoir vu pour mon malheur hommes et femmes empressés à me connaître ; à elle encore que je dois d'avoir vu César censurer ma personne et mes mœurs, après avoir enfin jeté les yeux sur mon Art. Effacez cette manie funeste, vous effacerez tous les torts de ma vie ; à mes vers seuls je suis redevable de mes crimes. Quel prix ai-je recueilli

Cepimus : ingenio poena reperta meo.

Si saperem, doctas odissem jure sorores,
    Numina cultori perniciosa suo.
At nunc (tanta meo comes est insania morbo!)
    Saxa malum refero rursus ad ista pedem.
Scilicet et victus repetit gladiator arenam;
    Et redit in tumidas naufraga puppis aquas.

Forsitan, ut quondam Teuthrantia regna tenenti,
    Sic mihi res eadem vulnus opemque feret;
Musaque, quam movit, motam quoque leniet iram :
    Exorant magnos carmina saepe Deos;
Ipse quoque Ausonias Caesar matresque nurusque
    Carmina turrigerae dicere jussit Opi :
Jusserat et Phoebo dici, quo tempore ludos
    Fecit, quos aetas adspicit una semel.
His, precor, exemplis tua nunc, mitissime Caesar,
    Fiat ab ingenio mollior ira meo!
Illa quidem justa est, nec me meruisse negabo :
    Non adeo nostro fugit ab ore pudor :
Sed, nisi peccassem, quid tu concedere posses ?
    Materiam veniae sors tibi nostra dedit.
Si, quoties homines peccant, sua fulmina mittat
    Jupiter, exiguo tempore inermis erit.
Hic ubi detonuit, strepituque exterruit orbem,
    Purum discussis aera reddit aquis.
Jure igitur genitorque Deûm rectorque vocatur;
    Jure capax mundus nil Jove majus habet.

Tu quoque, quum patriae rector dicare paterque,

de mes peines, de mes laborieuses veilles? l'exil, voilà le fruit de mon génie!

Si j'étais plus sensé, je vouerais une juste haine aux doctes sœurs, divinités funestes à leur adorateur. Mais aujourd'hui tel est le délire de la passion qui me dévore, que mon pied vient heurter encore l'écueil fatal où j'échouai déjà. Ainsi un gladiateur vaincu rentre dans la lice; ainsi un vaisseau affronte encore après le naufrage les vagues amoncelées.

Peut-être aussi, comme jadis le prince du royaume de Teuthras, le trait qui me blessa doit-il me guérir; peut-être cette muse qui souleva tant de courroux, le doit-elle désarmer; la poésie quelquefois fléchit la majesté des dieux; César même n'a-t-il pas ordonné aux femmes de tout âge d'adresser des hymnes à Cybèle couronnée de tours? N'avait-il pas ordonné d'en adresser à Apollon, à l'époque de ces jeux que chaque siècle ne contemple qu'une fois? A l'exemple de ces divinités, puisse ton courroux, ô César, modèle de clémence, se laisser fléchir à mes vers! Il n'a rien que de légitime sans doute; oui, je le reconnais, il fut bien mérité; ma bouche n'a pas à ce point abjuré toute pudeur; mais, sans ma faute, quelle faveur aurais-tu à m'accorder? Mes torts sont pour toi une occasion de pardonner. Si, à chacune de nos fautes, Jupiter lançait sa foudre, il aurait bientôt épuisé son arsenal. Mais après avoir, par le bruit de son tonnerre, épouvanté l'univers entier, il dissipe les nuages et ramène la sérénité. C'est donc à juste titre qu'on le nomme père et souverain des dieux, et que, dans l'immensité du monde, il n'est rien de plus auguste que Jupiter.

Toi qu'on appelle aussi le souverain maître et le père

Utere more Dei nomen habentis idem.
Idque facis; nec te quisquam moderatius unquam
  Imperii potuit fræna tenere sui.
Tu veniam parti superatæ sæpe dedisti,
  Non concessurus quam tibi victor erat.
Divitiis etiam multos et honoribus auctos
  Vidi, qui tulerant in caput arma tuum;
Quæque dies bellum, belli tibi sustulit iram;
  Parsque simul templis utraque dona tulit;
Utque tuus gaudet miles, quod vicerit hostem:
  Sic, victum cūr sē gaudeat, hostis habet.
Causa mea est melior, qui nec contraria dicor
  Arma, nec hostiles esse secutus opes.
Per mare, per terras, per tertia numina juro,
  Per te, præsentem conspicuumque Deum,
Hunc animum favisse tibi, vir maxime; meque,
  Qua sola potui, mente fuisse tuum.
Optavi peteres cœlestia sidera tarde,
  Parsque fui turbæ parva precantis idem;
Et pia tura dedi pro te; cumque omnibus unus
  Ipse quoque adjuvi publica vota meis.
Quid referam libros illos quoque, crimina nostra,
  Mille locis plenos nominis esse tui?
Inspice majus opus, quod adhuc sine fine reliqui,
  In non credendos corpora versa modos:
Invenies vestri præconia nominis illic;
  Invenies animi pignora multa mei.
Non tua carminibus major fit gloria, nec quo,
  Ut major fiat, crescere possit, habet.
Fama Jovis super est : tamen hunc sua facta referri,

de la patrie, montre toi tel que le dieu dont tu portes le nom. Que dis-je? ne l'es-tu pas déjà? Quel autre a jamais avec plus de modération manié les rênes de son empire? Souvent tu accordas à tes rivaux vaincus un pardon qu'ils t'eussent refusé, victorieux. Plus d'une fois même je t'ai vu prodiguer richesses, honneurs, à des traîtres qui s'étaient armés pour te perdre, et le même jour mit un terme à la guerre et au courroux que la guerre avait allumé; les deux partis allèrent confondre dans les temples leurs offrandes, et si tes soldats se félicitèrent d'avoir triomphé de l'ennemi, l'ennemi a sujet aussi de se féliciter de ton triomphe.

Ma cause est moins mauvaise; on ne m'accuse pas d'avoir suivi une bannière étrangère, une fortune ennemie; j'en atteste la mer, la terre et les dieux de l'Olympe; j'en atteste ta divinité protectrice et présente à nos yeux; oui, je m'intéressai toujours à tes succès, mortel magnanime, et, dans l'impuissance de faire davantage, mon cœur te fut dévoué. Toujours je souhaitai que ton entrée dans l'Olympe fût long-temps différée, et je joignis ma faible prière à celle de tout un peuple; je fis pour toi fumer un encens religieux, et, m'unissant à tous, je secondai de mes vœux personnels ce concert de vœux publics. Rappellerai-je ces poésies mêmes qui firent mon crime? Mille pages y retentissent de ton nom. Vois ce poëme plus important, que j'ai abandonné imparfait encore, ces Métamorphoses merveilleuses des humains: tu y trouveras ton nom préconisé; tu y trouveras mille gages de mes sentimens.

Non que la poésie puisse ajouter à l'éclat de ta gloire ni que cet éclat puisse encore être rehaussé. Rien n'égale le renom de Jupiter, et pourtant le récit de ses prouesses,

Et se materiam carminis esse, juvat;
Quumque Gigantei memorantur prœlia belli,
 Credibile est lætum laudibus esse suis :
Te celebrant alii quanto decet ore, tuasque
 Ingenio laudes uberiore canunt:
Sed tamen, ut fuso taurorum sanguine centum,
 Sic capitur minimo turis honore Deus.

Ah ferus, et nobis nimium crudeliter hostis,
 Delicias legit qui tibi cumque meas,
Carmina ne nostris sic te venerantia libris
 Judicio possint candidiore legi!

Esse sed irato quis te mihi posset amicus?
 Vix tunc ipse mihi non inimicus eram.
Quum cœpit quassata domus subsidere, partes
 In proclinatas omne recumbit onus;
Cunctaque, fortuna rimam faciente, dehiscunt;
 Ipsa suo quondam pondere tecta ruunt.
Ergo, hominum quæsitum odium mihi carmine, quaque
 Debuit, est vultus turba secuta tuos.

At, memini, vitamque meam moresque probabas
 Illo, quem dederas, prætereuntis equo.
Quod si non prodest, et honesti gratia nulla
 Redditur, at nullum crimen adeptus eram.
Nec male commissa est nobis fortuna reorum,
 Lisque decem decies inspicienda viris.
Res quoque privatas statui sine crimine judex,
 Deque mea fassa est pars quoque victa fide.
Me miserum! potui, si non extrema nocerent,

les poëmes dont il est le héros, ont pour lui des charmes, et quand on célèbre la guerre des géans et ses combats, il se complaît sans doute à entendre ses louanges : d'autres lyres te chantent sur un ton digne de toi, et font retentir tes louanges inspirées par une imagination plus féconde : mais si Jupiter est sensible à un sacrifice de cent taureaux, il l'est aussi à l'hommage d'un modeste encens.

Ah! qu'il fut barbare, qu'il fut acharné contre moi, cet ennemi inconnu qui te lut les jeux de ma muse galante! Il craignit sans doute que les vers, dépositaires de mon respect pour ta personne, ne trouvassent un juge, des yeux trop favorables.

En te voyant courroucé contre moi, qui pourrait être mon ami? J'eus peine alors à ne pas me haïr moi-même. Quand une maison ébranlée commence à fléchir, toute la charge pèse sur les parties affaissées; à la brèche la plus légère, l'édifice entier s'entr'ouvre et s'écroule enfin par son propre poids. La haine publique est donc le seul fruit que j'ai recueilli de mes poésies, et la multitude, ainsi qu'il en devait être, s'est réglée sur ton visage.

Cependant, je ne l'ai pas oublié, ma conduite, mes mœurs t'inspiraient quelque estime, quand tu me fis présent de ce cheval, sur lequel je fus passé en revue. Si ce titre est sans valeur, si cet honneur ne m'est compté pour rien, du moins je ne donnai jamais de prise aux reproches. Ai-je encouru le blâme, quand on me confia la fortune des accusés et les jugemens du ressort des centumvirs? Je fus aussi appelé à statuer sur les démêlés des particuliers, et, juge irréprochable, je vis la partie condamnée reconnaître mon impartialité.

6.

Judicio tutus non semel esse tuo.
Ultima me perdunt; imoque sub aequore mergit
    Incolumem toties una procella ratem :
Nec mihi pars nocuit de gurgite parva : sed omnes
    Pressere hoc fluctus, Oceanusque caput.

Cur aliquid vidi? cur noxia lumina feci?
    Cur imprudenti cognita culpa mihi?
Inscius Actaeon vidit sine veste Dianam;
    Praeda fuit canibus non minus ille suis :
Scilicet in Superis etiam fortuna luenda est;
    Nec veniam, laeso numine, casus habet.
Illa namque die, qua me malus abstulit error,
    Parva quidem periit, sed sine labe, domus,
Sic quoque parva tamen, patrio dicatur ut aevo
    Clara, nec ullius nobilitate minor;
Et neque divitiis, nec paupertate notanda;
    Unde fit in neutrum conspiciendus eques.
Sit quoque nostra domus, vel censu parva, vel ortu;
    Ingenio certe non latet illa meo.
Quo videar quamvis nimium juveniliter usus,
    Grande tamen toto nomen ab orbe fero;
Turbaque doctorum Nasonem novit, et audet
    Non fastiditis adnumerare viris.
Corruit haec igitur Musis accepta, sub uno,
    Sed non exiguo crimine lapsa domus;
Atque ea sic lapsa est, ut surgere, si modo laesi
    Ematuruerit Caesaris ira, queat.

O comble de disgrâce ! sans ma dernière catastrophe, j'aurais pu vivre tranquille à l'ombre de ton suffrage plus d'une fois manifesté. Ce sont mes derniers momens qui m'ont perdu; après avoir si souvent évité le naufrage, ma barque a été par un seul orage plongée au fond des abîmes. Ce ne sont pas quelques vagues qui m'ont maltraité; ce sont tous les flots conjurés, c'est l'Océan tout entier qui a fondu sur ma tête.

Ah ! pourquoi mes regards furent-ils indiscrets? pourquoi mes yeux, coupables? pourquoi n'ai-je senti ma faute qu'après mon inconséquence? Ce fut sans le savoir qu'Actéon aperçut Diane dépouillée de ses vêtemens; il n'en fut pas moins la proie de sa meute acharnée: c'est qu'à l'égard des dieux, il faut expier même des torts involontaires, et, aux yeux d'une divinité offensée, le hasard même ne saurait trouver grâce. Ce jour où je fus victime d'une fatale imprudence, vit périr ma maison modeste, mais sans tache. Et toute modeste encore qu'elle était, on peut vanter l'éclat de son ancienneté, et sa noblesse ne le cède à aucune autre; elle ne se distinguait ni par ses richesses ni par sa pauvreté, caractère propre au chevalier, qui n'attire les regards par aucun de ces deux excès. Et quand ma maison n'aurait qu'une humble fortune, qu'une humble origine, mon génie du moins la garantit de l'obscurité; j'en ai trop abusé peut-être par un travers de jeunesse; mais je n'en porte pas moins un nom célèbre dans tout l'univers; la foule des doctes esprits connaît Ovide et ne craint pas de le mettre au nombre des auteurs goûtés. Ainsi s'est écroulée cette maison chérie des Muses : une seule faute, bien grave sans doute, a causé sa chute; mais, malgré sa chute

Cujus in eventu poenæ clementia tanta est,
  Ut fuerit nostro lenior illa metu :
Vita data est, citraque necem tua constitit ira,
  O princeps parce viribus use tuis.
Insuper accedunt, te non adimente, paternæ,
  Tanquam vita parum muneris esset, opes.
Nec mea decreto damnasti facta senatus;
  Nec mea selecto judice jussa fuga est :
Tristibus invectus verbis, ita principe dignum,
  Ultus es offensas, ut decet, ipse tuas.
Adde, quod edictum, quamvis immane minaxque,
  Attamen in poenæ nomine lene fuit :
Quippe relegatus, non exsul dicor in illo;
  Parcaque fortunæ sunt data verba meæ.
Nulla quidem sano gravior mentisque potenti
  Poena est, quam tanto displicuisse viro.
Sed solet interdum fieri placabile numen;
  Nube solet pulsa candidus ire dies.
Vidi ego pampineis oneratam vitibus ulmum,
  Quæ fuerat sævo fulmine tacta Jovis.
Ipse licet sperare vetes, sperabimus æque;
  Hoc unum fieri, te prohibente, potest.
Spes mihi magna subit, quum te, mitissime princeps;
  Spes mihi, respicio quum mea fata, cadit.
Ac veluti, ventis agitantibus æquora, non est
  Æqualis rabies continuusque furor;
Sed modo subsidunt, intermissique silescunt,
  Vimque putes illos deposuisse suam :

même, elle peut encore, si le courroux de César offensé s'adoucissait, elle peut se relever.

Il s'est montré si clément dans l'application de la peine, qu'elle fut plus douce que je ne l'appréhendais : la vie me fut accordée, et ton courroux n'alla pas jusqu'à la mort, ô prince plein de modération dans l'usage de ta puissance! Un autre bienfait, comme si la vie était un faible présent, c'est de ne m'avoir pas privé de mon patrimoine. Tu n'as pas fait prononcer ma condamnation par un sénatus-consulte; un tribunal spécial n'a pas porté mon arrêt d'exil : c'est en prononçant les paroles fatales (ainsi doit agir un prince), que tu vengeas, comme il convenait de le faire, une offense personnelle. Cet édit, tout affreux, tout foudroyant qu'il est, est encore plein de mesure dans le titre de la peine; il emploie le mot de relégué, non celui d'exilé, et ma triste destinée a été ménagée dans les termes.

Sans doute il n'est pas, pour un homme sensé et qui jouit de sa raison, de peine plus accablante que d'avoir déplu à un si noble mortel; mais la divinité se laisse quelquefois apaiser: quand le nuage est dissipé, le jour en reparaît plus pur. J'ai vu un orme chargé de pampres et de raisins, après avoir été cruellement frappé de la foudre. En vain tu me défends d'espérer; jamais je ne perdrai l'espérance, et sur ce seul point je puis te désobéir.

Un vif espoir naît en mon sein, quand je songe à toi, ô le plus doux des princes; mais quand je songe à mon malheur, mon espoir s'évanouit. Comme les vents qui soulèvent l'onde, n'ont pas toujours une rage égale, une opiniâtre fureur, mais sont par intervalle calmes et silencieux, et semblent avoir déposé leur courroux : ainsi

Sic abeunt, redeuntque mei, variantque timores;
  Et spem placandi dantque negantque tui.
Per Superos igitur, qui dent tibi longa, dabuntque
  Tempora, Romanum si modo nomen amant;
Per patriam, quæ te tuta et secura parente est;
  Cujus, ut in populo, pars ego nuper eram;
Sic tibi, quem semper factis animoque mereris,
  Reddatur gratæ debitus urbis amor!
Livia sic tecum sociales compleat annos!
  Quæ, nisi te, nullo conjuge digna fuit;
Quæ si non esset, cælebs te vita deceret;
  Nullaque, cui posses esse maritus, erat.
Sospite sic te sit natus quoque sospes; et olim
  Imperium regat hoc cum seniore senex!
Utque tui faciunt, sidus juvenile, nepotes,
  Per tua, perque sui facta parentis eant!
Sic adsueta tuis semper victoria castris,
  Nunc quoque se præstet, notaque signa petat;
Ausoniumque ducem solitis circumvolet alis,
  Ponat et in nitida laurea serta coma,
Per quem bella geris, cujus nunc corpore pugnas;
  Auspicium cui das grande, Deosque tuos;
Dimidioque tui præsens es, et adspicis urbem;
  Dimidio procul es, sævaque bella geris!
Hic tibi sic redeat superato victor ab hoste;
  Inque coronatis fulgeat altus equis!

Parce, precor; fulmenque tuum, fera tela, reconde,
  Heu! nimium misero cognita tela mihi.
Parce, pater patriæ; nec nominis immemor hujus

mes craintes disparaissent, reviennent tour-à-tour, et me donnent ou me ravissent l'espoir de te fléchir.

Par les dieux que je supplie de t'accorder et qui t'accorderont une longue existence, si le nom romain leur est cher, par la patrie, redevable de sa paix, de son bonheur à ton paternel empire, dont naguère, confondu dans la foule, je faisais aussi partie, puissent tes bienfaits et tes vertus constantes trouver leur légitime récompense dans la gratitude et l'amour des Romains ! Puisse Livie fournir près de toi une longue et heureuse carrière, Livie, dont tout autre époux eût été indigne, Livie, sans laquelle tu eusses dû renoncer à l'hymen, la seule enfin à laquelle tu pusses unir ta destinée ! Puisses-tu vivre long-temps ; puisse aussi long-temps vivre ton auguste fils, et déjà vieux aider ta vieillesse à tenir les rênes de cet empire ! Puissent tes petits-fils, astres jeunes et brillans, continuer à suivre tes traces et celles de leur père ! Puisse la victoire, toujours fidèle à tes armes, reparaître aujourd'hui à nos yeux et revoler vers ses étendards favoris, environner encore de ses ailes le général de l'Ausonie, et placer une couronne de laurier sur la chevelure brillante de ce héros, par le ministère duquel tu diriges la guerre, dont tu emploies le bras pour combattre, auquel tu prêtes tes nobles auspices, tes dieux même, toi dont une moitié veille sur cette ville, et l'autre en des contrées lointaines dirige une guerre sanglante ! Puisse-t-il revenir dans tes bras vainqueur des ennemis et pompeusement traîné par des coursiers ornés de guirlandes !

Par pitié, je t'en conjure, dépose la foudre, arme redoutable, dont, infortuné ! j'ai fait une trop cruelle épreuve. Par pitié, père de la patrie, n'oublie pas ce

Olim placandi spem mihi tolle tui!
Nec precor, ut redeam (quamvis majora petitis
 Credibile est magnos sæpe dedisse Deos);
Mitius exsilium si das, propiusque roganti,
 Pars erit e pœna magna levata mea.

Ultima perpetior, medios projectus in hostes;
 Nec quisquam patria longius exsul abest.
Solus ad egressus missus septemplicis Istri,
 Parrhasiæ gelido virginis axe premor.
Jazyges, et Colchi, Metereaque turba, Getæque,
 Danubii mediis vix prohibentur aquis.
Quumque alii causa tibi sint graviore fugati,
 Ulterior nulli, quam mihi, terra data est:
Longius hac nihil est, nisi tantum frigus et hostis,
 Et maris adstricto quæ coit unda gelu.
Hactenus Euxini pars est Romana sinistri:
 Proxima Basternæ Sauromatæque tenent:
Hæc est Ausonio sub jure novissima, vixque
 Hæret in imperii margine terra tui.
Unde precor supplex, ut nos in tuta releges;
 Ne sit cum patria pax quoque demta mihi;
Ne timeam gentes, quas non bene submovet Ister;
 Neve tuus possim civis ab hoste capi:
Fas prohibet Latio quemquam de sanguine natum,
 Cæsaribus salvis, barbara vincla pati.

Perdiderint quum me duo crimina, carmen et error,
 Alterius facti culpa silenda mihi:
Nam non sum tanti, ut renovem tua vulnera, Cæsar,
 Quem nimio plus est indoluisse semel.

beau nom, et ne m'interdis point l'espoir de te fléchir un jour! Ce n'est pas mon retour que j'implore, bien que souvent les dieux immortels aient accordé aux humains des faveurs au dessus de leurs vœux; si tu accordes à mes prières un exil moins rude et moins reculé, ma peine sera de moitié plus douce.

Ah! quel est mon supplice, ainsi jeté au milieu d'ennemis farouches, plus éloigné de ma patrie qu'aucun autre exilé, seul, relégué près des sept embouchures du Danube, en butte aux froids de l'Ourse glacée, à peine séparé par la largeur du fleuve, des Jazyges, des hordes de Colchos, de Métérée, des Gètes enfin.

D'autres ont été par toi bannis pour des torts plus graves; aucun n'a été confiné dans une région plus lointaine : au delà de ces lieux il n'y a que les glaces et l'ennemi, et des mers dont le froid condense les flots. C'est ici qu'expire la domination romaine sur la rive gauche du Pont-Euxin : les lieux voisins sont au pouvoir des Basternes et des Sarmates; c'est la dernière contrée qui soit dans la dépendance de l'Ausonie; à peine même tient-elle à la lisière de ton empire.

Je t'en conjure, je t'en supplie, assigne-moi un exil moins dangereux; et avec ma patrie ne me ravis pas encore la sécurité. Que je n'aie pas à redouter des peuples que l'Ister a peine à retenir; que ton sujet ne soit pas exposé à tomber entre les mains de l'ennemi. Il serait odieux qu'un homme du sang latin, devienne, tant qu'il y aura des Césars au monde, l'esclave des Barbares.

Deux fautes m'ont perdu : mes vers et un involontaire égarement : les détails de l'une ne doivent jamais sortir de ma bouche; mes intérêts ne sont pas chose assez précieuse pour rouvrir tes blessures, César : c'est déjà trop

Altera pars superest, qua, turpi crimine tactus,
    Arguor obsceni doctor adulterii.
Fas ergo est aliqua cœlestia pectora falli;
    Et sunt notitia multa minora tua!
Utque, Deos cœlumque simul sublime tuenti,
    Non vacat exiguis rebus adesse Jovi :
A te pendentem, sic, dum circumspicis orbem,
    Effugiunt curas inferiora tuas.
Scilicet imperii, princeps, statione relicta,
    Imparibus legeres carmina facta modis?
Non ea te moles Romani nominis urget,
    Inque tuis humeris tam leve fertur onus,
Lusibus ut possis advertere numen ineptis,
    Excutiasque oculis otia nostra tuis.
Nunc tibi Pannonia est, nunc Illyris ora domanda :
    Rhætica nunc præbent, Thraciaque arma, metum :
Nunc petit Armenius pacem : nunc porrigit arcus
    Parthus eques timida, captaque signa, manu :
Nunc te prole tua juvenem Germania sentit,
    Bellaque pro magno Cæsare Cæsar obit.
Denique, ut in tanto, quantum non exstitit unquam,
    Corpore, pars nulla est quæ labet imperii.
Urbs quoque te, et legum lassat tutela tuarum,
    Et morum, similes quos cupis esse tuis.
Nec tibi contingunt, quæ gentibus otia præstas,
    Bellaque cum multis irrequieta geris.

Mirer in hoc igitur tantarum pondere rerum,
    Nunquam te nostros evoluisse jocos?
At si, quod mallem, vacuus fortasse fuisses,

que tu aies eu à souffrir une fois. L'autre charge porte sur un grief honteux : On m'accuse de donner d'impudiques leçons d'adultère. — Il est donc possible d'abuser parfois les esprits célestes ! il est donc une foule d'objets indignes de ton attention ! Comme Jupiter occupé à surveiller les dieux et l'empyrée n'a pas le loisir de songer aux détails subalternes : pendant que ton œil parcourt l'univers soumis à tes lois, les choses d'un faible intérêt échappent à tes soins. Eh quoi ! chef de l'empire, pourrais-tu abandonner ton poste pour lire quelques misérables distiques ? Non, la grandeur romaine qui pèse sur tes épaules, n'est pas un fardeau si léger, qu'elle permette à ta divinité de remarquer d'indifférens badinages, et d'examiner de tes propres yeux le fruit de mes loisirs. Tantôt c'est la Pannonie, l'Illyrie qu'il faut dompter : tantôt la Rhétie, la Thrace en armes vient nous alarmer : ici l'Arménie demande la paix, le cavalier parthe, d'une main tremblante, livre ses arcs et les étendards pris sur nous ; là, le Germain te retrouve rajeuni dans ton noble rejeton, et, à la place du grand César, un autre César lui fait la guerre. Enfin, dans ce corps le plus gigantesque qui fut jamais, il n'est pas un seul point où ton empire chancèle.

Une autre source de fatigues pour toi, c'est le soin de la ville, le maintien de tes lois, et des mœurs que tu veux former sur ton modèle. Tu ne jouis pas du repos que tu procures au monde, et une foule d'expéditions à diriger ne te laissent aucun relâche.

Puis-je donc être surpris qu'obsédé de si hauts intérêts, tu n'aies jamais parcouru mes frivoles ouvrages ? Ah ! si, par un bonheur bien préférable pour moi, tu

Nullum legisses crimen in Arte mea.

Illa quidem fateor frontis non esse severæ
  Scripta, nec a tanto principe digna legi :
Non tamen idcirco legum contraria jussis
  Sunt ea, Romanas erudiuntque nurus.
Neve quibus scribam possis dubitare, libellus
  Quatuor hos versus e tribus unus habet :
« Este procul, vittæ tenues, insigne pudoris,
  Quæque tegis medios, instita longa, pedes :
Nil, nisi legitimum, concessaque furta, canemus;
  Inque meo nullum carmine crimen erit. »
Ecquid ab hac omnes rigide submovimus arte,
  Quas stola contingi vittaque sumta vetat?
At matrona potest alienis Artibus uti;
  Quoque trahat, quamvis non doceatur, habet.
Nil igitur matrona legat, quia carmine ab omni
  Ad delinquendum doctior esse potest.
Quodcumque adtigerit, si qua est studiosa sinistri,
  Ad vitium mores instruet inde suos :
Sumserit Annales (nihil est hirsutius illis) :
  Facta sit unde parens Ilia, nempe leget :
Sumserit, Æneadum genitrix ubi prima : requiret,
  Æneadum genitrix unde sit alma Venus.

Persequar inferius, modo si licet ordine ferri,
  Posse nocere animis carminis omne genus :
Non tamen idcirco crimen liber omnis habebit :
  Nil prodest, quod non lædere possit idem :
Igne quid utilius? Si quis tamen urere tecta

avais eu quelques loisirs, aucune page de mon Art n'eût paru criminelle à tes yeux.

Ce n'est pas, je l'avoue, un ouvrage d'une physionomie sévère, un ouvrage digne d'être lu par un si grand prince : mais il ne renferme rien de contraire aux injonctions des lois, aucune leçon d'immoralité pour les dames romaines ; et pour que tu ne puisses pas douter à quelle classe il s'adresse, lis ces quatre vers du premier des trois livres : « Loin d'ici, symbole de la pudeur, bandelettes virginales, et vous, robes traînantes qui cachez les pieds de nos matrones : des amours illégitimes et défendus seront étrangers à mes chants : ma lyre ne sera jamais criminelle. » N'était-ce pas là rigoureusement écarter de cet Art toutes les femmes dont la robe, dont la bandelette rend la personne sacrée?

Mais, dira-t-on, cet Art destiné à d'autres, nos femmes s'y peuvent instruire aussi ; elles y trouvent des leçons, bien qu'on ne s'adresse pas à elles.—Qu'elles s'interdisent donc toute lecture ; car toute espèce de poésie pourrait être pour elles une école de vice. Sur quelque ouvrage qu'elles portent la main, si elles ont du penchant à mal faire, elles en pourront tirer de pernicieux principes de conduite : qu'elles prennent les Annales ; rien n'est plus sévère : eh bien ! elles y verront comment Ilia devint mère : qu'elles prennent le poëme qui débute par le nom de la mère des Romains, elles voudront savoir comment Vénus est la mère des Romains.

Je pourrais, si j'avais le temps de suivre un ordre catégorique, continuer à prouver que toute espèce de poésie peut porter atteinte à la morale : faut-il pour cela condamner la poésie en général? Tout ce qui sert, peut nuire aussi. Quoi de plus utile que le feu? Si pourtant

Comparat, audaces instruit igne manus :
Eripit interdum, modo dat medicina salutem;
Quæque juvans, monstrat, quæque sit herba nocens :
Et latro, et cautus præcingitur ense viator :
Ille sed insidias, hic sibi portat opem :
Discitur, innocuas ut agat facundia causas :
Protegit hæc sontes immeritosque premit.

Sic igitur carmen, recta si mente legatur,
Constabit nulli posse nocere meum.
At quiddam vitii quicumque hinc concipit, errat,
Et nimium scriptis abrogat ille meis.
Ut tamen hoc fatear, ludi quoque semina præbent
Nequitiæ : tolli tota theatra jube,
Peccandi causam quæ multis sæpe dederunt,
Martia quum durum sternit arena solum.
Tollatur circus : non tuta licentia circi :
Hic sedet ignoto juncta puella viro.
Quum quædam spatientur in hac, ut amator eadem.
Conveniat, quare porticus ulla patet ?
Quis locus est templis augustior ? hæc quoque vitet,
In culpam si qua est ingeniosa suam :
Quum steterit Jovis æde, Jovis succurret in æde,
Quam multas matres fecerit ille Deus.
Proxima adoranti Junonia templa subibit
Pellicibus multis hanc doluisse Deam.
Pallade conspecta, natum de crimine virgo
Sustulerit quare, quæret, Erichthonium.
Venerit in magni templum, tua munera, Martis :
Stat Venus ultori juncta viro ante fores :

un homme veut incendier un édifice, c'est le feu qui arme sa main audacieuse. La médecine ravit quelquefois, et quelquefois rend la vie; elle fait connaître les plantes salutaires et malfaisantes. Le brigand et le prudent voyageur sont également ceints d'une épée, mais l'un pour dresser des embûches, l'autre pour se défendre. On cultive l'étude de l'éloquence pour soutenir les intérêts de la justice, et souvent l'éloquence protège le crime et accable l'innocence.

Ainsi, en lisant mon poëme avec impartialité, on se convaincra qu'il ne saurait être nuisible : y voir un sujet de scandale, c'est se tromper, c'est faire injure à mes vers. Et quand je devrais le reconnaître, les jeux même n'offrent-ils pas des principes de corruption? Proscris donc tous les spectacles : n'ont-ils pas bien souvent été une occasion de chute, lorsqu'on livre des combats sur le sable qui recouvre une arêne trop dure? Proscris le cirque : il favorise impunément la licence : là, une jeune fille est assise côte à côte d'un étranger. On voit des femmes se promener dans les portiques et y donner des rendez-vous à leurs amans : pourquoi donc en laisser un seul ouvert? Est-il un lieu plus saint que les temples? une femme les doit fuir, pour peu qu'elle ait une imagination déréglée : qu'elle se rende au temple de Jupiter, le temple de Jupiter va lui rappeler toutes les femmes que ce dieu a rendues mères. Va-t-elle un peu plus loin adorer Junon ; à sa pensée s'offriront les nombreuses rivales qui firent le tourment de la déesse. A la vue de Pallas, elle demandera pourquoi cette vierge fit élever ce fruit d'un amour criminel, Erichthonius. Qu'elle entre dans le temple de Mars, ouvrage de ta munificence : à la porte même elle voit la statue de Vénus près

Isidis æde sedens, cur hanc Saturnia, quæret,
  Egerit Ionio Bosporioque mari :
In Venere Anchises, in Luna Latmius heros,
  In Cerere Iasion', qui referatur, erit :
Omnia perversas possunt corrumpere mentes :
  Stant tamen illa suis omnia tuta locis.
At procul ab scripta solis meretricibus Arte
  Submovet ingenuas pagina prima nurus.
Quæcumque irrumpit, quo non sinit ire sacerdos,
  Protinus hoc vetiti criminis acta rea est.

Nec tamen est facinus molles evolvere versus :
  Multa licet castæ non facienda legant.
Sæpe supercilii nudas matrona severi,
  Et Veneris stantes ad genus omne, videt :
Corpora Vestales oculi meretricia cernunt :
  Nec domino pœnæ res ea causa fuit.

At cur in nostra nimia est lascivia Musa?
  Curve meus cuiquam suadet amare liber?
Nil nisi peccatum, manifestaque culpa, fatendum est :
  Pœnitet ingenii judiciique mei.
Cur non, Argolicis potius quæ concidit armis,
  Vexata est iterum carmine, Troja, meo?
Cur tacui Thebas, et mutua vulnera fratrum?
  Et septem portas sub duce quamque suo?
Nec mihi materiam bellatrix Roma negabat :
  Et pius est patriæ facta referre labor.
Denique, quum meritis impleveris omnia, Cæsar,
  Pars mihi de multis una canenda fuit;

du dieu vengeur. S'arrête-t-elle au temple d'Isis, elle voudra savoir pourquoi la fille de Saturne la força de fuir à travers la mer Ionienne et le Bosphore. Vénus lui rappellera Anchise; la Lune, le héros du Latmus; et Cérès, Iasion. Il n'est aucun simulacre qui ne puisse débaucher une âme dépravée : cependant ils restent tous debout protégés par leur place même. Mais dans mon Art, exclusivement composé pour des courtisanes, la première page écarte les femmes vertueuses : celle qui pénètre dans le sanctuaire, malgré la défense du pontife, est coupable d'une criminelle désobéissance.

Mais quoi? est-ce un crime de parcourir quelques poésies galantes, et n'est-il pas permis aux femmes vertueuses de lire bien des choses qu'elles ne doivent pas faire? Souvent la dame la plus susceptible et la plus sévère voit des femmes nues et prêtes à tous les combats de Vénus : les chastes yeux de la vestale aperçoivent d'immodestes courtisanes, sans que leur maître ait à craindre les rigueurs de la loi.

Mais enfin pourquoi cette muse si libertine? pourquoi ce poëme cherche-t-il à inspirer l'amour?—C'est un tort, c'est une faute manifeste, je dois l'avouer : c'est un travers d'imagination et de jugement que je regrette. Ah! pourquoi cette ville qui tomba sous l'effort de la Grèce, pourquoi les souffrances de Troie n'ont-elles pas été ressuscitées dans mes vers? pourquoi n'ai-je pas chanté Thèbes et ces deux frères percés par la main l'un de l'autre, et les sept portes assignées à sept chefs différens? Rome la belliqueuse m'offrait d'assez riches matériaux, et c'est un devoir sacré de célébrer les hauts faits de sa patrie. Enfin, parmi tes nombreuses vertus dont retentit l'univers, ô César, je devais en choisir une pour la chanter;

7.

Utque trahunt oculos radiantia lumina Solis,
   Traxissent animum sic tua facta meum!

Arguor immerito : tenuis mihi campus aratur :
   Illud erat magnae fertilitatis opus.
Non ideo debet pelago se credere, si qua
   Audet in exiguo ludere cymba lacu.
Forsitan et dubitem, numeris levioribus aptus
   Sim satis; in parvos sufficiamque modos.
At si me jubeas domitos Jovis igne Gigantas
   Dicere, conantem debilitabit onus.
Divitis ingenii est immania Caesaris acta
   Condere, materia ne superetur opus.
Et tamen ausus eram : sed detrectare videbar;
   Quodque nefas, damno viribus es e tuis.
Ad leve rursus opus, juvenilia carmina, veni;
   Et falso movi pectus amore meum.
Non equidem vellem; sed me mea fata trahebant,
   Inque meas poenas ingeniosus eram.
Heu mihi, quod didici, quod me docuere parentes,
   Literaque est oculos ulla morata meos!
Haec tibi me invisum lascivia fecit, ob Artes,
   Quas ratus es vetitos sollicitasse toros.
Sed neque me nuptae didicerunt furta magistro;
   Quodque parum novit, nemo docere potest.
Sic ego delicias, et mollia carmina feci,
   Strinxerit ut nomen fabula nulla meum;
Nec quisquam est adeo media de plebe maritus,
   Ut dubius vitio sit pater ille meo.
Crede mihi, mores distant a carmine nostri :

et comme les rayons éblouissans du soleil attirent nos regards, ainsi tes belles actions auraient dû attirer mon âme.

Non : ce reproche n'est pas légitime : le champ que je cultive est humble et modeste : celui-là était immense et inépuisable. Une barque doit-elle se confier à l'Océan, parce qu'elle se hasarde à se jouer sur un lac étroit? Peut-être même dois-je douter si ce mode léger convient bien à ma muse, si cette simple cadence n'est pas au dessus de ma portée. Mais si tu m'ordonnais de chanter les géans foudroyés par Jupiter, en dépit de mes efforts, le fardeau m'accablerait. Les merveilleuses actions de César réclament un génie riche et brillant, pour que le poëme soit digne du héros. Et pourtant j'avais osé l'entreprendre; mais je crus ternir ta gloire, et, par un sacrilège odieux, affaiblir tes mâles vertus. Je revins donc à des travaux moins sérieux, à la poésie légère, et mon âme s'échauffa d'une passion imaginaire. Ah! puisse-t-elle ne l'avoir jamais fait! Mais ma destinée m'entraînait, et mon esprit me précipitait à ma perte. Combien je regrette d'avoir étudié, d'avoir de mes parens reçu de l'éducation, d'avoir jamais appris à lire!

C'est à ces productions badines que je dois ma disgrâce; c'est à cet Art, où tu crus voir professer l'adultère. Mais jamais je n'appris aux femmes à être infidèles : ce qu'on ignore soi-même, comment pourrait-on l'enseigner? Si j'ai composé des poésies galantes, des vers érotiques, jamais la moindre anecdote n'a flétri ma réputation; et il n'est pas de mari de la classe la plus humble, dont mes sottises aient rendu le titre de père équivoque. Je le jure ici, mes mœurs ne ressemblent en rien à mes vers : ma muse est folâtre, et ma conduite réservée;

Vita verecunda est, Musa jocosa, mihi;
Magnaque pars operum mendax et ficta meorum
   Plus sibi permisit compositore suo;
Nec liber indicium est animi, sed honesta voluptas,
   Plurima mulcendis auribus apta ferens:
Accius esset atrox; conviva Terentius esset;
   Essent pugnaces, qui fera bella canunt.
DENIQUE composui teneros non solus Amores:
   Composito poenas solus amore dedi.
Quid, nisi cum multo Venerem confundere vino,
   Praecepit lyrici Teia Musa senis?
Lesbia quid docuit Sappho, nisi amare, puellas?
   Tuta tamen Sappho, tutus et ille fuit.
Nec tibi, Battiade, nocuit, quod saepe legenti
   Delicias versu fassus es ipse tuas.
Fabula jucundi nulla est sine amore Menandri:
   Et solet hic pueris virginibusque legi.
Ilias ipsa quid est, nisi turpis adultera, de qua
   Inter amatorem pugna virumque fuit?
Quid prius est illi flamma Chryseidos, utque
   Fecerit iratos rapta puella duces?
Aut quid Odyssea est, nisi femina, propter amorem,
   Dum vir abest, multis una petita procis?
Quis, nisi Maeonides, Venerem Martemque ligatos
   Narrat, in obsceno corpora prensa toro?
Unde, nisi indicio magni sciremus Homeri,
   Hospitis igne duas incaluisse Deas?
OMNE genus scripti gravitate tragoedia vincit:
   Haec quoque materiam semper amoris habet.
Nam quid in Hippolyto, nisi caecae flamma novercae?

mes œuvres, presque en tout filles du mensonge et de l'imagination, ont pris plus de licence que leur auteur. Mon ouvrage n'est pas le miroir de mon âme; c'est un délassement légitime et dont presque toujours l'unique but est de charmer l'oreille : Accius serait donc un être sanguinaire, Térence un parasite; tout chantre des combats, un homme d'une humeur belliqueuse.

Enfin, je ne suis pas le seul qui aie chanté les tendres amours : seul, j'ai été puni de les avoir chantés. Aimer et boire à pleines coupes, n'est-ce pas là le refrain des chansons du vieillard de Téos? N'est-ce pas des leçons d'amour que Sapho donna aux jeunes filles de Lesbos? pourtant et Sapho et Anacréon chantèrent impunément. Toi non plus, fils de Battus, tu n'eus pas à te repentir d'avoir plus d'une fois mis le lecteur dans la confidence de ton bonheur. Ménandre, cet auteur charmant, n'a pas une seule pièce sans amoureuse intrigue : et il fait la lecture ordinaire des enfans de l'un et de l'autre sexe. Et le fond de l'*Iliade*, quel est-il? une femme parjure que se disputent son amant et son époux. Au premier plan, la passion qu'alluma Chryséis, et la discorde semée entre deux héros par l'enlèvement d'une jeune fille. L'*Odyssée* offre une femme dont, en l'absence de son époux, mille rivaux épris ambitionnent la conquête. N'est-ce pas Homère encore qui représente Mars et Vénus surpris et enchaînés sur le théâtre même de leurs plaisirs? Saurions-nous, sans le témoignage de ce grand poète, que deux déesses brûlèrent pour leur hôte?

La tragédie est le genre de composition le plus sévère : l'amour en est aussi l'éternel ressort. Que nous offre Hippolyte? l'aveugle passion d'une marâtre. Canacé est

Nobilis est Canace fratris amore sui.
Quid? non Tantalides, agitante cupidine currus,
　　Pisaeam Phrygiis vexit eburnus equis?
Tingeret ut ferrum natorum sanguine mater,
　　Concitus a laeso fecit amore dolor.
Fecit amor subitas volucres cum pellice regem,
　　Quaeque suum luget nunc quoque mater Ityn.
Si non Aëropen frater sceleratus amasset,
　　Aversos Solis non legeremus equos.
Impia nec tragicos tetigisset Scylla cothurnos,
　　Ni patrium crinem desecuisset amor.
Qui legis Electran, et egentem mentis Oresten,
　　Aegysthi crimen Tyndaridosque legis.
Nam quid de tetrico referam domitore Chimaerae,
　　Quem leto fallax hospita paene dedit?
Quid loquar Hermionen? quid te, Schoeneia virgo,
　　Teque, Mycenaeo Phoebas amata duci?
Quid Danaen, Danaesque nurum, matremque Lyaei?
　　Haemonaque, et noctes cui coiere duae?
Quid generum Peliae? quid Thesea? quidve Pelasgum,
　　Iliacam tetigit qui rate primus humum?
Huc Iole, Pyrrhique parens; huc Herculis uxor,
　　Huc accedat Hylas, Iliadesque puer.
TEMPORE deficiar, tragicos si persequar ignes;
　　Vixque meus capiat nomina nuda liber.
Est et in obscenos deflexa tragoedia risus,
　　Multaque praeteriti verba pudoris habet.
Nec nocet auctori, mollem qui fecit Achillem,
　　Infregisse suis fortia facta modis.
Junxit Aristides Milesia crimina secum :

célèbre par son amour pour son frère. Quoi ! le fils de Tantale à l'épaule d'ivoire n'emmena-t-il pas la princesse de Pise sur un char guidé par l'amour et traîné par des coursiers phrygiens ? Qui força une mère à teindre un fer du sang de ses fils ? le désespoir d'un amour outragé. L'amour fit métamorphoser en oiseaux un prince et sa maîtresse, et cette mère qui maintenant encore pleure son cher Itys. Sans la passion coupable qu'Érope inspira à son frère, nous ne lirions pas que les coursiers du Soleil reculèrent d'horreur. Jamais l'impie Scylla n'eût paru sur la scène tragique, si l'amour ne lui avait fait couper le fatal cheveu de son père. Lire *Électre* et les fureurs d'Oreste, c'est lire le forfait d'Égysthe et de la fille de Tyndare. Que dire du fier héros qui dompta la Chimère, et faillit être victime d'une hôtesse perfide ? Parlerai-je d'Hermione ; de toi, fille de Schœnée ; de toi, prophétesse aimée du roi de Mycènes ? Parlerai-je de Danaé, de sa belle-fille, de la mère de Bacchus, d'Hémon, et de cette mortelle pour laquelle une nuit vit doubler sa durée ? Parlerai-je du gendre de Pélias, de Thésée, de ce Grec qui, le premier, toucha le rivage de Troie ? A cette liste ajoutez Iole, et la mère de Pyrrhus, et l'épouse d'Hercule, et Hylas, et le plus beau des jeunes Troyens.

Le temps me manquerait pour énumérer tous les amours de la scène tragique, et ce poëme suffirait à peine au simple catalogue des noms. La tragédie aussi est descendue à d'obscènes bouffonneries : on y trouve une foule de mots où la pudeur est outragée. Et pourtant qu'est-il résulté de fâcheux pour l'auteur qui a peint les faiblesses d'Achille, d'avoir énervé dans ses vers la

Pulsus Aristides nec tamen urbe sua.
Nec, qui descripsit corrumpi semina matrum,
    Eubius, impuræ conditor historiæ;
Nec, qui composuit nuper Sybaritida, fugit;
    Nec quæ concubitus non tacuere suos;
Suntque ea doctorum monumentis mista virorum,
    Muneribusque ducum publica facta patent.

Neve peregrinis tantum defendar ab armis,
    Et Romanus habet multa jocosa liber:
Utque suo Martem cecinit gravis Ennius ore,
    Ennius ingenio maximus, arte rudis;
Explicat ut causas rapidi Lucretius ignis,
    Casurumque triplex vaticinatur opus:
Sic sua lascivo cantata est sæpe Catullo
    Femina, cui falsum Lesbia nomen erat;
Nec contentus ea, multos vulgavit amores,
    In quibus ipse suum fassus adulterium est.
Par fuit exigui similisque licentia Calvi,
    Detexit variis qui sua furta modis.
Quid referam Ticidæ, quid Memmî carmen, apud quos
    Rebus abest omnis nominibusque pudor?
Cinna quoque his comes est, Cinnaque procacior Anser,
    Et leve Cornificî, parque Catonis opus;
Et quorum libris, modo dissimulata Perillæ
    Nomine, nunc legitur dicta Metella suo.
Is quoque, Phasiacas Argo qui duxit in undas,
    Non potuit Veneris furta tacere suæ.
Nec minus Hortensî, nec sunt minus improba Servî

mâle conduite de son héros? Aristide a rassemblé sur sa tête tous les reproches faits aux Milésiens : Aristide ne fut pas cependant banni de sa patrie. Ni celui qui apprit aux mères le moyen de faire périr leur fruit, Eubius, auteur d'une histoire impure, ni cet autre qui naguère composa les livres Sybarites, ne furent exilés; ni ces femmes qui dévoilèrent leurs amoureux exploits. Tous ces ouvrages sont confondus parmi les chefs-d'œuvre des savans, et, par la munificence de nos grands généraux, mis à la disposition du public.

Les étrangers ne m'offrent pas seuls des armes pour me défendre : la littérature latine aussi compte plus d'une muse érotique. Si le grave Ennius a embouché la trompette des combats, Ennius, génie sublime, mais rude et sans art; si Lucrèce analyse les élémens de la flamme dévorante, et prédit la destruction de ce triple monde; en revanche le voluptueux Catulle a souvent chanté sa maîtresse, sous le nom emprunté de Lesbie; amant volage, il nous révèle plusieurs autres passions, et avoue lui-même son infidélité. Calvus, ce pygmée des poètes, montra la même licence, et raconta ses mille prouesses en ce genre. Rappellerai-je les vers de Ticida, ceux de Memmius, qui bannirent toute pudeur dans les choses et dans les termes? Près d'eux marche Cinna; Anser, plus effronté que Cinna; et les poésies légères de Cornificius, et celles de Caton; et ces vers où l'on voit Metella, tantôt déguisée sous le nom de Perilla, tantôt chantée sous son nom véritable. Le poète même qui guida le navire Argo jusque dans les eaux du Phase, ne put taire ses amoureux larcins. Les vers d'Hortensius, les vers de Servius ne sont pas plus réservés : et qui hésiterait à suivre de si grands exemples? Sisenna traduisit Aristide,

Carmina : quis dubitet nomina tanta sequi?
Vertit Aristiden Sisenna; nec obfuit illi
   Historiæ turpes inseruisse jocos :
Nec fuit opprobrio celebrasse Lycorida Gallo,
   Sed linguam nimio non tenuisse mero.

CREDERE juranti durum putat esse Tibullus,
   Sic etiam de se quod neget illa viro.
Fallere custodem demum docuisse fatetur,
   Seque sua miserum nunc ait arte premi.
Sæpe velut gemmam dominæ signumve probaret,
   Per causam meminit se tetigisse manum.
Utque refert, digitis sæpe est nutuque locutus,
   Et tacitam mensæ duxit in orbe notam;
Et quibus e succis abeat de corpore livor,
   Impresso fieri qui solet ore, docet.
Denique ab incauto nimium petit ille marito,
   Se quoque uti servet, peccet ut illa minus.
Scit cui latretur, quum solus obambulat ipse,
   Cur toties clausas exscreet ante fores ;
Multaque dat talis furti præcepta, docetque
   Qua nuptæ possint fallere ab arte viros :
Nec fuit hoc illi fraudi : legiturque Tibullus,
   Et placet : et, jam te principe, notus erat.

INVENIES eadem blandi præcepta Properti;
   Districtus minima nec tamen ille nota est.

His ego successi (quoniam præstantia candor
   Nomina vivorum dissimulare jubet).
Non timui, fateor, ne, qua tot iere carinæ,

et n'eut pas à souffrir pour avoir mêlé à ses travaux historiques de licencieux badinages. Ce qui fut une tache pour Gallus, ce n'est pas d'avoir chanté Lycoris, c'est de n'avoir pas su modérer son indiscrétion dans la chaleur du vin.

Tibulle est peu crédule aux sermens d'une maîtresse qui fait sur son compte les mêmes protestations à son époux. Il déclare lui avoir appris l'art de tromper un jaloux, et se reconnaît dupe de ses propres leçons. Souvent il feignit d'admirer la pierre ou le cachet de sa maîtresse, pour pouvoir à l'ombre de ce prétexte lui presser la main. Souvent, à ce qu'il rapporte, ses doigts, quelque signe de tête, lui servaient d'interprète; ou bien il traçait sur la table arrondie de muets caractères. Il indique les herbes propres à faire disparaître de la peau les taches que laisse l'empreinte des lèvres; enfin, il demande à son imprudent époux de le garder pour qu'elle soit moins infidèle. Il sait pour qui ces aboiemens, quand il rode tout seul; pourquoi il est forcé de tousser tant de fois sans que la porte s'ouvre. Il enseigne mille ruses de cette espèce, et apprend aux épouses l'art de tromper leurs maris : il ne fut pas malheureux pour cela : Tibulle est lu, est goûté de tout le monde; et déjà tu étais parvenu à l'empire, quand sa réputation se répandit.

Tu trouveras les mêmes leçons dans le tendre Properce, et néanmoins pas la plus légère censure qui soit venue l'atteindre.

Je recueillis leur héritage (car les bienséances m'ordonnent de taire les noms illustres des auteurs vivans). Je n'appréhendai pas, je l'avoue, dans ces parages où

Naufraga, servatis omnibus, una foret.

Sunt aliis scriptæ, quibus alea luditur, artes :
 Hæc est ad nostros non leve crimen avos:
Quid valeant tali; quo possis plurima jactu
 Fingere, damnosos effugiasve canes :
Tessera quot numeros habeat; distante vocato,
 Mittere quo deceat, quo dare missa modo :
Discolor ut recto grassetur limite miles,
 Quum medius gemino calculus hoste perit;
Ut mage velle sequi sciat, et revocare priorem ;
 Ne, tuto fugiens, incomitatus eat :
Parva sedet ternis instructa tabella lapillis;
 In qua vicisse est, continuasse suos :
Quique alii lusus (neque enim nunc persequar omnes),
 Perdere, rem caram, tempora nostra solent.

Ecce canit formas alius, jactusque pilarum :
 Hic artem nandi præcipit, ille trochi :
Composita est aliis fucandi cura coloris :
 Hic epulis leges hospitioque dedit :
Alter humum, de qua fingantur pocula, monstrat;
 Quæque docet liquido testa sit apta mero.
Talia fumosi luduntur mense decembris,
 Quæ damno nulli composuisse fuit.

His ego deceptus non tristia carmina feci :
 Sed tristis nostros pœna secuta jocos.
Denique nec video de tot scribentibus unum,

tant de barques firent une heureuse traversée, de voir la mienne y faire seule naufrage.

D'autres décrivirent les secrets divers et les chances du jeu, passion qui, aux yeux de nos ancêtres, n'est pas pour nous une tache légère. Ils dirent la valeur des osselets, la manière de les lancer pour amener le point le plus fort, ou pour éviter l'as fatal; le nombre des points de chaque dé; l'art de les jeter quand on désire tel ou tel chiffre, et de combiner son coup. Ils peignirent la marche des champions de deux couleurs, sur un seul front de bataille, parce qu'une pièce entre deux ennemis est prisonnière; l'art d'attaquer plutôt que d'attendre, et de rappeler à propos la pièce trop avancée, pour que, par une retraite salutaire, elle ne s'engage pas isolée. Sur un étroit damier on place deux rangs de trois petites pierres; la victoire reste à qui maintient sa ligne sans être rompue. Il est enfin une foule d'autres jeux, je n'en prétends pas épuiser ici la série, destinés à perdre le temps, ce bien si précieux.

Tel autre encore a chanté les différentes espèces de paumes et la manière d'y jouer; tel autre apprend l'art de nager; tel autre le jeu du cerceau; d'autres ont mis en vers l'art de composer son teint. Celui-ci règle l'ordonnance des repas et l'étiquette des réceptions; celui-là indique la terre propre à la poterie, apprend quelle espèce de vase doit conserver au vin toute sa limpidité. Ce sont là des passe-temps qui sentent la fumée de décembre, et personne n'eut à se repentir de pareilles compositions.

Séduit par ces exemples, j'ai fait des vers d'où la tristesse était bannie : mais un triste châtiment a été le fruit de ces jeux. Enfin, parmi tant d'auteurs, je n'en vois

Quem sua perdiderit Musa : repertus ego.
Quid, si scripsissem mimos, obscena jocantes,
  Qui semper ficti crimen amoris habent?
In quibus adsidue cultus procedit adulter,
  Verbaque dat stulto callida nupta viro.
Nubilis hos virgo, matronaque, virque, puerque
  Spectat, et e magna parte senatus adest.
Nec satis incestis temerari vocibus aures;
  Adsuescunt oculi multa pudenda pati :
Quumque fefellit amans aliqua novitate maritum,
  Plauditur; et magno palma favore datur.
Quoque minus prodest, scena est lucrosa poetæ,
  Tantaque non parvo crimina prætor emit :
Inspice ludorum sumtus, Auguste, tuorum :
  Emta tibi magno talia multa leges.
Hæc tu spectasti, spectandaque sæpe dedisti :
  Majestas adeo comis ubique tua est!
Luminibusque tuis, totus quibus utimur orbis,
  Scenica vidisti lentus adulteria.
Scribere si fas est imitantes turpia mimos,
  Materiæ minor est debita pœna meæ.
An genus hoc scripti faciunt sua pulpita tutum,
  Quodque libet, mimis scena licere dedit?
Et mea sunt populo saltata poemata sæpe;
  Sæpe oculos etiam detinuere tuos.

Scilicet, in domibus vestris ut prisca virorum
  Artifici fulgent corpora picta manu :
Sic quæ concubitus varios, Venerisque figuras
  Exprimat, est aliquo parva tabella loco;

pas un seul victime de sa veine : j'en offre le premier exemple. Quel eût donc été mon sort, si j'avais écrit des mimes, bouffonneries obscènes, auxquelles on peut toujours reprocher une intrigue imaginaire, qui mettent constamment en scène quelque élégant roué, quelque épouse rusée qui en donne à garder à un mari imbécile. C'est là pourtant le spectacle des filles déjà grandes, des femmes, des hommes, des enfans, et la plus grande partie des sénateurs y assistent. C'est peu que des paroles incestueuses souillent les oreilles : les yeux se familiarisent avec l'impudicité : une infidèle a-t-elle usé d'un nouveau stratagème pour tromper son époux, on applaudit, on lui décerne la palme avec enthousiasme. Le théâtre, cette institution sans utilité, est une carrière lucrative pour le poète : le préteur paie au poids de l'or ces pièces criminelles : examine les comptes de tes jeux, Auguste, tu verras les sommes énormes que t'ont coûtées ces sortes de fêtes. Tu en fus aussi le spectateur; tu les offris souvent à des spectateurs nombreux, tant la grandeur en toi s'unit toujours à la bonté ! ces yeux qui surveillent les intérêts du monde, ont vu avec indifférence l'adultère sur la scène. S'il est permis d'écrire des mimes qui retracent de si honteux tableaux, le sujet que je choisis mérite une peine plus légère. Ce genre d'ouvrage trouve-t-il donc son privilège dans la scène même, et autorise-t-elle dans les mimes tous les caprices de la licence? Eh bien ! mes vers aussi eurent les honneurs du ballet, et plus d'une fois captivèrent tes regards.

Si dans vos palais les images des antiques héros tracées par des pinceaux habiles sont exposées au grand jour; des scènes voluptueuses, des portraits de Vénus en miniature, sont dans un cabinet mystérieux : là on

Utque sedet vultu fassus Telamonius iram,
   Inque oculis facinus barbara mater habet:
Sic madidos siccat digitis Venus uda capillos,
   Et modo maternis tecta videtur aquis.

BELLA sonant alii telis instructa cruentis,
   Parsque tui generis, pars tua facta canunt:
Invida me spatio natura coercuit arcto,
   Ingenio vires exiguasque dedit.
Et tamen ille tuæ felix Æneidos auctor
   Contulit in Tyrios arma virumque toros;
Nec legitur pars ulla magis de corpore toto,
   Quam non legitimo fœdere junctus amor.
Phyllidis hic idem, tenerosque Amaryllidis ignes
   Bucolicis juvenis luserat ante modis.
Nos quoque, jam pridem scripto peccavimus uno:
   Supplicium patitur non nova culpa novum,
Carminaque edideram, quum te delicta notantem
   Præterii toties jure quietus eques.
Ergo, quæ juveni mihi non nocitura putavi
   Scripta parum prudens, nunc nocuere seni?
Sera redundavit veteris vindicta libelli:
   Distat et a meriti tempore pœna sui.

NE tamen omne meum credas opus esse remissum:
   Sæpe dedi nostræ grandia vela rati:
Sex ego Fastorum scripsi, totidemque libellos;
   Cumque suo finem mense volumen habet;
Idque tuo nuper scriptum sub nomine, Cæsar,
   Et tibi sacratum sors mea rupit opus.

voit Télamon dont les traits respirent le courroux ; là aussi une mère barbare, dans les yeux de laquelle on lit son forfait : mais ici est Vénus pressant de ses doigts, pour la faire sécher, sa chevelure humide ; elle paraît couverte encore de l'onde qui lui donna le jour.

D'autres chantent la guerre armée de piques homicides, quelques-uns les exploits de tes ancêtres ou les tiens. Pour moi, la nature jalouse restreignit ma sphère, et n'accorda qu'un faible essor à mon génie. Toutefois l'*Énéide* même, ce chef-d'œuvre de ton poète favori, mêle aux exploits du héros son union avec la princesse tyrienne ; et dans tout le poëme aucun épisode n'est plus souvent relu que cette passion, qu'un hymen légitime ne vint pas sanctionner. La flamme de Phyllis, la tendresse d'Amaryllis avaient inspiré à la jeunesse du même auteur des poésies pastorales. Et moi aussi j'avais, il y a bien long-temps, fait un poëme, seul condamnable : un châtiment nouveau vint punir une faute qui n'était pas nouvelle : mes vers avaient vu le jour alors que, chargé de censurer les fautes des citoyens, tu me laissas plus d'une fois passer tranquille chevalier. Ainsi donc cet ouvrage, que dans mon aveuglement je ne croyais pas capable d'affliger ma jeunesse, fait aujourd'hui l'affliction de mes vieux jours : une vengeance tardive est venue frapper un ouvrage déjà ancien, et la peine est bien éloignée de l'époque où elle fut méritée.

Mais ne crois pas que toutes mes œuvres portent le cachet de la licence : souvent ma barque a déployé de plus larges voiles : j'ai composé six mois de Fastes, renfermés en six livres, dont chacun se termine avec le mois qu'il décrit. Cette œuvre à laquelle je travaillais naguère sous tes auspices, et qui t'était dédiée, ma catastrophe est

Et dedimus tragicis scriptum regale cothurnis;
  Quæque gravis debet verba cothurnus habet.
Dictaque sunt nobis, quamvis manus ultima cœpto
  Defuit, in facies corpora versa novas.
Atque utinam revoces animum paulisper ab ira,
  Et vacuo jubeas hinc tibi pauca legi!
Pauca, quibus prima surgens ab origine mundi,
  In tua deduxi tempora, Cæsar, opus :
Adspicias, quantum dederis mihi pectoris ipse,
  Quoque favore animi teque tuosque canam.

Non ego mordaci destrinxi carmine quemquam,
  Nec meus ullius crimina versus habet.
Candidus a salibus suffusis felle refugi :
  Nulla venenato litera mista joco est.
Inter tot populi, tot scripti millia nostri,
  Quem mea Calliope læserit, unus ego.
Non igitur nostris ullum gaudere Quiritem
  Auguror, at multos indoluisse, malis;
Nec mihi credibile est quemquam insultasse jacenti,
  Gratia candori si qua relata meo est.
His precor, atque aliis possint tua numina flecti,
  O pater, o patriæ cura salusque tuæ :
Non ut in Ausoniam redeam (nisi forsitan olim,
  Quum longo pœnæ tempore victus eris);
Tutius exsilium, pauloque quietius oro,
  Ut par delicto sit mea pœna suo.

venue l'interrompre. J'ai livré aussi de royales disgrâces au cothurne tragique; et l'expression a la gravité qui convient au cothurne. J'ai conté encore, mais sans y pouvoir mettre la dernière main, les êtres qui revêtirent des formes nouvelles. Ah! puisses-tu calmer un peu le courroux de ton âme, et, dans un moment de loisir, de ce poëme te faire lire quelques pages, ces pages où, après avoir pris le monde à son berceau, j'arrive à ton époque, ô César : vois quel feu je dois à ton inspiration; avec quel enthousiasme je chante ta personne et ta famille !

Jamais d'ailleurs je ne déchirai personne par mes satires ; jamais je ne flétris personne dans mes vers. Poète inoffensif, le sel d'une raillerie amère fut loin de mes lèvres; aucune de mes épîtres n'offre un trait empoisonné ; et parmi tant de milliers de citoyens, et tant de milliers de vers, ma muse n'a blessé que moi seul. Je n'imagine donc pas qu'aucun Romain se réjouisse de mes disgrâces; je me flatte que plusieurs y ont été sensibles; jamais je ne croirai qu'on ait insulté à ma chute, si mon humeur inoffensive est payée de quelque reconnaissance.

Puissent ces motifs et tant d'autres fléchir ta divinité, ô père, ô sauveur de la patrie, objet de sa sollicitude ! Ce n'est pas mon retour dans l'Ausonie (si ce n'est peut-être un jour à venir, lorsque la durée de ma peine t'aura désarmé), c'est un lieu d'exil plus sûr, et un peu plus tranquille que j'implore : que la peine soit proportionnée à la faute.

LIBER TERTIUS.

ELEGIA PRIMA.

ARGUMENTUM.

Librum Romam mittit poeta incultum quidem, et sordidum; inducitque illum errare per varia urbis loca, precarique Augustum, ut patri exsuli et poetæ det veniam : sed quum nusquam recipi se videat, rogat manus plebeias, ut eum illæ saltem accipiant, ut habeat, ubi possit divertere.

Missus in hanc venio timidi liber exsulis urbem :
   Da placidam fesso, lector amice, manum.
Neve reformida, ne sim tibi forte pudori :
   Nullus in hac charta versus amare docet;
Nec domini fortuna mei est, ut debeat illam
   Infelix ullis dissimulare jocis :
Id quoque, quod viridi quondam male lusit in ævo,
   Heu nimium sero! damnat et odit opus.
Inspice quid portem : nihil hic nisi triste videbis,
   Carmine temporibus conveniente suis.
Clauda quod alterno subsidunt carmina versu,
   Vel pedis hoc ratio, vel via longa facit.
Quod neque sum cedro flavus, nec pumice lævis,
   Erubui domino cultior esse meo.

LIVRE TROISIÈME.

ÉLÉGIE PREMIÈRE.

ARGUMENT.

Ovide suppose que son livre arrive à Rome, demande son chemin : un guide s'offre à lui, le fait passer près de plusieurs monumens, près du palais d'Auguste, et le conduit aux trois bibliothèques publiques : on lui en refuse l'entrée : il se recommande à l'intérêt des particuliers.

Ouvrage d'un humble exilé, j'arrive en cette ville où il m'envoie en tremblant : lecteur bienveillant, tends une main hospitalière au pélerin épuisé. Ne crains rien; que ta pudeur ne soit pas alarmée : pas un seul vers ici qui donne des leçons d'amour : la destinée de mon infortuné maître n'est pas de nature à devoir être déguisée par de tendres badinages. Cet Art même que jadis, pour son malheur, il esquissa au printemps de sa vie, aujourd'hui, par un regret trop tardif, hélas! il le condamne et le maudit. Regarde ces pages : partout y règne l'empreinte de la tristesse, et les vers y sont en harmonie avec les circonstances qui les ont inspirés. S'ils boitent et retombent alternativement, c'est un effet ou de la mesure ou de la longueur du voyage : si je n'ai ni la blonde couleur

Litera suffusas quod habet maculosa lituras :
  Læsit opus lacrymis ipse poeta suum.
Si qua videbuntur casu non dicta latine :
  In qua scribebat, barbara terra fuit.
Dicite, lectores, si non grave, qua sit eundum,
  Quasque petam sedes hospes in urbe liber.

Hæc ubi sum lingua furtim titubante locutus,
  Qui mihi monstraret, vix fuit unus, iter :
Di tibi dent, nostro quod non tribuere parenti,
  Molliter in patria vivere posse tua!
Duc age; namque sequor, quamvis terraque marique
  Longinquo referam lassus ab orbe pedem.
Paruit, et ducens : Hæc sunt fora Cæsaris, inquit :
  Hæc est a sacris quæ via nomen habet :
Hic locus est Vestæ, qui Pallada servat et ignem :
  Hic fuit antiqui regia parva Numæ.
Inde petens dextram : Porta est, ait, ista Palati :
  Hic Stator : hoc primum condita Roma loco est.

Singula dum miror, video fulgentibus armis
  Conspicuos postes, tectaque digna Deo.
An Jovis hæc, dixi, domus est? quod ut esse putarem,
  Augurium menti querna corona dabat.
Cujus ut accepi dominum : Non fallimur, inquam,
  Et magni verum est hanc Jovis esse domum.
Cur tamen adposita velatur janua lauro,
  Cingit et augustas arbor opaca fores?
Num, quia perpetuos meruit domus ista triumphos?
  An, quia Leucadio semper amata Deo?

du cèdre, ni le poli de la pierre-ponce, c'est que j'avais honte d'être plus élégant que mon maître : si l'écriture est çà et là couverte de taches, c'est que le poète a terni son ouvrage de ses larmes : s'il s'y rencontre quelques expressions peu latines, c'est qu'il écrivait sur une terre barbare. Chers lecteurs, indiquez-moi, si cela ne vous importune pas, quelle route je dois suivre, vers quel asile diriger mes pas, pauvre étranger dans cette ville.

Lorsque j'eus balbutié ces mots avec mystère, à peine se trouva-t-il un seul homme qui voulût me servir de guide : puissent les dieux t'accorder, ce qu'ils refusèrent à mon père, de couler de paisibles jours au sein de ta patrie! Conduis-moi, je te suis, quoique j'arrive d'une contrée lointaine, épuisé d'avoir traversé les terres et les mers.

Il se rendit à mes vœux, et, marchant devant moi : Voilà, me dit-il, le forum de César : voici la voie que sa destination fit appeler Sacrée : ici est le temple de Vesta, où l'on conserve le palladium et le feu éternel : là fut le modeste palais de l'antique Numa. Puis se dirigeant vers la droite : Voici, me dit-il, la porte Palatine; voilà Stator : voilà le berceau de Rome.

Pendant que j'admire tous ces monumens, j'aperçois un portique où brillaient des trophées d'armes, édifice digne d'un dieu : Est-ce là, demandé-je, la demeure de Jupiter? Cette conjecture m'était suggérée par la vue d'une couronne de chêne. Lorsque j'en connus le maître : Je ne me suis point abusé, repris-je : c'est bien réellement la demeure de Jupiter. Mais pourquoi près de la porte ce laurier qui la couvre? pourquoi l'entrée de ce séjour auguste est-elle ombragée par cet épais feuillage? Est-ce la marque des perpétuels triomphes qu'a obtenus

Ipsane quod festa est, an quod facit omnia festa?
  Quam tribuit terris, pacis an ista nota est?
Utque viret semper laurus, nec fronde caduca
  Carpitur, æternum sic habet illa decus?
Causa superpositæ scripto testata coronæ,
  Servatos cives indicat hujus ope:
Adjice servatis unum, pater optime, civem,
  Qui procul extremo pulsus in orbe jacet;
In quo pœnarum, quas se meruisse fatetur,
  Non facinus causam, sed suus error habet.
Me miserum! vereorque locum, venerorque potentem,
  Et quatitur trepido litera nostra metu:
Adspicis exsangui chartam pallere colore?
  Adspicis alternos intremuisse pedes?
Quandocumque, precor, nostro, placata, parenti
  Isdem sub dominis adspiciare, domus!

Inde tenore pari, gradibus sublimia celsis
  Ducor ad intonsi candida templa Dei,
Signa peregrinis ubi sunt alterna columnis
  Belides, et stricto barbarus ense pater;
Quæque viri docto veteres cepere novique
  Pectore, lecturis inspicienda patent.
Quærebam fratres, exceptis scilicet illis,
  Quos suus optaret non genuisse parens:
Quærentem frustra custos me, sedibus illis
  Præpositus, sancto jussit abire loco.

Altera templa peto, vicino juncta theatro:

cette maison? est-ce parce qu'elle fut toujours chérie du dieu adoré à Leucade? est-ce un signe de joie particulier, ou un indice de la joie qu'elle répand en tous lieux? est-ce le symbole de la paix qu'elle fait régner sur la terre? La verdure éternelle du laurier, sa feuille qui jamais ne tombe desséchée, sont-elles l'emblème de son immortelle gloire? Une couronne et une inscription gravée au dessous nous en apprend le motif : les citoyens lui doivent leur salut : sauve encore, sauve un citoyen, ô le meilleur des pères, un seul, qui languit relégué aux extrémités de l'univers, et dont le châtiment, bien mérité sans doute, le fut moins par un crime réel, que par une faute involontaire. Infortuné! ce lieu m'inspire autant d'effroi, que son maître de respect, et ma plume tremble à tracer ces caractères : vois-tu mon papier même en pâlir? vois-tu mes distiques alternativement chanceler? Puisses-tu, demeure auguste, quelque jour enfin adoucie, être rendue aux regards de mon père, habitée encore par les mêmes maîtres!

Nous poursuivons notre route, et mon guide me mène vers un temple de marbre blanc, élevé au dessus de majestueux degrés, celui du dieu dont le fer respecta la chevelure : c'est là que l'on voit successivement, entre des colonnes apportées de régions lointaines, les Danaïdes et leur barbare père l'épée nue; là aussi toutes les conceptions des plus doctes esprits tant anciens que modernes sont exposées aux yeux et à la curiosité des lecteurs. J'y cherchais mes frères, non ceux toutefois auxquels leur père regrette d'avoir donné le jour : je les cherchais en vain, lorsque le gardien de ces lieux m'enjoignit de me retirer de cette enceinte sacrée.

Je me dirige vers un autre temple, situé près d'un

Hæc quoque erant pedibus non adeunda meis.
Nec me, quæ doctis patuerunt prima libellis,
  Atria Libertas tangere passa sua est.
In genus auctoris miseri fortuna redundat;
  Et patimur nati, quam tulit ipse, fugam.
Forsitan et nobis olim minus asper et illi,
  Evictus longo tempore Cæsar erit.
Di, precor, atque adeo (neque enim mihi turba roganda est),
  Cæsar, ades voto, maxime Dive, meo!

INTEREA, statio quoniam mihi publica clausa est,
  Privato liceat delituisse loco.
Vos quoque, si fas est, confusa pudore repulsæ
  Sumite, plebeiæ, carmina nostra, manus.

théâtre voisin ; l'accès m'en fut interdit aussi. Ce premier sanctuaire ouvert aux doctes ouvrages, la Liberté qui y préside me défendit d'en fouler le vestibule. Ainsi retombe sur sa postérité la disgrâce d'un malheureux père, et nous subissons, infortunés enfans, le même exil que lui-même! Peut-être un jour, moins sévère et pour nous et pour lui, César se laissera-t-il désarmer par la durée du supplice. Je vous en conjure, grands dieux, et toi, César, la plus puissante des divinités, entendez mes vœux !

Cependant, puisque tout asile public m'est fermé, ah! qu'il me soit permis de rester dans l'obscure demeure d'un humble citoyen! Et vous, s'il se peut encore, daignez, mains plébéiennes, accueillir mes vers tout confus des rebuts qu'ils viennent d'essuyer.

ELEGIA SECUNDA.

ARGUMENTUM.

In hac Elegia, quam plerique perperam jungunt cum superiore, queritur poeta quod fata eum in Scythiam compulerint; nec sacerdoti suo opem tulerint, aut Apollo, aut Pierides: deinde dicit, se in Scythia adsiduo fletu et mœrore marcere. Postremo Deos precatur, ut tandem sibi mori liceat.

Ergo erat in fatis Scythiam quoque visere nostris,
    Quæque Lycaonio terra sub axe jacet!
Nec vos, Pierides, nec stirps Latoia, vestro
    Docta sacerdoti turba tulistis opem!
Nec mihi, quod lusi vero sine crimine, prodest,
    Quodque magis vita Musa jocosa mea est:
Plurima sed pelago terraque pericula passum
    Ustus ab adsiduo frigore Pontus habet!
Quique fugax rerum, securaque in otia natus,
    Mollis et impatiens ante laboris eram,
Ultima nunc patior; nec me mare portubus orbum
    Perdere, diversæ nec potuere viæ;
Suffecitque malis animus; nam corpus ab illo
    Accepit vires, vixque ferenda tulit!

Dum tamen et ventis dubius jactabar et undis,
    Fallebat curas ægraque corda labor:
Ut via finita est, et opus requievit eundi,

ÉLÉGIE DEUXIÈME.

ARGUMENT.

Il peint l'accablement auquel il est en proie depuis son arrivée en Scythie, et il implore la mort.

Il était donc dans mes destinées de voir aussi la Scythie et les contrées situées sous la constellation de la fille de Lycaon! Et vous, nymphes du Piérus, fils de Latone, docte chœur des Muses, vous n'avez pas secouru votre ministre! et il ne m'a servi de rien que mes jeux ne fussent point au fond criminels, que ma vie fût moins légère que ma muse! Après avoir couru mille dangers sur terre et sur mer, me voici en proie aux éternels frimas du Pont. Moi qui jadis fuyais les soucis, moi qui étais né pour un paisible repos, délicat et incapable de soutenir la fatigue, j'endure aujourd'hui les plus affreuses extrémités; et cette mer sans port, et les vicissitudes d'un si long trajet ont été impuissantes à me perdre; mon esprit a pu suffire à tant d'infortunes, et mon corps y a puisé son énergie à supporter des maux à peine supportables.

Tant que je flottai entre la vie et la mort, jouet des vents et des ondes, ce tourment même donnait le change à mes soucis, à mon cœur navré; depuis que le voyage

Et pœnæ tellus est mihi tacta meæ,
Nil nisi flere libet, nec nostro parcior imber
    Lumine, de verna quam nive manat aqua.
Roma domusque subit, desideriumque locorum,
    Quidquid et amissa restat in urbe mei.
Heu mihi, quod nostri toties pulsata sepulcri
    Janua, sed nullo tempore aperta fuit!
Cur ego tot gladios fugi, totiesque minata,
    Obruit infelix nulla procella caput?

Di, quos experior nimium constanter iniquos,
    Participes iræ quos Deus unus habet,
Exstimulate, precor, cessantia fata; meique
    Interitus clausas esse vetate fores.

est terminé, que les pénibles distractions de la traversée n'existent plus, que j'ai touché la terre de mon exil, je ne me plais que dans les larmes, et de mes yeux elles coulent avec autant d'abondance que l'eau des neiges au printemps. Je songe à Rome, à ma maison, à ces lieux regrettés, à tant d'objets si chers laissés dans cette ville à jamais perdue pour moi. Hélas! pourquoi les portes du tombeau, tant de fois heurtées, ne se sont-elles jamais ouvertes? Pourquoi ai-je échappé à tant de glaives? Pourquoi, si souvent menaçante, la tempête n'a-t-elle jamais submergé cette tête infortunée?

Dieux, dont j'ai trop éprouvé les constantes rigueurs, qui vous associez tous au courroux d'un seul dieu, hâtez, je vous en conjure, la mort trop lente à me frapper, et que les portes du trépas cessent de m'être fermées!

ELEGIA TERTIA.

ARGUMENTUM.

Ad uxorem scribens ex Scythia poeta se excusat, quod aliena manu scriptam miserit epistolam: quod aliter non potuisse fieri ostendit, ob adversam valetudinem, qua conflictabatur; simulque incommoda commemorat: sed præter cetera illud fatetur esse maximum, quod careat ipsius uxoris adspectu. Mandat, ut sua ossa Romam deferantur in parva urna, et signentur epitaphio a se composito.

HÆC mea, si casu miraris, epistola quare
   Alterius digitis scripta sit: æger eram,
Æger in extremis ignoti partibus orbis,
   Incertusque meæ pæne salutis eram.
Quid mihi nunc animi dira regione jacenti
   Inter Sauromatas esse Getasque putes?
Nec cœlum patior, nec aquis adsuevimus istis;
   Terraque nescio quo non placet ipsa modo.
Non domus apta satis: non hic cibus utilis ægro:
   Nullus, Apollinea qui levet arte malum:
Non qui soletur, non qui labentia tarde
   Tempora narrando fallat, amicus adest.
Lassus in extremis jaceo populisque locisque;
   Et subit adfecto nunc mihi, quidquid abest.
Omnia quum subeant, vincis tamen omnia, conjux,
   Et plus in nostro pectore parte tenes:

ÉLÉGIE TROISIÈME.

ARGUMENT.

A SA FEMME. Il est languissant : souvenirs pénibles qui l'assiègent : il regrette de mourir si loin de sa patrie, de ne pouvoir expirer dans les bras de son épouse : il voudrait que l'âme pérît avec le corps : son épitaphe : ses derniers adieux.

Tu seras peut-être surprise de voir ma lettre écrite par une main étrangère: c'est que j'étais malade, malade aux extrémités d'un monde inconnu, et presque désespérant de ma guérison. Figure-toi l'état de mon âme dans cette situation, languissant dans un pays affreux parmi les Sarmates et les Gètes. Je ne puis me faire au climat, ni m'accoutumer à ces eaux, et j'éprouve pour le pays même je ne sais quelle antipathie. Pas une habitation un peu commode : aucun aliment convenable pour un malade : aucun disciple d'Apollon qui puisse soulager mon malaise : pour me consoler, pour tromper par ses doux entretiens les heures trop lentes à s'écouler, pas un ami près de moi. Je languis épuisé aux dernières limites des continens habités, et, au milieu de mes souffrances, mes souvenirs me retracent tous les objets qui sont loin de moi. Mais ces souvenirs, le tien les efface tous, chère épouse, et tu remplis à toi seule plus de la moitié de mon cœur : absente, je m'entretiens avec toi:

Te loquor absentem : te vox mea nominat unam :
　　Nulla venit sine te nox mihi, nulla dies.
Quin etiam, sic me dicunt aliena locutum,
　　Ut foret amenti nomen in ore tuum.
Si jam deficiat subpresso lingua palato,
　　Vix instillato restituenda mero ;
Nuntiet huc aliquis dominam venisse, resurgam;
　　Spesque tui nobis causa vigoris erit.
Ergo ego sum vitae dubius : tu forsitan illic
　　Jucundum nostri nescia tempus agis :
Non agis, adfirmo : liquet, o carissima, nobis,
　　Tempus agi sine me non nisi triste tibi.

Si tamen implevit mea sors, quos debuit, annos,
　　Et mihi vivendi tam cito finis adest ;
Quantum erat, o magni, perituro parcere, Divi,
　　Ut saltem patria contumularer humo,
Vel poena in mortis tempus dilata fuisset,
　　Vel praecepisset mors properata fugam?
Integer hanc potui nuper bene reddere lucem :
　　Exsul ut occiderem, nunc mihi vita data est.

Tam procul ignotis igitur moriemur in oris,
　　Et fient ipso tristia fata loco!
Nec mea consueto languescent corpora lecto!
　　Depositum nec me qui fleat, ullus erit!
Nec, dominae lacrymis in nostra cadentibus ora,
　　Accedent animae tempora parva meae!
Nec mandata dabo; nec, cum clamore supremo,
　　Labentes oculos condet amica manus!

c'est toi seule que ma voix appelle : sans toi, non, pas une seule nuit, pas un jour ne s'écoule. On dit même qu'au milieu des paroles sans suite échappées à mon délire, ton nom était encore sur mes lèvres. Quand ma langue défaillante, paralysée, à peine pourrait être ranimée par quelques gouttes d'un vin généreux, si l'on venait me dire, voilà ton épouse, je renaîtrais à l'instant, et l'espoir de te posséder me donnerait des forces nouvelles.

Tandis que je flotte entre la vie et la mort, toi peut-être, là bas, tu m'oublies et coules tes jours au sein des plaisirs. Mais non, non ; je le sais, ô la plus chérie des épouses, loin de moi il n'est plus pour toi que des jours de deuil.

Si pourtant j'ai fourni la carrière que je devais parcourir, si je touche au terme de ma trop courte existence, que vous coûtait-il, grands dieux, d'épargner un infortuné aux portes du tombeau, de permettre que le sol de ma patrie recouvrît mes cendres, que mon châtiment fût différé jusqu'à ma mort, ou qu'une mort précipitée devançât mon départ? Naguère, avant d'être frappé, je pouvais mourir avec cet honneur : c'est pour finir dans l'exil, que la vie me fut accordée.

Il faudra donc mourir si loin, sur des bords inconnus, et le théâtre même de mon agonie en doublera l'amertume! et mon corps languissant ne reposera pas sur ma couche accoutumée! Enseveli, je n'aurai personne qui me pleure! Les larmes d'une épouse ne viendront pas, en tombant sur ma joue, arrêter un instant mon âme fugitive! je ne pourrai dicter mes volontés suprêmes, et, en m'adressant les derniers adieux, une main chérie ne fermera pas mes paupières mourantes! privé de pompe

Sed sine funeribus caput hoc, sine honore sepulcri,
    Indeploratum barbara terra teget!

Ecquid, ut audieris, tota turbabere mente,
    Et feries pavida pectora fida manu?
Ecquid, in has frustra tendens tua brachia partes,
    Clamabis miseri nomen inane viri?
Parce tamen lacerare genas; nec scinde capillos:
    Non tibi nunc primum, lux mea, raptus ero:
Quum patriam amisi, tum me periisse putato:
    Et prior, et gravior mors fuit illa mihi.
Nunc, si forte potes, sed non potes, optima conjux,
    Finitis gaude tot mihi morte malis.
Quod potes, extenua forti mala corde ferendo,
    Ad quæ jampridem non rude pectus habes.

Atque utinam pereant animæ cum corpore nostræ,
    Effugiatque avidos pars mihi nulla rogos!
Nam si, morte carens, vacuam volat altus in auram
    Spiritus, et Samii sunt rata dicta senis;
Inter Sarmaticas Romana vagabitur umbras,
    Perque feros manes hospita semper erit.

Ossa tamen facito parva referantur in urna:
    Sic ego non, etiam mortuus, exsul ero.
Nec vetat hoc quisquam: fratrem Thebana peremtum
    Subposuit tumulo, rege vetante, soror.
Atque ea cum foliis et amomi pulvere misce;
    Inque suburbano condita pone solo;

funèbre, privé des honneurs d'un tombeau, du tribut ordinaire des pleurs, une terre barbare recouvrira ce corps infortuné !

Et toi, en apprenant cette nouvelle, tu sentiras ton esprit s'égarer ; ta main tremblante frappera ton sein fidèle. Tu étendras en vain les bras vers cette contrée ; tu prononceras inutilement le nom de ton malheureux époux. Va, cesse de te meurtrir les joues, de t'arracher les cheveux : ce n'est pas la première fois, âme de ma vie, que je t'aurai été enlevé : c'est en perdant ma patrie, songes-y bien, que je péris, et cette mort fut pour moi la première et la plus cruelle. Maintenant, si tu le peux, mais non, cet effort ne t'est pas possible, ô la plus tendre des épouses, réjouis-toi que la mort ait mis un terme à tant de maux. Ce que tu peux du moins, c'est de te rendre par une courageuse résignation l'infortune plus légère ; il y a long-temps que ton cœur en a fait le triste apprentissage.

Ah ! plût au ciel que l'âme pérît avec le corps, et qu'aucune partie de mon être n'échappât à la flamme dévorante ! car si l'âme, d'une essence immortelle, prend son essor à travers l'espace, si le vieillard de Samos a dit la vérité, on verra l'ombre d'un Romain errer parmi celles des Sarmates, étrangère à ces mânes farouches, et à jamais enchaînée au milieu d'eux.

Que par tes soins, dans une urne modeste, mes cendres soient rapportées à Rome : ainsi, après mon trépas du moins, je ne serai plus exilé. Personne ne s'y peut opposer : une princesse thébaine, qui venait de perdre son frère, sut bien, malgré la défense du roi, le mettre dans la tombe. Prends des feuilles et de la poudre d'amomum pour les mêler à ma cendre ; dépose-la près des

Quosque legat versus oculo properante viator,
　Grandibus in tumuli marmore cæde notis :
« Hic ego qui jaceo, tenerorum lusor amorum,
　Ingenio perii Naso poeta meo.
At tibi, qui transis, ne sit grave, quisquis amasti,
　Dicere : Nasonis molliter ossa cubent. »
Hoc satis in titulo est : etenim majora libelli
　Et diuturna magis sunt monumenta mei.
Quos ego confido, quamvis nocuere, daturos
　Nomen, et auctori tempora longa suo.

Tu tamen exstincto feralia munera ferto,
　Deque tuis lacrymis humida serta dato :
Quamvis in cinerem corpus mutaverit ignis,
　Sentiet officium mœsta favilla pium.
Scribere plura libet : sed vox mihi fessa loquendo
　Dictandi vires, siccaque lingua, negat.
Accipe supremo dictum mihi forsitan ore,
　Quod, tibi qui mittit, non habet ipse, vale.

murs de la ville, et, pour attirer les regards fugitifs du passant, fais graver en gros caractères sur le marbre du tombeau : « Ci gît le chantre fidèle des tendres amours, Ovide, qui périt victime de son goût pour la poésie. Toi qui passes en ces lieux, ne refuse pas, si tu as jamais aimé, de dire : Puisse en paix reposer la cendre d'Ovide! » C'en est assez pour mon épitaphe : mes œuvres sont pour ma mémoire un monument plus précieux et plus durable. Je me flatte, quoiqu'elles aient perdu leur auteur, qu'elles lui procureront une renommée, une existence immortelle.

Pour toi, porte sur ma tombe des présens funèbres ; répands-y des fleurs arrosées de tes larmes; bien que mon corps soit alors réduit en cendres, ces tristes restes seront encore sensibles à ce pieux hommage.

Je voudrais en écrire davantage : mais, après tant de paroles, ma voix épuisée, ma langue desséchée, ne me laissent plus la force de dicter. Reçois le dernier salut peut-être que doive prononcer ma bouche : hélas! ce salut que je t'envoie, me manque à moi-même.

ELEGIA QUARTA.

ARGUMENTUM.

Amicum carissimum, quem propter Augustum non audet nominare, poeta admonet, ut magna atria et potentes fugiat, qui quamvis possint plurimum prodesse, non prosunt, sed potius nocent. Laudat deinde amici fidem, quam sibi in adversis rebus nunquam defuisse cognovit; simulque enumerat exsilii sui incommoda: rogat postremo, ut, quam possit, illi opem ferat.

O MIHI care quidem semper, sed tempore duro
    Cognite, res postquam procubuere meæ,
Usibus edocto si quidquam credis amico,
    Vive tibi, et longe nomina magna fuge.
Vive tibi, quantumque potes, prælustria vita:
    Sævum prælustri fulmen ab arce venit.
Nam, quamquam soli possunt prodesse potentes,
    Non prosit potius, si quis obesse potest!
Effugit hibernas demissa antenna procellas,
    Lataque plus parvis vela timoris habent.
Adspicis, ut summa cortex levis innatet unda,
    Quum grave nexa simul retia mergat onus?
Hæc ego si, monitor, monitus prius ipse fuissem,
    In qua debueram forsitan urbe forem.
Dum tecum vixi, dum me levis aura ferebat,
    Hæc mea per placidas cymba cucurrit aquas.
Qui cadit in plano (vix hoc tamen evenit ipsum),

ÉLÉGIE QUATRIÈME.

ARGUMENT.

A un ami. Il l'engage à fuir les palais et la grandeur : il le loue de sa fidélité, lui peint ses malheurs, proteste de sa tendresse à l'égard de tous ses amis, et les prie de songer à lui.

O toi qui me fus toujours cher, mais que je pus apprécier dans l'adversité, après ma ruine, si tu veux en croire un ami instruit par l'expérience, vis pour toi-même et fuis bien loin les noms illustres. Vis pour toi, et, autant qu'il t'est possible, évite les palais éclatans ; c'est du séjour le plus éclatant que part la foudre cruelle. Les hommes élevés, je le sais, peuvent seuls être utiles : ah ! plutôt, puisse ne l'être jamais, celui qui peut nuire ! Les antennes abaissées échappent aux coups de la tempête : une large voile a plus à craindre qu'une petite. Vois-tu l'écorce légère flotter à la surface de l'onde, tandis que le poids attaché au filet le plonge au fond des eaux ?

Si ces leçons que je te donne m'avaient été jadis données à moi-même, peut-être serais-je encore dans la ville qui m'était due. Tant que je me bornai à ta société, tant qu'un modeste zéphyr poussa ma nacelle, elle vogua tranquillement sur une onde paisible. Qu'un homme

Sic cadit, ut tacta surgere possit humo :
At miser Elpenor, tecto delapsus ab alto,
    Obcurrit regi debilis umbra suo.
Quid fuit, ut tutas agitarit Daedalus alas;
    Icarus immensas nomine signet aquas?
Nempe quod hic alte, demissius ille volabat :
    Nam pennas ambo non habuere suas.

CREDE mihi, bene qui latuit, bene vixit; et intra
    Fortunam debet quisque manere suam.
Non foret Eumedes orbus, si filius ejus
    Stultus Achilleos non adamasset equos;
Nec natum in flamma vidisset, in arbore natas,
    Cepisset genitor si Phaethonta Merops.
Tu quoque formida nimium sublimia semper;
    Propositique memor contrahe vela tui :
Nam pede inoffenso spatium decurrere vitae
    Dignus es, et fato candidiore frui.
Quae pro te ut voveam, miti pietate mereris,
    Haesuraque mihi tempus in omne fide :
Vidi ego te tali luctu mea fata gementem,
    Qualem credibile est ore fuisse meo :
Nostra tuas vidi lacrymas super ora cadentes,
    Tempore quas uno, fidaque verba bibi.
Nunc quoque submotum studio defendis amicum,
    Et mala, vix ulla parte levanda, levas.
Vive sine invidia; mollesque inglorius annos
    Exige; amicitias et tibi junge pares;
Nasonisque tui, quod adhuc non exsulat unum,
    Nomen ama : Scythicus cetera Pontus habet.

tombe sur un sol uni (par un accident assez rare encore), dans sa chute il touche à peine la terre et se relève aussitôt : mais le malheureux Elpénor, qui avait glissé du faîte du palais, apparut ensuite, ombre légère, à son roi. Pourquoi vit-on Dédale agiter sans danger ses ailes, et Icare donner son nom à une vaste mer? c'est que l'un prit un essor élevé, l'autre un vol plus humble : car enfin ils avaient l'un et l'autre des ailes, qu'ils ne devaient pas à la nature.

Crois-moi, vivre ignoré, c'est vivre heureux, et l'on ne doit pas s'élever au dessus de sa sphère. Eumède n'eût pas perdu son fils, si ce jeune insensé ne se fût épris des coursiers d'Achille; et Mérops n'eût pas vu le sien en proie aux flammes, et ses filles changées en arbres, si Phaéthon s'était contenté de l'avoir pour père.

Et toi aussi redoute toujours une élévation trop grande : que ces exemples t'apprennent à resserrer les voiles de ton ambition. Tu mérites de fournir, sans rien heurter dans ta course, le stade de la vie, et de jouir d'un destin prospère. Ces vœux, que je forme pour toi, te sont bien dûs pour prix de ta douce affection, de ton dévoûment, dont le souvenir à jamais restera gravé dans mon âme : je t'ai vu gémir sur ma destinée avec une douleur aussi profonde que celle qui, sans doute, était empreinte sur ma physionomie. J'ai vu tes larmes couler sur ma joue, et je m'en abreuvai, comme aussi de tes tendres sermens. Maintenant encore ton zèle protège un ami éloigné, et tu adoucis des maux qui semblent presque sans adoucissement. Vis à l'abri des regards de l'envie : coule sans gloire des jours fortunés, et ne cherche tes amis qu'au sein de tes égaux. Que mon nom, qui seul encore ne partage pas mon exil, que le nom de ton Ovide

Proxima sideribus tellus Erymanthidos Ursae
 Me tenet, adstricto terra perusta gelu.
Bosporos et Tanais superant, Scythicaeque paludes,
 Vixque satis noti, nomina pauca, loci.
Ulterius nihil est, nisi non habitabile frigus.
 Heu! quam vicina est ultima terra mihi!
At longe patria est, longe carissima conjux,
 Quidquid et haec nobis post duo dulce fuit!
Sic tamen haec absunt, ut quae contingere non est
 Corpore, sint animo cuncta videnda meo:
Ante oculos errant domus, urbs, et forma locorum;
 Succeduntque suis singula facta locis:
Conjugis ante oculos, sicut praesentis, imago est:
 Illa meos casus ingravat, illa levat:
Ingravat hoc, quod abest; levat hoc, quod praestat amorem,
 Impositumque sibi firma tuetur onus.

Vos quoque, pectoribus nostris haeretis, amici,
 Dicere quos cupio nomine quemque suo:
Sed timor officium cautus compescit; et ipsos
 In nostro poni carmine nolle puto.
Ante volebatis, gratique erat instar honoris,
 Versibus in nostris nomina vestra legi.
Quod quoniam est anceps, intra mea pectora quemque
 Adloquar, et nulli causa timoris ero;
Nec meus indicio latitantes versus amicos
 Protrahet: occulte si quis amavit, amet.
Scite tamen, quamvis longa regione remotus

te soit toujours cher : la Scythie, le Pont, possèdent le reste.

J'habite une contrée voisine de la constellation de l'Ourse, terre resserrée par un froid qui la dessèche. Plus loin sont le Bosphore, le Tanaïs, les marais scythiques, et quelques lieux encore dont le nom est à peine connu. Il n'y a rien au delà, que des glaces inhabitables. Hélas! combien sont près de moi les dernières limites du monde! Mais bien loin est ma patrie, bien loin mon épouse si tendre, et tous les objets qui, après ces deux premiers, furent chers à mon cœur! Et pourtant, dans leur éloignement, si je ne puis matériellement les toucher, mon imagination les contemple tous : à mes yeux se retracent ma maison, Rome, l'image de ces lieux chéris, et tour-à-tour les scènes diverses dont ils furent le théâtre : à mes yeux toujours est présente, par une douce illusion, mon épouse elle-même : c'est elle qui aigrit mes tourmens; elle qui les soulage : elle les aigrit par son absence, elle les soulage par sa tendresse et sa constance à soutenir le fardeau qui l'accable.

Et vous aussi, vous êtes gravés dans mon cœur, fidèles amis : je voudrais nommer individuellement ici chacun de vous : mais ma reconnaissance est arrêtée par un sentiment de crainte, de circonspection; et vous-mêmes, peut-être aimez-vous mieux ne pas figurer dans ces vers. Vous l'eussiez aimé jadis, et c'eût été pour vous un hommage flatteur de voir mes poésies offrir vos noms aux lecteurs. En proie à cette incertitude, c'est dans le secret de mon âme que je m'adresserai à chacun de vous, et sans vous causer aucune alarme. Mon vers délateur n'ira pas vous chercher dans l'ombre pour vous traîner au grand jour : vous qui m'aimiez avec mystère, aimez-moi de

Absim, vos animo semper adesse meo;
Et, quam quisque potest, aliqua mala nostra levate;
  Fidam projecto neve negate manum.
Prospera sic vobis maneat fortuna; nec unquam
  Contacti simili sorte rogetis opem!

même encore. Sachez seulement que, même au fond de cette région lointaine, votre image n'en est pas moins présente à ma pensée. Que chacun de vous s'efforce de procurer quelque soulagement à mes disgrâces; ne me refusez pas, dans mon abandon, une main secourable. Puisse en revanche la fortune constamment vous sourire! puissiez-vous n'être jamais frappés d'un si terrible coup, et n'avoir pas à implorer un secours étranger!

ELEGIA QUINTA.

ARGUMENTUM.

Amici fidem perspectam et cognitam, in adversis praecipue rebus, laudat Ovidius, quam dicit numquam abituram ex suo animo. Demum fatetur se ali exigua spe, ut aliquando Augustus mitior fiat, et magis placidum tribuat exsilium.

Usus amicitiae tecum mihi parvus, ut illam
   Non aegre posses dissimulare, fuit :
Nec me complexus vinclis propioribus esses,
   Nave mea vento forsan eunte suo :
Ut cecidi, cunctique metu fugere ruinae,
   Versaque amicitiae terga dedere meae;
Ausus es igne Jovis percussum tangere corpus,
   Et deploratae limen adire domus :
Idque recens praestas, nec longo cognitus usu,
   Quod veterum misero vix duo tresve mihi.
Vidi ego confusos vultus, visosque notavi;
   Osque madens fletu, pallidiusque meo;
Et lacrymas cernens in singula verba cadentes,
   Ore meo lacrymas, auribus illa bibi;
Brachiaque accepi moesto pendentia collo,
   Et singultatis oscula mista sonis.
Sum quoque, care, tuis defensus viribus absens
   (Scis carum, veri nominis esse loco):

ÉLÉGIE CINQUIÈME.

ARGUMENT.

A un ami. Il célèbre la tendresse que cet ami lui a prodiguée après sa condamnation, et depuis son départ : il conserve encore un peu d'espoir à cause de la générosité naturelle aux grandes âmes.

Notre liaison était assez nouvelle, pour que tu pusses la dissimuler sans peine; et peut-être ces nœuds ne se fussent-ils jamais resserrés, si ma nacelle avait toujours eu les vents favorables. Mais au moment de ma chute, et quand, par la crainte de partager ma ruine, les autres s'enfuirent et trahirent lâchement mon amitié, tu osas soutenir de ton bras un homme frappé de la foudre et pénétrer dans une maison théâtre du désespoir. Ami de fraîche date, et sans m'être uni par une longue intimité, tu fis ce qu'à peine firent dans ma disgrâce deux ou trois de mes anciens amis. Je vis la consternation peinte dans tes traits, et cette vue me frappa; je vis ton visage baigné de pleurs et plus pâle que le mien; chacune de tes paroles était accompagnée de quelques larmes; ma bouche s'abreuvait de tes larmes, et mes oreilles de tes paroles. J'ai senti tes bras tristement enlacés autour de mon cou, et tes baisers entrecoupés de sanglots. Dans mon absence, tu protèges aussi mes intérêts de tout ton pouvoir, tendre ami (tu sais que ce mot remplace ici ton

Multaque præterea manifesti signa favoris
  Pectoribus teneo non abitura meis.
Di tibi posse tuos tribuant defendere semper,
  Quos in materia prosperiore juves!
Si tamen interea, quid in his ego perditus oris,
  Quod te credibile est quærere, quæris, agam;
Spe trahor exigua, quam tu mihi demere noli,
  Tristia leniri numina posse Dei.
Seu temere exspecto, sive id contingere fas est,
  Tu mihi, quod cupio, fas, precor, esse proba;
Quæque tibi linguæ est facundia, confer in illud,
  Ut doceas votum posse valere meum.
Quo quis enim major, magis est placabilis iræ,
  Et faciles motus mens generosa capit:
Corpora magnanimo satis est prostrasse leoni;
  Pugna suum finem, quum jacet hostis, habet:
At lupus, et turpes instant morientibus ursi,
  Et quæcumque minor nobilitate fera est.
Majus apud Trojam forti quid habemus Achille?
  Dardanii lacrymas non tulit ille senis.
Quæ ducis Æmathii fuerit clementia, Poros
  Præclarique docent funeris exsequiæ.
Neve hominum referam flexas ad mitius iras,
  Junonis gener est, qui prius hostis erat.
DENIQUE, non possum nullam sperare salutem,
  Quum pœnæ non sit causa cruenta meæ:
Non mihi quærenti pessum dare cuncta, petitum
  Cæsareum caput est, quod caput orbis erat;
Non aliquid dixi, violentaque lingua locuta est,
  Lapsaque sunt nimio verba profana mero.

vrai nom). Il est encore d'autres preuves du dévoûment le moins équivoque, qui ne s'effaceront jamais de mon cœur. Puisses-tu toujours être en état de protéger tes amis, mais dans de moins tristes circonstances!

Si tu es curieux, comme on le peut supposer, de savoir ce que je deviens sur cette terre de désespoir, je suis soutenu par une faible espérance, ne me la ravis pas du moins, de fléchir une divinité sévère. Que mon attente soit vaine, ou qu'elle puisse être remplie, laisse-moi croire que mes désirs peuvent être exaucés; emploie toute ton éloquence à me persuader que mes vœux pourront être comblés. C'est un attribut de la grandeur, d'être plus facile à désarmer; une âme généreuse se laisse plus aisément émouvoir : le magnanime lion se contente de terrasser son adversaire : le combat cesse, aussitôt qu'il l'a terrassé; mais on voit s'acharner sur leur proie expirante le loup, l'ours hideux et tous les animaux d'une espèce moins noble. Sous les murs de Troie, qui fut plus vaillant qu'Achille? Achille fut sensible aux larmes du vieux roi de Dardanie. Le héros d'Émathie fit connaître sa clémence par sa conduite envers Porus, et par la magnificence d'une pompe funèbre; et, pour ne pas me borner aux mortels dont le courroux s'est adouci, Junon nomme aujourd'hui son gendre, celui qui d'abord fut l'objet de sa haine.

Je ne puis me résoudre à perdre tout espoir; car enfin la cause de ma punition n'est point une faute capitale : je n'ai pas cherché à bouleverser l'univers en portant atteinte à la vie de César, qui est celle de l'univers; ma bouche n'a rien proféré, rien articulé qui respirât l'emportement; elle ne s'est compromise par aucune parole échappée dans la chaleur du vin : c'est pour avoir été

Inscia quod crimen viderunt lumina, plector;
  Peccatumque oculos est habuisse meum.
Non equidem totam possim defendere culpam;
  Sed partem nostri criminis error habet.
Spes igitur superest, facturum, ut molliat ipse
  Mutati pœnam conditione loci.
Hunc utinam, nitidi Solis prænuntius, ortum
  Adferat admisso Lucifer albus equo.

témoin involontaire de la faute d'un autre que je suis puni : tout mon tort est de n'avoir pas été aveugle. Je ne puis sans doute me justifier de tout reproche; mais dans ce dont on m'accuse, l'erreur est de moitié. Il me reste donc quelque espoir que tu réussiras à soulager ma peine en faisant changer le lieu de mon exil. Puisse, avant-coureur d'un si beau jour, Lucifer éclatant de blancheur, bientôt sur son coursier rapide, m'annoncer cette aurore fortunée!

ELEGIA SEXTA.

ARGUMENTUM.

Hac etiam elegia amici fidem laudat Ovidius, quam, etiam si velit, minime dissimulare posse ostendit : cujus consilio si usus fuisset, fatetur se incolumem semper esse potuisse. Demum illum precatur, ut sibi Augustum mitiorem reddat, quo is sibi exsilii locum mutet; quandoquidem nulli sceleri se obnoxium esse sciat.

Foedus amicitiæ nec vis, carissime, nostræ,
  Nec, si forte velis, dissimulare potes :
Donec enim licuit, nec te mihi carior alter,
  Nec tibi me tota junctior urbe fuit;
Isque erat usque adeo populo testatus, ut esset
  Pæne magis quam tu, quamque ego, notus amor.
Quique erat in caris animi tibi candor amicis,
  Cognitus est illi, quem colis ipse, viro.
Nil ita celabas, ut non ego conscius essem;
  Pectoribusque dabas multa tegenda meis :
Cuique ego narrabam secreti quidquid habebam,
  Excepto quod me perdidit, unus eras.
Id quoque si scisses, salvo fruerere sodali,
  Consilioque forem sospes, amice, tuo.
Sed mea me in pœnam nimirum fata trahebant;
  Omne mihi et claudunt utilitatis iter.
Sive malum potui tamen hoc vitare cavendo;
  Seu ratio fatum vincere nulla valet;

ÉLÉGIE SIXIÈME.

ARGUMENT.

A un ami. Il lui rappelle leur ancienne intimité, et le prie d'employer son crédit à obtenir sa grâce.

Telle n'est pas notre amitié, que tu veuilles, tendre ami, ou, quand tu le voudrais, que tu puisses la dissimuler : tant que je le pus, nul autre ne me fut plus cher que toi, nul autre dans toute la ville ne te fut plus attaché que moi. Notre liaison était tellement répandue parmi le peuple, qu'elle était en quelque sorte plus connue que nous-mêmes. La candeur de ton âme en amitié ne fut pas ignorée du mortel objet de ton culte. Il n'y avait rien de si mystérieux, dont tu ne me fisses le confident ; et tu déposais dans mon sein une foule de secrets ; à toi seul aussi je racontais mes plus secrètes pensées, excepté le hasard funeste, cause de ma perte. Ah ! si je te l'avais confié, tu jouirais encore de ton heureux ami, et tes conseils m'auraient sauvé ; mais mon fatal destin me poussait à ma ruine, et me ferme encore toute voie de salut.

Peut-être un peu de prudence m'eût-il soustrait à mon malheur ; peut-être est-il impossible de triompher de sa

Tu tamen, o nobis usu junctissime longo,
　Pars desiderii maxima pæne mei.
Sis memor; et, si quas fecit tibi gratia vires,
　Illas pro nobis experiare rogo,
Numinis ut læsi fiat mansuetior ira,
　Mutatoque minor sit mea pœna loco.
Idque ita, si nullum scelus est in pectore nostro,
　Principiumque mei criminis error habet.
Nec leve, nec tutum est, quo sint mea, dicere, casu
　Lumina funesti conscia facta mali;
Mensque reformidat, veluti sua vulnera, tempus
　Illud; et admonitu fit novus ipse dolor.
Et quæcumque adeo possunt adferre pudorem,
　Illa tegi cæca condita nocte decet.
Nil igitur referam, nisi me peccasse; sed illo
　Præmia peccato nulla petita mihi;
Stultitiamque meum crimen debere vocari,
　Nomina si facto reddere vera velis.
Quæ si non ita sunt; alium, quo longius absim,
　Quære (suburbana hæc sit mihi terra) locum.

destinée : quoi qu'il en soit, ô toi qui m'es si étroitement lié par une longue intimité, objet de mes plus vifs regrets, ne m'oublie pas, et si tu as quelque crédit, quelque influence, fais-en l'essai en ma faveur; tâche d'adoucir le courroux du dieu que j'ai offensé, et de rendre ma peine plus légère en faisant changer mon exil, s'il est vrai que mon cœur ne fut pas criminel, que ma faute n'eut pas sa source dans ma volonté. Il est difficile, il serait imprudent de dire par quel hasard mes yeux devinrent complices d'un tort si funeste ; mon esprit craint de nourrir ses blessures en rappelant ces circonstances, dont l'idée seule renouvelle mes chagrins. Toute action qui entraîne quelque honte, doit rester ensevelie dans une nuit profonde. Je me bornerai donc à dire que j'ai fait une faute, mais qu'en la commettant je n'avais aucun intérêt en perspective : mon crime ne doit être appelé qu'aveuglement, si on le veut qualifier par son vrai nom. Si mes paroles sont mensongères, qu'on me cherche un exil plus lointain encore, et auprès duquel cette contrée soit voisine de Rome.

ELEGIA SEPTIMA.

ARGUMENTUM.

Ad Perillam scribens Ovidius, primo fatetur se Musis vacare, quamvis illæ sibi nocuerint; eamque hortatur, ut idem faciat, quo sibi immortalitatem comparet; nam ea formæ elegantia, inquit, quæ in ipsa erat, senectute et tempore vitiabitur; at ingenii dotes semper permanebunt.

VADE salutatum, subito perarata, Perillam
 Litera, sermonis fida ministra mei.
Aut illam invenies dulci cum matre sedentem,
 Aut inter libros, Pieridasque suas.
Quidquid aget, quum te scierit venisse, relinquet;
 Nec mora, quid venias, quidve, requiret, agam.
Vivere me dices, sed sic, ut vivere nolim;
 Nec mala tam longa nostra levata mora:
Et tamen ad Musas, quamvis nocuere, reverti,
 Aptaque in alternos cogere verba pedes.
Tu quoque, dic, studiis communibus ecquid inhæres,
 Doctaque non patrio carmina more canis?
Nam tibi cum fatis mores natura pudicos,
 Et raras dotes, ingeniumque dedit.
Hoc ego Pegasidas deduxi primus ad undas,
 Ne male fecundæ vena periret aquæ:
Primus id adspexi teneris in virginis annis,
 Utque pater natæ, duxque comesque fui.

ÉLÉGIE SEPTIÈME.

ARGUMENT.

A Perilla. Il dit à sa lettre de lui demander si elle cultive encore les Muses : c'est lui qui découvrit et guida son génie : le talent est le seul bien durable.

Pars saluer Perilla, lettre que ma plume a tracée à la hâte, fidèle messagère de mes paroles. Tu la trouveras ou assise près de sa mère chérie, ou entourée de ses livres et des Muses, ses délices. Quelle que soit son occupation, aussitôt qu'on lui annoncera ton arrivée, elle s'empressera de l'abandonner pour t'interroger et sur le but de ton voyage, et sur l'état où je suis. Tu lui diras que j'existe, mais qu'à cette existence je préfèrerais la mort; que la durée de ma peine n'y apporte aucun adoucissement; que j'ai pourtant repris cette lyre, instrument fatal, et que je rassemble des mots propres à former mes distiques. A ton tour adresse lui ces paroles : Et toi, restes-tu fidèle à nos communes études, et composes-tu d'élégans poëmes, par un phénomène rare dans ta patrie? car les destins, de concert avec la nature, t'ont donné en partage une aimable pudeur accompagnée des qualités les plus rares, d'une brillante imagination. C'est moi qui, le premier, dirigeai tes pas vers l'Hippocrène, pour ne pas voir par un sort fâcheux périr cette veine féconde :

Ergo, si remanent ignes tibi pectoris îdem,
 Sola tuum vates Lesbia vincet opus.
Sed vereor, ne te mea nunc fortuna retardet,
 Postque meos casus sit tibi pectus iners.
Dum licuit, tua saepe mihi, tibi nostra legebam;
 Saepe tui judex, saepe magister eram:
Aut ego praebebam factis modo versibus aures,
 Aut, ubi cessaras, causa ruboris eram.
Forsitan exemplo, quia me laesere libelli,
 Tu quoque sis poenae fata secuta meae.
Pone, Perilla, metum; tantummodo femina non sit
 Devia, nec scriptis discat amare tuis.

Ergo desidiae remove, doctissima, causas,
 Inque bonas artes et tua sacra redi.
Ista decens facies longis vitiabitur annis,
 Rugaque in antiqua fronte senilis erit;
Injicietque manum formae damnosa senectus,
 Quae, strepitum passu non faciente, venit;
Quumque aliquis dicet: Fuit haec formosa; dolebis,
 Et speculum mendax esse querere tuum.
Sunt tibi opes modicae, quum sis diguissima magnis:
 Finge sed immensis censibus esse pares:
Nempe dat id cuicumque libet fortuna, rapitque;
 Irus et est subito, qui modo Croesus erat.
Singula quid referam? nil non mortale tenemus,
 Pectoris exceptis ingeniique bonis.
En ego, quum patria caream, vobisque, domoque,
 Raptaque sint, adimi quae potuere, mihi;

le premier, je sus la découvrir dans tes tendres années;
et j'en fus, avec un soin tout paternel, le guide et le
compagnon. Si tu conserves encore ce beau feu, celle
dont les poésies illustrèrent Lesbos surpassera seule tes
chefs-d'œuvre. Mais je crains que ma fortune n'arrête
ton essor, et que depuis ma catastrophe ton esprit ne
reste oisif. Tant que je le pus, souvent tu me lisais tes
ébauches, je te lisais les miennes, et j'étais tour-à-tour
ton juge et ton précepteur; je prêtais l'oreille au fruit
récent de ta veine, ou, si ta verve s'était ralentie, je
t'en faisais rougir. Peut-être l'exemple du mal que
m'ont fait mes vers te ferait-il redouter de partager ma
punition. Ne crains rien, Perilla; mais que tes œuvres
n'aillent pas détourner une femme de son devoir, ni lui
apprendre à aimer.

Loin de toi donc tout prétexte d'oisiveté, muse harmonieuse; reviens aux beaux arts, à ton culte favori. Ces
traits enchanteurs s'altèreront par l'outrage des ans;
flétri par le temps, ce front sera sillonné de rides; cette
beauté deviendra la proie de l'impitoyable vieillesse qui,
pas à pas et sans bruit, s'avance. On dira: Elle était belle;
et toi, de te désoler, et d'accuser ton miroir d'infidélité.
Tu n'as qu'une fortune modeste, et tu serais digne de la
plus brillante: mais suppose-toi maîtresse des plus riches
trésors : c'est un avantage que donne et ravit aveuglément le caprice de la fortune : un instant suffit pour
changer en Irus un Crésus. Pourquoi tant de détails?
tous nos biens sont éphémères, excepté ceux du cœur et
de l'esprit. Regarde-moi : privé de ma patrie, de vous,
de mes pénates, dépouillé de tout ce qui pouvait m'être
ravi, je trouve dans mon esprit ma société, mes jouissances : César n'a pu étendre ses droits jusque sur lui.

Ingenio tamen ipse meo comitorque fruorque:
  Caesar in hoc potuit juris habere nihil.
Quilibet hanc saevo vitam mihi finiat ense,
  Me tamen exstincto fama superstes erit;
Dumque suis victrix omnem de montibus orbem
  Prospiciet domitum Martia Roma, legar.
Tu quoque, quam studii maneat felicior usus,
  Effuge venturos, qua potes, usque rogos.

Tout homme armé d'un fer homicide pourra mettre fin à mon existence : mais ma renommée doit survivre à mon trépas ; et tant que Rome victorieuse, Rome, fille de Mars, du haut de ses collines verra l'univers enchaîné à ses pieds, j'aurai des lecteurs. Et toi aussi, (puisse ton talent avoir une destinée plus heureuse!) saisis le moyen qui t'est offert, d'échapper un jour au fatal bûcher.

ELEGIA OCTAVA.

ARGUMENTUM.

Desiderio tum patriæ, tum suorum ita teneri poeta scribit, ut cupiat celeri aliquo cursu eo se conferre : quam rem sibi Augustum solum præstare posse ostendit; narratque exsilii sui incommoda; optatque, ut tandem Cæsar iræ modum statuat, et mitius præbeat exsilium.

Nunc ego Triptolemi cuperem conscendere currus,
 Misit in ignotam qui rude semen humum :
Nunc ego Medeæ vellem frænare dracones,
 Quos habuit fugiens arce, Corinthe, tua :
Nunc ego jactandas optarem sumere pennas,
 Sive tuas, Perseu; Dædale, sive tuas;
Ut, tenera nostris cedente volatibus aura,
 Adspicerem patriæ dulce repente solum,
Desertæque domus vultum, memoresque sodales,
 Caraque præcipue conjugis ora meæ.
Stulte, quid o frustra votis puerilibus optas,
 Quæ non ulla tibi fertque feretque dies!
Si semel optandum est, Augustum numen adora,
 Et quem sensisti, rite precare, Deum.
Ille tibi pennasque potest currusque volucres
 Tradere: det reditum, protinus ales eris.

Si precer hæc, neque enim possim majora precari,
 Ne mea sint timeo vota modesta parum.

ÉLÉGIE HUITIÈME.

ARGUMENT.

Il voudrait revoir sa patrie : Auguste peut seul lui accorder cette faveur : le climat de la Scythie est funeste à sa santé : il demande à changer d'exil.

Oh! que ne puis-je m'élancer en ce jour sur le char de Triptolème, qui, le premier, répandit la semence dans le sein de la terre inculte! Que ne puis-je atteler les dragons, à l'aide desquels Médée s'enfuit, ô Corinthe, de ta citadelle! Que ne puis-je prendre et agiter tes ailes, ô Persée! ou les tiennes, ô Dédale! Je fendrais les airs d'un vol rapide, et reverrais soudain la terre de ma douce patrie, l'aspect de ma maison délaissée, mes fidèles amis, et surtout les traits chéris de mon épouse.

Insensé! pourquoi former des vœux puérils et chimériques, qu'aucun jour ne voit, ne verra jamais s'accomplir? Si tu as des vœux à former, n'implore pas d'autre divinité qu'Auguste; adresse tes religieux hommages au dieu dont tu as éprouvé la colère. Lui seul peut te donner des ailes, un char rapide: qu'il te rappelle, à l'instant tu prendras ton essor.

Si j'implore cette faveur, la plus grande que je puisse

Forsitan hoc olim, quum se satiaverit ira,
　Tum quoque sollicita mente rogandus erit.
Quod minus interea est, instar mihi muneris ampli,
　Ex his me jubeat quolibet ire locis :
Nec coelum, nec aquae faciunt, nec terra, nec aurae;
　Et mihi perpetuus corpora languor habet :
Seu vitiant artus aegrae contagia mentis,
　Sive mei causa est in regione mali;
Ut tetigi Pontum, vexant insomnia, vixque
　Ossa tegit macies, nec juvat ora cibus;
Quique, per autumnum, percussis frigore primo
　Est color in foliis, quae nova laesit hyems,
Is mea membra tenet; nec viribus adlevor ullis,
　Et nunquam queruli causa doloris abest.

Nec melius valeo, quam corpore, mente; sed aegra est
　Utraque pars aeque, binaque damna fero.
Haeret, et ante oculos, veluti spectabile corpus,
　Adstat fortunae forma legenda meae;
Quumque locum, moresque hominum, cultusque, sonumque
　Cernimus, et quid sim, quid fuerimque subit;
Tantus amor necis est, querar ut de Caesaris ira,
　Quod non offensas vindicet ense suas.
At, quoniam semel est odio civiliter usus,
　Mutato levior sit fuga nostra loco!

implorer, je crains que mes vœux ne soient trop ambitieux. Peut-être un jour, lorsque son courroux se sera épuisé, faudra-t-il, même alors, solliciter instamment cette grâce. Bornons-nous en attendant à une moindre faveur, qui, pour moi, n'en serait pas moins une faveur extrême : qu'on me permette de quitter cette contrée, toute autre m'est indifférente. Le ciel, l'eau, la terre, l'air, tout ici m'est contraire; je suis en proie à une langueur perpétuelle. Soit que la maladie de mon âme se communique à ma constitution altérée, ou que la source de mon mal soit dans le climat même, depuis que j'ai touché la terre de Pont, je suis tourmenté par l'insomnie; la maigreur à peine recouvre mes os décharnés; aucun aliment ne flatte mon palais; et telle qu'on voit aux premiers frimas de l'automne la teinte des feuilles blessées du froid précurseur de l'hiver, telle est la couleur de mes membres : rien n'en peut ranimer la vigueur; jamais la douleur ne cesse de m'arracher des plaintes.

Le moral chez moi n'est pas moins affecté que le physique; l'un et l'autre sont également malades, et j'endure un double supplice. Toujours là, debout devant moi, comme un spectre réel, est l'image de ma fortune mon arrêt à la main; et à la vue de ces lieux, des mœurs de cette nation, de son costume, de son langage, à la pensée de ce que je suis et de ce que je fus, j'éprouve un si vif désir de la mort, que je me plains du courroux de César, qui n'a point par le fer vengé ses outrages; mais puisque sa colère a déjà été si indulgente, puisse-t-il changer mon exil pour en adoucir la rigueur!

ELEGIA NONA.

ARGUMENTUM.

Urbes Græcas Geticam oram incoluisse docet, ab iisque etiam Tomitanæ urbi nomen fuisse impositum ostendit.

Hic quoque sunt igitur Graiæ (quis crederet?) urbes,
  Inter inhumanæ nomina barbariæ.
Huc quoque Mileto missi venere coloni,
  Inque Getis Graias constituere domos.
Sed vetus huic nomen, positaque antiquius urbe,
  Constat ab Absyrti cæde fuisse loco.
Nam rate, quæ cura pugnacis facta Minervæ,
  Per non tentatas prima cucurrit aquas,
Impia desertum fugiens Medea parentem,
  Dicitur his remos adplicuisse vadis.
Quem procul ut vidit tumulo speculator ab alto:
  Hostis, ait, nosco, Colchide, vela, venit.
Dum trepidant Minyæ, dum solvitur aggere funis,
  Dum sequitur celeres anchora tracta manus;
Conscia percussit meritorum pectora Colchis,
  Ausa atque ausura multa nefanda manu;
Et, quamquam superest ingens audacia menti,
  Pallor in adtonito virginis ore sedet.
Ergo ubi prospexit venientia vela: Tenemur,
  Et pater est aliqua fraude morandus, ait.

ÉLÉGIE NEUVIÈME.

ARGUMENT.

Des Milésiens fondèrent Tomes, mais le nom de cette ville lui vient du meurtre d'Absyrte égorgé par Médée : récit de ce crime.

Il est donc ici même, qui le croirait ? des villes grecques parmi ces noms barbares et sauvages ! Ici même aborda une colonie partie de Milet, qui vint fonder une cité grecque au sein des Gètes. Mais le nom du lieu, plus ancien, et antérieur à la fondation de la ville, fut, dit la tradition fidèle, tiré du meurtre d'Absyrte.

Sur le vaisseau construit par les soins de la guerrière Minerve, et qui le premier sillonna les ondes vierges, l'impie Médée, fuyant son père qu'elle avait abandonné, aborda, dit-on, sur cette plage. Tout à coup, du haut de l'éminence, la sentinelle signala ce prince dans le lointain : « L'ennemi ! s'écrie-t-elle, voilà l'ennemi : je reconnais les voiles de Colchos. » Les Minyens s'empressent ; le câble est détaché du môle ; l'ancre obéit au bras rapide qui la tire. La fille du roi de Colchos, déchirée de remords, se frappe le sein de cette main qui osa, qui doit oser encore tant de forfaits, et, malgré l'audace extrême que conserve son âme, elle est jeune, elle est femme, et sa pâleur décèle sa consternation. A la vue de la flotte qui s'avance : « Je suis perdue ! dit-elle ; il faut user de stratagème pour arrêter mon père. » Pendant

Dum, quid agat, quærit, dum versat in omnia vultus,
  Ad fratrem casu lumina flexa tulit.
Cujus ut oblata est præsentia : Vicimus, inquit :
  Hic mihi morte sua causa salutis erit.
Protinus ignari, nec quidquam tale timentis
  Innocuum rigido perforat ense latus;
Atque ita divellit, divulsaque membra per agros
  Dissipat, in multis invenienda locis.
Neu pater ignoret, scopulo proponit in alto
  Pallentesque manus, sanguineumque caput,
Ut genitor luctuque novo tardetur, et artus
  Dum legit exstinctos, triste moretur iter.

Inde Tomis dictus locus hic, quia fertur in illo
  Membra soror fratris consecuisse sui.

qu'elle cherche un expédient, pendant qu'elle porte ses regards autour d'elle, son frère vint à frapper ses yeux. Aussitôt qu'il se fut offert à sa vue : « Je triomphe, s'écria-t-elle : sa mort va me sauver. » Soudain, à la faveur de son ignorance, et au moment où il craignait le moins une telle trahison, d'un fer impitoyable elle perce le flanc de l'innocente victime. Elle déchire et sème dans les champs ses membres déchirés, pour qu'on les retrouve épars çà et là; mais de peur que son père n'ignore son malheur, elle expose sur la pointe d'un rocher ses mains livides et sa tête sanglante : elle voulait, par cette affliction nouvelle, et par les heures consacrées à recueillir ces membres inanimés, arrêter sa poursuite funeste.

Ce lieu fut donc nommé Tomes, parce qu'une sœur y coupa les membres de son frère.

ELEGIA DECIMA.

ARGUMENTUM.

Exsilii sui incommoda describit poeta: sed inter caetera tantam vim frigoris esse adserit, ut flumina, et maria, atque in his etiam pisces congelentur; et eo tempore Scythae hostes, qui equitatu et sagittis plurimum pollent, Istrum transeant; atque ea loca depopulentur, ac homines captivos ducant.

Si quis adhuc istic meminit Nasonis ademti,
 Et superest sine me nomen in urbe meum;
Subpositum stellis nunquam tangentibus aequor,
 Me sciat in media vivere barbarie.
Sauromatae cingunt, fera gens, Bessique, Getaeque:
 Quam non ingenio nomina digna meo!
Dum tamen aura tepet, medio defendimur Istro:
 Ille suis liquidus bella repellit aquis.
At quum tristis hyems squallentia protulit ora,
 Terraque marmoreo candida facta gelu est:
Dum patet et Boreas et nix injecta sub Arcto,
 Tum liquet has gentes axe tremente premi:
Nix jacet; et jactam nec sol, pluviaeve resolvunt:
 Indurat Boreas, perpetuamque facit.
Ergo, ubi deliquit nondum prior, altera venit;
 Et solet in multis bima manere locis.
Tantaque commoti vis est Aquilonis, ut altas
 Aequet humo turres, tectaque rapta ferat.

ÉLÉGIE DIXIÈME.

ARGUMENT.

Froids excessifs de la Scythie : les Gètes traversent les glaces du Danube pour venir piller cette contrée : aspect désolé du pays.

S'il est en ces contrées lointaines quelque mortel qui se souvienne d'Ovide exilé; si mon nom m'a survécu dans Rome, qu'il sache que, relégué sous une constellation qui jamais ne se plonge dans l'onde, je vis au sein de peuples barbares. Autour de nous sont les Sarmates, tribu farouche, les Besses et les Gètes, noms que ma plume se refuse à tracer! Tant que la saison est douce, l'Ister nous sert de rempart, et son cours nous protège contre leurs attaques. Mais quand le sombre hiver a levé sa tête hideuse, que le froid a rendu la terre semblable à un marbre éclatant de blancheur, quand Borée se déchaîne au loin, que la neige amoncelée couvre les régions septentrionales, alors on voit peser sur ces peuples le pôle ébranlé par ses tempêtes : la neige tombe, et, une fois tombée, elle résiste à l'action du soleil et des pluies : Borée la durcit et la rend éternelle : avant que la première soit entièrement fondue, il en survient de nouvelles, et souvent, en plus d'un endroit, on en voit de deux ans. Telle est la furie de l'Aquilon déchaîné, qu'il

Pellibus, et sutis arcent male frigora braccis;
  Oraque de toto corpore sola patent.
Saepe sonant moti glacie pendente capilli,
  Et nitet inducto candida barba gelu :
Nudaque consistunt formam servantia testae
  Vina; nec hausta meri, sed data frusta bibunt.

Quid loquar, ut vincti concrescant frigore rivi,
  Deque lacu fragiles effodiantur aquae?
Ipse, papyrifero qui non angustior amne,
  Miscetur vasto multa per ora freto,
Caeruleos ventis latices durantibus, Ister
  Congelat, et tectis in mare serpit aquis.
Quaque rates ierant, pedibus nunc itur; et undas
  Frigore concretas ungula pulsat equi;
Perque novos pontes, subter labentibus undis,
  Ducunt Sarmatici barbara plaustra boves.
Vix equidem credar; sed quum sint praemia falsi
  Nulla, ratam testis debet habere fidem :
Vidimus ingentem glacie consistere Pontum,
  Lubricaque immotas testa premebat aquas.
Nec vidisse sat est : durum calcavimus aequor;
  Undaque non udo sub pede summa fuit.
Si tibi tale fretum quondam, Leandre, fuisset,
  Non foret angustae mors tua crimen aquae.
Tum neque se pandi possunt delphines in auras
  Tollere : conantes dura coercet hyems;

renverse des tours élevées, emporte et balaie des maisons.

Quelques peaux, de larges braies formées de pièces cousues ensemble, les garantissent mal du froid; de tout leur corps la figure seule est découverte. Souvent on entend résonner au moindre mouvement la glace suspendue à leur chevelure, et l'on voit briller les blancs frimas attachés à leur barbe. Le vin se soutient seul et garde la forme du vase dont on le dépouille : ce n'est plus un breuvage liquide, ce sont des morceaux compactes que l'on donne à boire.

Parlerai-je des ruisseaux enchaînés et condensés par le froid, des lacs que l'on creuse pour en tirer des eaux friables? Ce fleuve même, aussi large que celui qui produit le papyrus, ce fleuve qui se jette dans une vaste mer par plusieurs embouchures, l'Ister voit les vents durcir et glacer ses flots azurés, et ses eaux se mêlent invisibles à celles de l'Euxin. Où voguaient des navires, on marche d'un pas ferme; l'onde condensée par le froid retentit sous les pas des chevaux, et sur ces ponts nouveaux, au dessous desquels les flots coulent, les bœufs des Sarmates traînent les chariots barbares. A peine pourrait-on m'en croire; mais si je n'ai aucun intérêt à déguiser la vérité, mon témoignage doit trouver pleine créance : j'ai vu la glace donner de la consistance au vaste Pont-Euxin; une écorce glissante pressait les flots immobiles. C'est peu de l'avoir vu : j'ai moi-même foulé ses eaux affermies; j'ai marché à pied sec sur la surface de son onde. Si tu avais eu jadis une telle mer, ô Léandre, le fatal détroit n'eût pas été coupable de ta mort. Alors les dauphins à la croupe recourbée ne peuvent plus bondir dans les airs : l'hiver cruel comprime leurs ef-

Et, quamvis Boreas jactatis insonet alis,
  Fluctus in obsesso gurgite nullus erit;
Inclusaeque gelu stabunt, ut marmore, puppes;
  Nec poterit rigidas findere remus aquas.
Vidimus in glacie pisces haerere ligatos;
  Et pars ex illis tum quoque viva fuit.
Sive igitur nimii Boreae vis saeva marinas,
  Sive redundatas flumine cogit aquas;
Protinus, aequato siccis Aquilonibus Istro,
  Invehitur celeri barbarus hostis equo,
Hostis equo pollens, longeque volante sagitta,
  Vicinam late depopulatur humum.
Diffugiunt alii; nullisque tuentibus agros,
  Incustoditae diripiuntur opes,
Ruris opes parvae pecus, et stridentia plaustra,
  Et quas divitias incola pauper habet:
Pars agitur vinctis post tergum capta lacertis,
  Respiciens frustra rura Laremque suum:
Pars cadit hamatis misere confixa sagittis:
  Nam volucri ferro tinctile virus inest.
Quae nequeunt secum ferre aut abducere, perdunt;
  Et cremat insontes hostica flamma casas.
Tum quoque, quum pax est, trepidant formidine belli,
  Nec quisquam presso vomere sulcat humum.
Aut videt, aut metuit locus hic, quem non videt, hostem:
  Cessat iners rigido terra relicta situ:
Non hic pampinea dulcis latet uva sub umbra;
  Nec cumulant altos fervida musta lacus:
Poma negat regio; nec haberet Acontius, in quo
  Scriberet hic dominae verba legenda suae.

forts. En vain Borée agite avec bruit ses ailes; le gouffre captif n'offrira pas une seule vague; les navires resteront emprisonnés par le froid comme dans un bloc de marbre, et la rame sera impuissante à fendre la masse durcie des eaux. J'ai vu, arrêtés et enchaînés au milieu des glaces, des poissons dont une partie étaient encore vivans.

Soit donc que le souffle cruel de l'impitoyable Borée condense les eaux de la mer, ou celles du fleuve débordé, aussitôt, à travers l'Ister uni et desséché par les aquilons, se précipitent sur de rapides coursiers ces hordes d'ennemis barbares, ennemis redoutables et par leurs coursiers et par leurs flèches au loin volantes, qui dévastent toute l'étendue des plaines voisines. Les uns prennent la fuite, et les campagnes restées sans défense livrent au pillage leurs richesses délaissées, pauvres richesses, qui consistent en bétail, en chariots pesans, et en quelques petites économies de ces misérables cultivateurs : d'autres sont emmenés prisonniers les mains attachées par derrière, et jettent en vain un dernier regard sur leurs champs, sur leurs pénates : une partie tombe misérablement percée de flèches en hameçons, dont la pointe légère a été trempée dans le poison. Ce qu'ils ne peuvent emporter ou emmener avec eux, ils le détruisent, et la flamme ennemie consume ces innocentes chaumières. Au sein même de la paix on redoute la guerre, et la terre n'est pas sillonnée par la charrue pesante; sans cesse on y voit, ou l'on craint, sans le voir, l'ennemi formidable : aussi le sol est-il oisif et dans un hideux abandon. On n'y aperçoit pas la grappe murie, cachée sous le pampre qui l'ombrage : un vin bouillonnant ne remplit pas des cuves élevées : point de fruits en ce pays, et Aconce n'y

Adspiceres nudos sine fronde, sine arbore campos,
  Heu loca felici non adeunda viro!
Ergo, tam late pateat quum maximus orbis,
  Hæc est in pœnam terra-reperta meam!

trouverait pas de quoi écrire une lettre à son amante. L'œil ne découvre pas un arbre, pas une feuille dans ces campagnes dépouillées, contrées dont le mortel heureux ne doit jamais approcher ! Et voilà, dans toute l'étendue de l'immense univers, le lieu choisi pour mon exil !

ELEGIA UNDECIMA.

ARGUMENTUM.

Crudelissimum quemdam subpresso nomine accusat Ovidius, quod quum in Scythica regione, orbatus omni re cara, in maximis degat incommodis, ille non his contentus, ei tamen insultet : additque, magnum illi esse dedecus, obpugnare hominem prostratum et jacentem. Monet postremo, ut memor humanae sortis, nolit amplius commemorare poetae crimina, sed ea sinat cicatricem obducere, quum praesertim nulla ejus fortuna possit fieri miserior.

Si quis es, insultes qui casibus, improbe, nostris,
    Meque reum, demto fine, cruentus agas,
Natus es e scopulis, nutritus lacte ferino;
    Et dicam silices pectus habere tuum.
Quis gradus ulterior, quo se tua porrigat ira,
    Restat? quidque meis cernis abesse malis?
Barbara me tellus, et inhospita litora Ponti,
    Cumque suo Borea Maenalis ursa videt.
Nulla mihi cum gente fera commercia linguae;
    Omnia solliciti sunt loca plena metus :
Utque fugax avidis cervus deprensus ab ursis,
    Cinctave montanis ut pavet agna lupis;
Sic ego, belligeris a gentibus undique septus,
    Terreor, hoste meum paene premente latus.

ÉLÉGIE ONZIÈME.

ARGUMENT.

A un envieux. Il expose ses maux : il y a de la lâcheté à s'acharner après lui : il faut être pour cela plus cruel que Busiris, que Pérille et Phalaris : ses tourmens sont les plus affreux qu'un mortel puisse endurer : que veut-on de plus ?

Toi qui insultes à ma disgrâce, lâche, qui me poursuis sans fin de tes sanglantes accusations, une roche t'a donné le jour, tu suças le lait d'une bête farouche ; oui, tu as un cœur de marbre. Est-il encore quelque degré nouveau où puisse atteindre ta haine ? Que manque-t-il à mes infortunes ? Me voilà sur une terre barbare, sur les rivages inhospitaliers du Pont, sous la constellation de l'Ourse du Ménale, compagne fidèle de Borée. Le langage de cette nation sauvage m'interdit toute relation avec elle. Partout ici règne l'alarme et l'effroi : comme un cerf timide surpris par des ours carnassiers, comme une brebis tremblante entourée de loups, hôtes des montagnes ; tel, environné de toutes parts de hordes guerroyantes, je redoute un ennemi dont le glaive semble toujours suspendu sur ma tête.

Utque sit exiguum pœnæ, quod conjuge cara,
  Quod patria careo, pignoribusque meis;
Ut mala nulla feram, nisi nudam Cæsaris iram;
  Nuda parum nobis Cæsaris ira mali est?
Et tamen est aliquis, qui vulnera cruda retractet,
  Solvat et in mores ora diserta meos!
In causa facili cuivis licet esse diserto;
  Et minimæ vires frangere quassa valent :
Subruere est arces et stantia mœnia virtus :
  Quamlibet ignavi præcipitata premunt.
Non sum ego, quod fueram : quid inanem proteris umbram?
  Quid cinerem saxis bustaque nostra premis?
Hector erat tunc quum bello certabat; at idem
  Vinctus ad Hæmonios non erat Hector equos.
Me quoque, quem noras olim, non esse memento :
  Ex illo superant hæc simulacra viro :
Quid simulacra ferox dictis incessis amaris?
  Parce, precor, manes sollicitare meos.

Omnia vera puta mea crimina; nil sit in illis,
  Quod magis errorem, quam scelus, esse putes :
Pendimus en profugi, satia tua pectora, pœnas,
  Exsilioque graves, exsiliique loco.
Carnifici fortuna potest mea flenda videri :
  Te tamen est uno judice mœsta parum.

Sævior es tristi Busiride; sævior illo,
  Qui falsum lento torruit igne bovem;
Quique bovem Siculo fertur donasse tyranno,

Quand ce serait un léger châtiment d'être loin de mon épouse, de ma patrie, des objets de ma tendresse, quand je n'éprouverais d'autre calamité que le courroux de César, est-ce donc trop peu que d'avoir à subir le courroux de César? Et pourtant il est un être assez cruel pour rouvrir des blessures encore saignantes, et donner contre moi carrière à son éloquence! Dans une cause facile, tout homme peut être éloquent : il faut bien peu de force pour renverser un édifice en ruine : saper des citadelles, de hautes murailles, voilà le véritable héroïsme : le lâche même peut fouler aux pieds ce qui est tombé. Je ne suis plus ce que j'étais : pourquoi écraser une ombre vaine? pourquoi amonceler des pierres sur ma cendre, sur mon bûcher? Hector était ce héros qui se signalait dans les combats; mais ce corps, traîné par les coursiers d'Hémonie, n'était plus Hector. Moi aussi, ne l'oublie pas, je ne suis plus tel que tu me connus jadis : de ce personnage, il ne reste plus que le fantôme : à quoi bon poursuivre un fantôme de reproches amers? cesse, je t'en conjure, de troubler mes mânes.

Quand toutes les accusations dont on m'accable seraient légitimes, quand on ne verrait pas chez moi plus d'imprudence que de crime réel, proscrit, j'en ai subi une peine bien propre à rassasier ta rage, peine cruelle et par l'exil, et par le lieu même de l'exil. Ma destinée arracherait des larmes à un bourreau : à tes yeux seuls elle n'est pas encore assez affreuse!

Tu es plus barbare que le sombre Busiris, plus barbare que ce roi farouche qui faisait rougir à petit feu un bœuf artificiel; que cet artiste qui, en faisant hommage de ce bœuf au tyran de la Sicile, lui fit agréer son

Et dictis artes conciliasse suas:
Munere in hoc, rex, est usus, sed imagine major;
Nec sola est operis forma probanda mei:
Adspicis a dextra latus hoc adapertile tauri?
Huc tibi, quem perdes, conjiciendus erit:
Protinus inclusum lentis carbonibus ure;
Mugiet, et veri vox erit illa bovis.
Pro quibus inventis, ut munus munere penses,
Da, precor, ingenio præmia digna meo.
Dixerat, at Phalaris: Pœnæ mirande repertor,
Ipse tuum præsens imbue, dixit, opus.
Nec mora; monstratis crudeliter ignibus ustus,
Exhibuit querulos ore tremente sonos.
Quid mihi cum Siculis inter Scythiamque Getasque?
Ad te, quisquis is es, nostra querela redit.
Utque sitim nostro possis explere cruore,
Quantaque vis avido gaudia corde feras;
Tot mala sum fugiens tellure, tot æquore passus,
Te quoque ut auditis posse dolere putem.
Crede mihi, si sit nobis collatus Ulysses,
Neptuni minor est, quam Jovis ira fuit.
Ergo quicumque es, rescindere vulnera noli,
Deque gravi duras ulcere tolle manus;
Utque meæ famam tenuent oblivia culpæ,
Fata cicatricem ducere nostra sine;
Humanæque memor sortis, quæ tollit eosdem,
Et premit, incertas ipse verere vices;
Et, quoniam, fieri quod nunquam posse putavi,
Est tibi de rebus maxima cura meis;

chef-d'œuvre en ces termes : « Prince, ce présent recèle un usage bien supérieur à l'apparence, et ce n'est pas par la seule perfection de l'art qu'il se recommande. Vois-tu cette ouverture pratiquée dans le flanc droit du taureau? Toute victime destinée à la mort y devra être jetée; qu'aussitôt renfermée, un brasier lentement l'y consume, elle mugira, et tu croiras entendre un taureau véritable. En honneur de cette invention, rends-moi présent pour présent, et daigne accorder à mon génie une récompense digne de lui. » Il dit, et Phalaris : « Merveilleux auteur de ce supplice nouveau, ton sang à l'instant même va baigner ton propre ouvrage. » Bientôt cruellement dévoré par ces feux qu'il avait fait connaître, il laissa échapper des accens plaintifs de sa bouche tremblante.

Mais quel rapport y a-t-il entre la Sicile et moi, ici, au milieu des Scythes et des Gètes? Je reviens à toi, qui que tu sois, et à mes plaintes. Tu peux étancher ta soif dans mon sang; ton cœur impitoyable peut savourer à son aise tout son bonheur. J'ai eu dans ma fuite assez de disgrâces à subir sur terre et sur mer, pour que le récit en puisse, je le suppose, toucher ton âme. Oui, si l'on me comparait avec Ulysse, la colère de Neptune est moins accablante que ne fut celle de Jupiter.

Ainsi, qui que tu sois, ne rouvre pas mes blessures; cesse de porter une main cruelle sur une plaie douloureuse. Pour que l'oubli affaiblisse le souvenir de ma faute, laisse se cicatriser ma destinée. Songe à la fortune humaine, qui, tour-à-tour, nous élève et nous abaisse; crains aussi ses vicissitudes; et puisque, par un sort auquel j'étais loin de m'attendre, tu prends tant de souci de ce qui me concerne, ne crains rien : mon infortune

Non est quod timeas : fortuna miserrima nostra est :
  Omne trahit secum Cæsaris ira malum.
Quod magis ut liqueat, neve hoc tibi fingere credar,
  Ipse velim pœnas experiare meas.

est au comble : le courroux de César entraîne tous les malheurs à sa suite. Pour t'en convaincre davantage, pour t'assurer que ce n'est point une fiction, puisses-tu faire toi-même l'épreuve de mes tourmens !

ELEGIA DUODECIMA.

ARGUMENTUM.

Frigoribus pulsis, adesse vernum tempus, cujus jucunditatem ex loco adjunctorum latius describit : incipiuntque etiam nautæ tunc navigare; qui, si in Scythiam pervenerint, se illis dicit obcurrere, ut ab his certior fiat de Cæsaris triumphis. Quod si quis aliquid referre potuit, protinus a poeta domum ducitur, fitque ejus hospes : precatur demum, ut domus, quam habebat in Scythia, non sit perpetua poetæ sedes, sed hospitium, ut aliquando in patriam redeat.

Frigora jam Zephyri minuunt, annoque peracto
    Longior antiquis visa Mæotis hyems;
Impositamque sibi qui non bene pertulit Hellen,
    Tempora nocturnis æqua diurna facit.
Jam violam puerique legunt hilaresque puellæ,
    Rustica quam nullo terra serente gerit :
Prataque pubescunt variorum flore colorum,
    Indocilique loquax gutture vernat avis :
Utque male crimen matris deponat hirundo,
    Sub trabibus cunas parvaque tecta facit :
Herbaque, quæ latuit Cerealibus obruta sulcis,
    Exserit e tepida molle cacumen humo :
Quoque loco est vitis, de palmite gemma movetur:
    Nam procul a Getico litore vitis abest :
Quoque loco est arbor, turgescit in arbore ramus:
    Nam procul a Geticis finibus arbor abest.

ÉLÉGIE DOUZIÈME.

ARGUMENT.

Il décrit le printemps, les exercices des Romains dans cette saison : il souhaite qu'un Latin ou même un Grec lui vienne annoncer le triomphe d'Auguste sur les Germains.

Enfin, le Zéphyr adoucit la froidure; l'année est révolue : mais l'hiver des rives méotides m'a semblé plus long que tous les autres. Celui sur la croupe duquel Hellé ne put achever son fatal trajet, rend la durée des jours égale à celle des nuits. Enfin, les jeunes garçons et les folâtres jeunes filles cueillent la violette que le sein de la terre fait éclore sans culture ni semence : la prairie s'émaille des nuances de mille fleurs : l'oiseau gazouille, docile aux leçons de la nature, le refrain du printemps : pour se laver du crime de mère barbare, Procné suspend à la poutre son berceau, frêle édifice : l'herbe, naguère ensevelie sous les sillons de Cérès, élève au dessus du sol attiédi sa tige délicate : dans les lieux où croît la vigne, on voit poindre le bourgeon sur le cep : mais la vigne ne croît que bien loin des rives gétiques : dans les lieux où croissent les arbres, les rameaux se gonflent de sève : mais les arbres ne croissent que bien loin des frontières gétiques.

Otia nunc istic; junctisque ex ordine ludis
  Cedunt verbosi garrula bella fori:
Usus equi nunc est: levibus nunc luditur armis:
  Nunc pila, nunc celeri volvitur orbe trochus:
Nunc ubi perfusa est oleo labente juventus,
  Defessos artus Virgine tingit aqua.
Scena viget, studiisque favor distantibus ardet;
  Proque tribus resonant terna theatra foris.
O quater, et quoties non est numerare, beatum,
  Non interdicta cui licet urbe frui!

At mihi sentitur nix verno sole soluta,
  Quæque lacu duro non fodiantur aquæ:
Nec mare concrescit glacie: nec, ut ante, per Istrum
  Stridula Sauromates plaustra bubulcus agit.
Incipient aliquæ tamen huc adnare carinæ,
  Hospitaque in Ponti litore puppis erit.
Sedulus obcurram nautæ, dictaque salute,
  Quid veniat, quæram, quisve, quibusve locis.
Ille quidem mirum, ni de regione propinqua
  Non nisi vicinas tutus ararit aquas.
Rarus ab Italia tantum mare navita transit;
  Litora rarus in hæc portubus orba venit.
Sive tamen Graia scierit, sive ille Latina
  Voce loqui; certe gratior hujus erit;
Fas quoque ab ore freti longæque Propontidos undis
  Huc aliquem certo vela dedisse Noto;
Quisquis is est, memori rumorem voce referre,
  Et fieri famæ parsque gradusque potest:
Is, precor, auditos possit narrare triumphos

C'est une époque de loisir aux lieux où tu es : les jeux s'y succèdent, et suspendent les clameurs et les bruyans combats du barreau : tantôt ce sont des courses de chevaux, tantôt des simulacres de guerre à armes légères : tantôt on s'exerce à la paume : tantôt le cerceau rapide roule avec vitesse : tantôt, après avoir lutté, frottée d'une huile onctueuse, la jeunesse plonge ses membres fatigués dans la fontaine Vierge. On court au théâtre ; la faveur se partage et les factions s'enflamment ; et sur les trois forum retentissent trois salles de spectacle. Cent fois, mille fois heureux le mortel à qui Rome n'est point interdite, et qui peut y goûter ces jouissances !

Mais moi, je n'ai point d'autre plaisir que de voir au soleil du printemps fondre la neige et les eaux qu'il n'est plus besoin de briser dans les lacs durcis : la glace ne condense plus les flots de la mer, et, sur l'Ister, on ne voit plus, comme naguère, le bouvier sarmate conduire ses chariots bruyans. Bientôt enfin quelques navires pourront aborder sur ces côtes, quelques voiles mouilleront sur la rive hospitalière du Pont. Je m'empresserai d'accourir, de saluer le nautonnier, de lui demander le but de son voyage, son nom, le pays d'où il vient. Ce sera grand hasard si, parti d'un pays limitrophe, il ne s'est borné à sillonner sans danger des ondes voisines. Rarement un nocher met à la voile, de l'Italie, pour traverser cette immense étendue de mers ; rarement il en arrive de ces parages sur cette côte dépourvue de ports. Soit qu'il parle grec, soit qu'il parle latin, langue dont les sons flatteraient plus agréablement mes oreilles ; soit que de l'entrée du détroit, et du canal de la Propontide, le souffle propice du Notus ait amené quelque navigateur vers ces lieux, quel que soit ce mortel, sa voix peut aussi

Cæsaris, et Latio reddita vota Jovi;
Teque, rebellatrix, tandem, Germania, magni
 Triste caput pedibus subposuisse ducis.
Hæc mihi qui referet, quæ non vidisse dolebo,
 Ille meæ domui protinus hospes erit.
Heu mihi! jamne domus Scythico Nasonis in orbe?
 Jamque suum mihi dat pro Lare poena locum?
Di faciant, Cæsar non hic penetrale domumque,
 Hospitium poenæ sed velit esse meæ.

porter une nouvelle, étendre et propager la renommée : ah ! puisse-t-il avoir appris et me raconter les triomphes de César, et les actions de grâces adressées à Jupiter protecteur du Latium, et l'abaissement de la rebelle Germanie, la tête enfin tristement courbée sous le joug d'un grand capitaine. Celui qui m'annoncera ces heureux évènemens dont je regretterai de n'avoir pas été témoin, sera sur-le-champ reçu dans ma demeure hospitalière. Hélas ! la demeure d'Ovide est donc à jamais sous le ciel de la Scythie ? Mon arrêt a-t-il donc fixé sans retour mes Lares dans ce lieu d'exil ? Fassent les dieux que César ne me l'assigne pas pour ma patrie, pour demeure éternelle, mais seulement pour pélerinage expiatoire !

ELEGIA TERTIA DECIMA.

ARGUMENTUM.

Quum natalis poetæ adesset, superfluum fuisse dicit, in ea loca illum venisse, ubi non licet illi ex more solemnia sacra exhibere; monetque, ne amplius redeat, dum erit in Scythia.

Ecce supervacuus (quid enim fuit utile gigni?)
 Ad sua natalis tempora noster adest.
Dure, quid ad miseros veniebas exsulis annos?
 Debueras illis imposuisse modum.
Si tibi cura mei, vel si pudor ullus inesset,
 Non ultra patriam me sequerere meam;
Quoque loco primum tibi sum male cognitus infans,
 Illo tentasses ultimus esse mihi;
Jamque relinquenda, quod idem fecere sodales,
 Tu quoque dixisses tristis in urbe vale.
Quid tibi cum Ponto? num te quoque Cæsaris ira
 Extremam gelidi misit in orbis humum?
Scilicet exspectes soliti tibi moris honorem,
 Pendeat ex humeris vestis ut alba meis?
Fumida cingatur florentibus ara coronis?
 Micaque solemni turis in igne sonet?
Libaque dem pro me genitale notantia tempus?
 Concipiamque bonas ore favente preces?
Non ita sum positus; nec sunt ea tempora nobis,
 Adventu possim lætus ut esse tuo.

ÉLÉGIE TREIZIÈME.

ARGUMENT.

Il regrette que le jour de sa naissance le trouve en Scythie, et souhaite de ne pas le revoir dans cette contrée.

Voici le jour, que je regrette hélas! (car que me sert d'avoir vu la lumière?) le jour de ma naissance, que ramène cette annuelle époque. Cruel, pourquoi venir ajouter aux années d'un pauvre exilé? Ah! plutôt tu aurais dû y mettre un terme! Si je t'inspirais quelque intérêt, si tu avais quelque pudeur, tu ne me suivrais pas hors de ma patrie : oui, dans ces lieux où pour mon malheur tu connus la première fois mon enfance, tu aurais tenté d'être mon dernier jour; et dans cette ville que j'allais bientôt quitter, tu aurais dû, à l'exemple de mes amis, me dire un triste adieu.

Qu'as-tu donc à démêler avec le Pont? Est-ce encore le courroux de César qui t'envoie sur la lisière glacée du continent? Te flatterais-tu d'obtenir les honneurs accoutumés, de voir flotter une robe blanche, de mes épaules tombante, ou fumer un autel couronné de fleurs, et pétiller le grain d'encens sur le brasier solennel; de voir mes mains offrir le gâteau sacré pour célébrer l'époque de ma naissance; ma bouche enfin prononcer des paroles de favorable augure, d'heureuses prières? non, non, telle n'est plus ma fortune; les

Funeris ara mihi, ferali cincta cupresso,
  Convenit, et structis flamma parata rogis;
Nec dare tura libet, nihil exorantia Divos;
  In tantis subeunt nec bona verba malis.
Si tamen est aliquid nobis hac luce petendum,
  In loca ne redeas amplius ista, precor,
Dum me, terrarum pars paene novissima, Pontus,
  Euxini falso nomine dictus, habet.

temps ne sont plus les mêmes; je ne saurais me réjouir de ton retour : un autel funèbre entouré de lugubres cyprès, un bûcher dressé, une torche enflammée, voilà ce qui me convient. Pourquoi offrir un encens impuissant à fléchir les dieux? Au sein de si grands maux, comment trouver des paroles d'heureux augure? S'il faut pourtant en ce jour former quelques vœux, puisse ton retour ne pas me retrouver en ces lieux, habitant encore, presque aux dernières limites du monde, le Pont décoré du mensonger surnom d'Euxin!

ELEGIA QUARTA DECIMA.

ARGUMENTUM.

Amici, colligentis ejus scripta, fidem et amorem laudat poeta, hortaturque, ut, quoad potest, ejus nomen in urbe retineat, simulque exponit Metamorphosis opus inemendatum e manibus exiisse. Postremo dicit, quidquid exsilii tempore compositum a se fuit in Scythia, excusandum esse.

Cultor et antistes doctorum sancte virorum,
  Quid facis, ingenio semper amice meo?
Ecquid, ut incolumem quondam celebrare solebas,
  Nunc quoque, ne videar totus abesse, caves?
Suscipis exceptis ecquid mea carmina solis
  Artibus, artifici quae nocuere suo?
Immo ita fac, vatum, quaeso, studiose novorum:
  Quaque potes, retine corpus in urbe meum.
Est fuga dicta mihi, non est fuga dicta libellis,
  Qui domini poenam non meruere pati.
Saepe per extremas profugus pater exsulat oras;
  Urbe tamen natis exsulis esse licet.
Palladis exemplo, de me sine matre creata
  Carmina sunt; stirps haec progeniesque mea est:
Hanc tibi commendo; quae, quo magis orba parente,
  Hoc tibi tutori sarcina major erit.

ÉLÉGIE QUATORZIÈME.

ARGUMENT.

A un ami. Il l'engage à recueillir ses ouvrages comme autrefois : il lui recommande ses *Métamorphoses*, et implore pour les œuvres de son exil un peu d'indulgence à cause du séjour où elles furent composées.

Adorateur, pontife sacré de la science, que fais-tu maintenant, fidèle ami de ma veine? Toi qui jadis, avant ma disgrâce, me faisais tant de fête, aujourd'hui encore veilles-tu à ce que je ne paraisse point exilé tout entier? recueilles-tu mes productions, une seule exceptée, l'*Art d'aimer*, qui perdit son auteur? Redouble, redouble de soins, amateur éclairé des modernes poètes, et autant qu'il dépend de toi, conserve-moi dans Rome. L'exil fut prononcé contre moi, il ne fut pas prononcé contre mes œuvres; elles ne méritèrent pas de partager la peine de leur auteur. Souvent un père est banni, relégué aux extrémités du monde, et les enfans de l'exilé peuvent habiter la ville. Comme Pallas, mes vers n'ont point eu de mère : c'est à moi qu'ils doivent le jour; c'est ma jeune famille, ma postérité : je te les recommande; ils sont orphelins : pour leur tuteur le fardeau n'en sera que plus lourd. Trois de mes enfans ont été entraînés dans ma dis-

Tres mihi sunt nati contagia nostra secuti :
  Cetera fac curæ sit tibi turba palam.
Sunt quoque mutatæ ter quinque volumina formæ,
  Carmina de domini funere rapta sui.
Illud opus potuit, si non prius ipse perîssem,
  Certius a summa nomen habere manu :
Nunc incorrectum populi pervenit in ora,
  In populi quidquam si tamen ore meum est.
Hoc quoque nescio quid nostris adpone libellis,
  Diverso missum quod tibi ab orbe venit.
Quod quicumque leget (si quis leget), æstimet ante,
  Compositum quo sit tempore, quoque loco :
Æquus erit scriptis, quorum cognoverit esse
  Exsilium tempus, barbariemque locum;
Inque tot adversis carmen mirabitur ullum
  Ducere me tristi sustinuisse manu.
Ingenium fregere meum mala, cujus et ante
  Fons infœcundus parvaque vena fuit.
Sed, quæcumque fuit, nullo exercente, refugit,
  Et longo periit arida facta situ :
Non hic librorum, per quos inviter alarque,
  Copia : pro libris arcus et arma sonant :
Nullus in hac terra, recitem si carmina, cujus
  Intellecturis auribus utar, adest :
Nec, quo secedam, locus est : custodia muri
  Submovet infestos, clausaque porta, Getas :
Sæpe aliquod verbum quæro, nomenque, locumque;
  Nec quisquam est, a quo certior esse queam :
Dicere sæpe aliquid conanti (turpe fateri !)
  Verba mihi desunt, dedidicique loqui :

grâce : prends hautement les intérêts des autres. Il est aussi quinze livres de *Métamorphoses*, ravis du sein des funérailles de leur auteur, poëme destiné, sans la mort qui est venue me surprendre, à mériter plus de renommée, si j'avais pu y mettre la dernière main ; mais c'est avec ses imperfections qu'il a obtenu les éloges du public, si tant est que le public accorde quelques éloges à mes œuvres. Joins aussi à mes autres écrits ces faibles productions qui t'arrivent de cet autre hémisphère. En y jetant les yeux, si toutefois on y jette les yeux, il faudra faire la part des circonstances, des lieux où elles furent composées : on ne sera impartial à leur égard qu'en songeant à l'exil pour les circonstances, et pour les lieux au théâtre de la barbarie : alors on sera surpris que, parmi tant d'adversités, ma triste main ait encore eu la force de tracer quelques lignes : l'infortune a paralysé mon génie, dont la veine était déjà pauvre et peu féconde : quelle qu'elle fût enfin, faute d'exercice elle s'est perdue, et par une longue négligence a tari et s'est desséchée : il n'y a point ici abondance de livres pour me servir d'attrait et d'aliment : au lieu de livres, partout des arcs et des armes retentissantes : personne en cette contrée, si je lisais mes vers, dont les oreilles pussent me comprendre : je ne puis chercher quelque solitude écartée : le mur qui nous protège et la porte toujours fermée nous séparent seuls des Gètes ennemis : souvent j'hésite sur quelque mot, quelque nom, quelque lieu, et personne ici qui puisse m'éclairer : souvent je veux parler, et, je rougis de le dire, les expressions me manquent : je ne sais plus m'exprimer : le jargon thrace ou scythe est presque le seul qui retentisse à mes oreilles, et déjà peut-être serais-je en état

Threicio Scythicoque fere circumsonor ore ;
    Et videor Geticis scribere posse modis :
Crede mihi, timeo, ne sint immista Latinis,
    Inque meis scriptis Pontica verba legas.
Qualemcumque igitur venia dignare libellum,
    Sortis et excusa conditione meæ.

d'écrire en gétique : oui, je crains que les termes du Pont ne se mêlent parmi les mots latins et ne s'offrent à toi dans ces pièces. Je te demande donc grâce pour ce livre d'un mérite équivoque : que ma fortune présente soit auprès de toi son excuse.

LIBER QUARTUS.

ELEGIA PRIMA.

ARGUMENTUM.

Excusandos esse dicit poeta suos libellos, si quid fuerit in his reprehendendum, siquidem exsul hæc scribebat, non gloriæ cupiditate, sed ut requiem peteret, et dolorem exsilii carminibus consolaretur. Enumerat postremo mala, quæ patitur in Scythia.

Si qua meis fuerint, ut erunt, vitiosa libellis,
   Excusata suo tempore, lector, habe:
Exsul eram, requiesque mihi, non fama, petita est,
   Mens intenta suis ne foret usque malis.
Hoc est, cur cantet vinctus quoque compede fossor,
   Indocili numero quum grave mollit opus;
Cantet et, innitens limosæ pronus arenæ,
   Adverso tardam qui trahit amne ratem;
Quique ferens pariter lentos ad pectora remos,
   In numerum pulsa brachia versat aqua.
Fessus ut incubuit baculo, saxove resedit
   Pastor, arundineo carmine mulcet oves.
Cantantis pariter, pariter data pensa trahentis
   Fallitur ancillæ decipiturque labor.

LIVRE QUATRIÈME.

ÉLÉGIE PREMIÈRE.

ARGUMENT.

A ses lecteurs. Ovide réclame leur indulgence pour ses vers : il y cherche une distraction à ses souffrances, malgré les maux que lui a causés sa muse : il représente les alarmes au sein desquelles il vit : il n'a personne à qui il puisse lire ses poésies.

Si quelques taches, et il en est plus d'une, déparent mes poésies, que les circonstances, lecteur, soient auprès de toi leur excuse : j'étais exilé; j'y cherchais non la célébrité, mais un délassement, une distraction aux chagrins qui absorbaient mon âme. C'est ainsi que chante dans les fers l'esclave condamné à la glèbe, pour adoucir par sa rustique mélodie son pénible travail; ainsi chante, pesamment courbé sur un sable fangeux, le batelier qui traîne lentement sa barque en remontant le fleuve; ainsi encore le matelot, qui ramène à la fois vers sa poitrine ses flexibles rames, et par le mouvement de ses bras frappe les flots en cadence. Le berger fatigué, appuyé sur sa houlette ou assis sur un rocher, charme ses brebis par les sons du pipeau champêtre. La

Fertur et abducta Lyrnesside tristis Achilles
  Hæmonia curas attenuasse lyra.
Quum traheret silvas Orpheus et dura canendo
  Saxa, bis amissa conjuge mœstus erat.

Me quoque Musa levat, Ponti loca jussa petentem;
  Sola comes nostræ perstitit illa fugæ;
Sola nec insidias hominum, nec militis ensem,
  Nec mare, nec ventos, barbariemque timet.
Scit quoque, quum perii, quis me deceperit error,
  Et culpam in facto, non scelus, esse meo:
Scilicet hoc ipso nunc æqua, quod obfuit ante,
  Quum mecum juncti criminis acta rea est.

Non equidem vellem, quoniam nocitura fuerunt,
  Pieridum sacris imposuisse manum.
Sed nunc quid faciam? vis me tenet ipsa sororum,
  Et carmen demens, carmine læsus, amo.
Sic nova Dulichio lotos gustata palato,
  Illo, quo nocuit, grata sapore fuit:
Sentit amans sua damna fere; tamen hæret in illis,
  Materiam culpæ persequiturque suæ:
Nos quoque delectant, quamvis nocuere, libelli;
  Quodque mihi telum vulnera fecit, amo.
Forsitan hoc studium possit furor esse videri;
  Sed quiddam furor hic utilitatis habet:
Semper in obtutu mentem vetat esse malorum,
  Præsentis casus immemoremque facit.

servante chante et tourne à la fois son fuseau pour donner le change à ses occupations. On raconte que, quand la jeune fille de Lyrnesse lui fut ravie, Achille soulagea sa tristesse et ses ennuis par les accords de la lyre hémonienne. Si Orphée entraîna par ses accens les forêts et les rochers insensibles, ce ne fut que dans son désespoir d'avoir deux fois perdu son épouse.

Et moi aussi, ma Muse me console, et dans mon trajet vers le Pont, contrée désignée par mon arrêt, elle fut seule la compagne fidèle de mon exil; seule elle ne craint ni les embûches des brigands, ni le glaive de l'ennemi, ni la mer, ni les vents, ni la barbarie. Elle sait aussi que, si je péris, ce fut victime d'une méprise involontaire, que mon action fut coupable sans être criminelle : elle m'est donc aujourd'hui secourable, comme elle me fut autrefois funeste, alors qu'elle fut déclarée complice de ma faute.

Ah! puisque les Piérides devaient m'être fatales, puissé-je n'avoir jamais été initié à leurs mystères! Mais que faire aujourd'hui? leur ascendant m'obsède : les Muses m'ont perdu; et, dans mon délire, je n'aime qu'elles. Ainsi le fruit inconnu du lotos, goûté des guerriers de Dulichie, tout fatal qu'il leur fut, les flatta par sa saveur : un amant sent bien son martyre, et pourtant il bénit ses chaînes et poursuit l'objet de sa faiblesse : moi aussi, après les maux que je lui dois, je trouve encore des attraits à la poésie; je chéris le trait qui me blessa. Ce goût peut-être passera pour folie; mais cette folie n'est pas du moins sans quelque avantage : elle détourne mon âme du spectacle continuel de ses maux, et lui fait oublier ses ennuis présens. Comme la Bacchante perd le sentiment de sa blessure, lorsque,

Utque suum Bacchis non sentit saucia vulnus,
  Dum stupet Edonis exululata jugis;
Sic, ubi mota calent viridi mea pectora thyrso,
  Altior humano spiritus ille malo est:
Ille nec exsilium, Scythici nec litora ponti,
  Ille nec iratos sentit habere Deos:
Utque soporiferae biberem si pocula Lethes,
  Temporis adversi sic mihi sensus hebet.
Jure Deas igitur veneror mala nostra levantes,
  Sollicitae comites ex Helicone fugae;
Et partim pelago, partim vestigia terra,
  Vel rate dignatas, vel pede, nostra sequi.
Sint precor hae saltem faciles mihi: namque Deorum
  Cetera cum magno Caesare turba facit,
Meque tot adversis cumulant, quot litus arenas,
  Quotque fretum pisces, ovaque piscis habet.
Vere prius flores, aestu numerabis aristas,
  Poma per autumnum, frigoribusque nives;
Quam mala, quae toto patior jactatus in orbe,
  Dum miser Euxini litora laeva peto.
Nec tamen, ut veni, levior fortuna malorum est:
  Huc quoque sunt nostras fata secuta vias:
Hic quoque cognosco natalis stamina nostri,
  Stamina de nigro vellere facta mihi:
Utque nec insidias, capitisque pericula narrem,
  Vera quidem, vera sed graviora fide;
Vivere quam miserum est inter Bessosque Getasque
  Illi, qui populi semper in ore fuit!
Quam miserum porta vitam muroque tueri,
  Vixque sui tutum viribus esse loci!

frappée de délire, elle fait de ses cris retentir les croupes de l'Édon; ainsi, quand le thyrse sacré agite mon imagination enflammée, cet enthousiasme triomphe de toute humaine affliction : l'exil, les rivages de la Scythie et du Pont, le courroux des dieux, tout disparaît devant lui; et comme si je m'étais abreuvé de l'onde soporifique du Léthé, ainsi s'émousse en moi le sentiment de l'adversité. N'ai-je donc pas raison d'honorer des déesses consolatrices, qui, si loin de l'Hélicon, partagent mes soucis et mon exil; qui, soit sur mer, soit sur terre, daignèrent ou s'embarquer, ou marcher à ma suite. Puissent-elles du moins m'être favorables, tandis que tout l'Olympe s'est déclaré pour le grand César, et m'accable de maux aussi nombreux que les grains de sable du rivage, que les poissons de la mer, que les œufs mêmes des poissons. Il serait plus aisé de compter les fleurs au printemps, les épis en été, ou les fruits de l'automne, ou en hiver les flocons de neige, que les traverses auxquelles je fus en butte, ballotté dans tout l'univers pour aborder, infortuné! aux rives gauches du Pont-Euxin. Et depuis que j'ai pris terre, la fortune n'a pas rendu mes maux plus légers; ma destinée m'a poursuivi jusqu'en ces lieux; je reconnais la trame du jour de ma naissance, trame tout entière ourdie d'une toison noire. Sans parler de mille embûches, des périls que courut ma vie, périls trop réels, mais qui sembleraient au dessus de la réalité; quel sort affreux de vivre parmi les Besses et les Gètes, pour un poète gâté par la renommée! quel sort affreux de protéger son existence par des portes, des murs; d'être à peine garanti par les fortifications de la ville!

Aspera militiae juvenis certamina fugi,
  Nec nisi lusura movimus arma manu:
Nunc senior, gladioque latus, scutoque sinistram,
  Canitiem galeae subjicioque meam:
Nam dedit e specula custos ubi signa tumultus,
  Induimur trepida protinus arma manu.
Hostis, habens arcus, imbutaque tela veneno,
  Saevus anhelanti moenia lustrat equo:
Utque rapax pecudem, quae se non texit ovili,
  Per sata, per silvas, fertque trahitque lupus;
Sic, si quem nondum portarum sepe receptum
  Barbarus in campis repperit hostis, agit;
Aut sequitur captus, conjectaque vincula collo
  Accipit, aut telo virus habente cadit.

Hic ego sollicitae jaceo novus incola sedis:
  Heu nimium fati tempora longa mei!
Et tamen, ad numeros antiquaque sacra reverti
  Sustinet in tantis hospita Musa malis.
Sed neque cui recitem quisquam est mea carmina, nec qui
  Auribus accipiat verba Latina suis.
Ipse mihi (quid enim faciam?) scriboque, legoque;
  Tutaque judicio litera nostra suo est.
Saepe tamen dixi: Cui nunc haec cura laborat?
  An mea Sauromatae scripta Getaeque legent?
Saepe etiam lacrymae me sunt scribente profusae,
  Humidaque est fletu litera facta meo;
Corque vetusta meum, tanquam nova, vulnera sentit,
  Inque sinum moestae labitur imber aquae.

Dans ma jeunesse, j'ai toujours fui les fatigues de la guerre et les combats, et, si jamais je maniai les armes, ce ne fut que dans nos jeux : aujourd'hui, au déclin de l'âge, je me vois forcé de ceindre l'épée, de charger mon bras d'un bouclier, de couvrir d'un casque mes cheveux blanchis. Aussitôt que de son poste élevé la sentinelle a donné l'alarme, d'une main tremblante nous revêtons notre armure. L'ennemi, avec son arc et ses flèches empoisonnées, parcourt d'un air farouche sur ses coursiers haletans les abords de nos remparts ; et comme la brebis qui n'a pas cherché l'asile de la bergerie, est à travers les moissons et les forêts emportée, entraînée par le loup ravisseur, ainsi l'infortuné que nos portes n'ont pas recueilli dans leur enceinte, que l'ennemi trouve encore dans la campagne, est la proie du barbare : on le prend, on l'emmène, on lui jette une chaîne au cou, ou bien il tombe percé d'un trait empoisonné.

C'est au milieu de ces alarmes que je languis, nouveau citoyen de ces lieux, où je traîne une existence trop longue, hélas ! Et parmi tant de tourmens, ma muse en ces régions étrangères a pu retourner à ses chants, à son culte antique. Mais il n'est ici personne à qui je puisse lire mes vers, personne dont les oreilles puissent comprendre des mots latins. C'est donc pour moi seul, dans cette perplexité, que j'écris : c'est à moi seul que je lis mes œuvres, et chacune d'elles est assurée de la bienveillance de son juge. Plus d'une fois pourtant je me suis dit : Pourquoi tant de soucis, tant de peine ? les Sarmates et les Gètes liront-ils mes ouvrages ? Plus d'une fois aussi, en écrivant, je me pris à pleurer, et mon papier fut trempé de larmes. Mon cœur sent encore ses blessures, déjà anciennes, comme si elles étaient toutes

Quum vice mutata quid sim fuerimque recordor,
  Et tulerit quo me casus, et unde, subit;
Sæpe manus demens, studiis irata malignis,
  Misit in arsuros carmina nostra focos.
Atque ita de multis, quoniam non multa supersunt,
  Cum venia facito, quisquis es, ista legas.
Tu quoque non melius, quam sunt mea tempora, carmen
  Interdicta mihi, consule, Roma, boni.

fraîches, et mon sein est baigné d'un torrent de pleurs. Si je considère alternativement ma fortune actuelle et ma fortune passée, si je réfléchis au lieu où m'a jeté le sort, à celui d'où il m'a banni, souvent, transportée d'une juste fureur contre cette passion fatale, ma main livra mes vers à la flamme dévorante. Puisque d'une grande multitude, il n'en reste plus qu'un petit nombre, daigne donc, qui que tu sois, les lire avec indulgence. Et toi, dont l'accès m'est interdit, si mes vers sont aussi pauvres que ma fortune, Rome, ne m'en fais point un crime.

ELEGIA SECUNDA.

ARGUMENTUM.

Tiberium Germanicam expeditionem suscepisse, in Scythiam ad poetam fama pertulerat. Dicit ergo, victoriam fortasse ab eo partam fuisse, quum hæc scriberet : ejus autem triumpho se mente interesse, quandoquidem corpore non possit : quod si quis ei triumphi formam retulerit, quamvis sero, tamen ostendit se auditurum tanta lætitia, ut proprium incommodum sit posthabiturus publicæ lætitiæ.

Jam, fera, Cæsaribus, Germania, totus ut orbis,
 Victa potes flexo succubuisse genu;
Altaque velentur fortasse Palatia sertis;
 Turaque in igne sonent, inficiantque diem;
Candidaque, adducta collum percussa securi,
 Victima purpureo sanguine tingat humum;
Donaque, amicorum templis promissa Deorum,
 Reddere victores Cæsar uterque parent;
Et qui Cæsareo juvenes sub nomine crescunt,
 Perpetuo terras ut domus ista regat;
Cumque bonis nuribus pro sospite Livia nato
 Munera det meritis, sæpe datura, Deis;
Et pariter matres, et quæ sine crimine castos
 Perpetua servant virginitate focos.
Plebs pia, cumque pia lætentur plebe senatus,

ÉLÉGIE DEUXIÈME.

ARGUMENT.

Il célèbre la conquête présumée de la Germanie, et représente César entrant à Rome en triomphe : il assiste en imagination à cette cérémonie : il souhaite que la nouvelle lui en soit bientôt confirmée.

Peut-être, enfin, as-tu, fière Germanie, avec tout l'univers, courbé la tête et fléchi le genou devant nos Césars. On va voir leur palais majestueux se couvrir de guirlandes ; l'encens pétiller dans la flamme et obscurcir le jour ; la blanche victime, frappée de la hache en l'air balancée, rougir la terre de son sang, et les autels des dieux propices recevoir les offrandes promises, de la main des deux Césars victorieux, et de celle des jeunes princes qui croissent à l'ombre du nom de César, pour perpétuer l'empire de cette dynastie sur l'univers. Livie, accompagnée de ses vertueuses brus, ira-t-elle, pour prix des jours de son fils, offrir les présens dus aux dieux (présens qu'elle leur offrira plus d'une fois encore), et avec elles les dames romaines et les vierges pures, vouées à la garde du feu sacré ? Là éclatera aussi l'ivresse d'un peuple affectueux, l'ivresse

Parvaque cujus eram pars ego nuper, eques.

Nos procul expulsos communia gaudia fallunt,
  Famaque tam longe non nisi parva venit.
Ergo omnis poterit populus spectare triumphos,
  Cumque ducum titulis oppida capta leget;
Vinclaque captiva reges cervice gerentes,
  Ante coronatos ire videbit equos;
Et cernet vultus aliis pro tempore versos,
  Terribiles aliis, immemoresque sui.
Quorum pars causas, et res, et nomina quæret;
  Pars referet, quamvis noverit ipsa parum:
Is, qui Sidonio fulget sublimis in ostro,
  Dux fuerat belli : proximus ille duci :
Hic, qui nunc in humo lumen miserabile figit,
  Non isto vultu, quum tulit arma, fuit :
Ille ferox, oculis et adhuc hostilibus ardens,
  Hortator pugnæ consiliumque fuit :
Perfidus hic nostros inclusit fraude locorum,
  Squallida promissis qui tegit ora comis :
Illo, qui sequitur, dicunt mactata ministro
  Sæpe recusanti corpora capta Deo :
Hic lacus, hi montes, hæc tot castella, tot amnes,
  Plena feræ cædis, plena cruoris erant :
Drusus in his quondam meruit cognomina terris,
  Quæ bona progenies digna parente fuit.
Cornibus hic fractis, viridi male tectus ab ulva,
  Decolor ipse suo sanguine Rhenus erit :
Crinibus en etiam fertur Germania passis,
  Et ducis invicti sub pede mœsta sedet;

du sénat, et de cet ordre dont j'étais naguère un indigne membre, des chevaliers.

Quant à moi, exilé lointain, je suis étranger à la publique joie, et une faible renommée seulement en parvient jusqu'en ces lieux éloignés. Ainsi tout le peuple pourra contempler cette pompe triomphale, lire les noms des chefs ennemis et les villes conquises, voir les rois captifs, le cou chargé de chaînes, marcher devant les chevaux ornés de couronnes; remarquer la physionomie des uns altérée par leur infortune, l'air menaçant des autres, insensibles à leur disgrâce. Une partie des spectateurs s'informera des causes et des faits, du nom des personnages; une autre donnera ces détails, sans en être beaucoup plus instruite elle-même. — Ce guerrier, élevé sur un char et couvert d'une pourpre éclatante, commandait en chef l'expédition : cet autre commandait sous ses ordres : celui-ci, dont les regards à cette heure sont tristement attachés à la terre, n'avait pas cette contenance les armes à la main : cet autre, à l'air farouche, à l'œil encore étincelant de haine, fut le moteur et le conseil de cette guerre : celui-là par sa ruse cerna notre armée dans des lieux perfides; ses traits hideux sont cachés sous sa longue chevelure : après lui vient le prêtre chargé, dit-on, d'égorger les captifs sur les autels d'un dieu qui repoussait ces sacrifices : tels lacs, telles montagnes, telles places fortes, tels fleuves furent le théâtre d'un affreux carnage, et teints de flots de sang : dans telles contrées Drusus mérita son surnom, Drusus, rejeton vertueux et digne de son père. Ici on verra, les cornes brisées, au sein des joncs où il cache en vain sa honte, le Rhin tout souillé de son propre sang : là est portée, les cheveux épars, la Germanie

Collaque Romanæ præbens animosa securi,
  Vincula fert illa, qua tulit arma, manu.

Hos super in curru, Cæsar, victore veheris
  Purpureus populi rite per ora tui;
Quaque ibis, manibus circumplaudere tuorum,
  Undique jactato flore tegente vias.
Tempora Phœbea lauro cingeris; ioque,
  Miles, io, magna voce, triumphe, canet.
Ipse sono, plausuque simul, fremituque canentûm,
  Quadrijugos cernes sæpe resistere equos.
Inde petes arcem, delubra faventia votis;
  Et dabitur merito laurea vota Jovi.

Hæc ego submotus, qua possum, mente videbo:
  Erepti nobis jus habet illa loci :
Illa per immensas spatiatur libera terras :
  In cœlum celeri pervenit illa fuga :
Illa meos oculos mediam deducit in urbem,
  Immunes tanti nec sinit esse boni;
Invenietque viam, qua currus spectet eburnos :
  Sic certe in patria per breve tempus ero.

Vera tamen populus capiet spectacula felix,
  Lætaque erit præsens cum duce turba suo :
At mihi fingenti tantum, longeque remoto,
  Auribus hic fructus percipiendus erit;
Atque procul Latio diversum missus in orbem
  Qui narret cupido, vix erit, ista mihi;
Is quoque jam serum referet veteremque triumphum.

assise éplorée aux pieds d'un invincible capitaine : elle présente sa tête belliqueuse à la hache romaine ; la main que chargeaient ses armes, est maintenant chargée de fers.

Au dessus de tous, le char triomphal t'offrira, César, décoré de la pourpre aux regards de ton peuple : sur ton passage les applaudissemens retentiront autour de toi : partout les chemins seront jonchés de fleurs. Le laurier de Phébus ceindra ton front, et les soldats de répéter en chœur : « Triomphe, triomphe ! » A ce murmure confus, à ces battemens de mains, au bruit de ce refrain, tu verras tes quatre coursiers plus d'une fois refuser d'avancer. Bientôt montant au Capitole, ce temple si favorable à tes vœux, tu déposeras le laurier promis et dû à Jupiter.

Du fond de mon exil, je serai témoin de cette fête par l'imagination, seul bien qui me reste : son empire s'étend encore sur les lieux qui me furent ravis ; elle parcourt en liberté l'immensité de la terre, et d'un rapide essor elle atteint jusqu'aux cieux : c'est elle qui promène mes regards au sein de Rome, et ne les laisse pas étrangers à tant de bonheur ; elle saura bien se frayer une route pour contempler ce char d'ivoire : ainsi du moins me trouverai-je quelques instans au sein de ma patrie.

Hélas ! le peuple heureux jouira bien réellement de ce spectacle ; la foule partagera l'ivresse de son prince présent à ses yeux : pour moi, qui me livre à cette illusion, dans ce séjour lointain, c'est par l'ouïe seulement que je goûterai cette jouissance ; à peine un seul témoin venu du Latium dans cet autre hémisphère, pourra-t-il par son récit satisfaire ma curiosité ; et alors

Quo tamen audiero tempore, lætus ero :
Illa dies veniet, mea qua lugubria ponam,
　　Causaque privata publica major erit.

qu'on me dépeindra ce triomphe, la date en sera vieille et reculée : pourtant, à quelque époque qu'on me le décrive, mon cœur sera comblé de joie; et en ce beau jour je quitterai mes habits de deuil : la publique fortune triomphera de ma fortune personnelle.

ELEGIA TERTIA.

ARGUMENTUM.

Utramque Ursam precatur poeta, ut romanam urbem ac uxorem adspiciant; sibique referant. sitne ea mariti memor, an non. Postmodum seipsum arguit, quod dubitet de uxoris ide, a qua se amari intelligat: tum cam laudat, doletque quod sua causa in adsiduo luctu versetur: demum hortatur, ut in fide permaneat.

MAGNA minorque fera, quarum regis altera Graias,
 Altera Sidonias, utaque sicca, rates:
Omnia quum summo positae videatis in axe,
 Et maris occiduas non subeatis aquas,
Aetheriamque suis cingens amplexibus arcem,
 Vester ab intacta circulus exstet humo;
Adspicite illa, precor, quae non bene moenia quondam
 Dicitur Iliades transiluisse Remus;
Inque meam nitidos dominam convertite vultus,
 Sitque memor nosti necne, referte mihi.
Heu mihi! cur, nimiumque sunt manifesta, requiro?
 Cur labat ambiguo spes mihi mista metu?
Crede quod est, quod is, ac desine tuta vereri;
 Deque fide certa sit tibi certa fides;
Quodque polo fixae nequeunt tibi dicere flammae,
 Non mentitura tu tibi voce refer:
Esse tui memorem, de qua tibi maxima cura est;

ÉLÉGIE TROISIÈME.

ARGUMENT.

A sa femme. Il prie la grande Ourse de se tourner vers Rome pour lui confirmer les regrets de son épouse : il est affligé de lui causer tant de chagrins, l'exhorte à prendre courage, et à faire de nouveaux efforts en sa faveur.

Grande et petite Ourses, qui servez de guides, l'une aux vaisseaux des Grecs, l'autre à ceux de Sidon, astres étrangers à l'Océan, qui, des hauteurs du pôle, contemplez tout l'univers, sans jamais vous plonger dans la mer Occidentale; qui, dans votre révolution autour du ciel, tracez un cercle au dessus de l'horizon sans toucher la terre, portez vos regards, je vous en conjure, vers ces murailles, que jadis, par une funeste audace, franchit, dit-on, Remus, fils d'Ilia; fixez vos yeux brillans sur mon épouse chérie, et dites-moi si elle se souvient encore de moi, ou si elle m'a oublié. Malheureux! pourquoi demander une chose trop évidente ? Pourquoi chancelle ainsi ton espoir mêlé d'incertitude et de crainte? Ah! crois ce qui est, ce que tu désires, et bannis de frivoles alarmes : une fidélité sans réserve a droit à une confiance sans bornes : ce que des constellations attachées à la voûte céleste ne sauraient t'apprendre, tu peux, sans crainte de t'abuser, te le dire à

Quodque potest, secum nomen habere tuum.
Vultibus illa tuis, tanquam praesentis, inhaeret,
Teque remota procul, si modo vivit, amat.

Ecquid, ut incubuit justo mens aegra dolori,
Lenis ab admonito pectore somnus abit?
Tunc subeunt curae, dum te lectusque locusque
Tangit, et oblitam non sinit esse mei?
Et veniunt aestus, et nox immensa videtur?
Fessaque jactati corporis ossa dolent?

Non equidem dubito, quin haec et cetera fiant,
Detque tuus casti signa doloris amor;
Nec cruciere minus, quam quum Thebana cruentum
Hectora Thessalico vidit ab axe rapi.
Quid tamen ipse precer, dubito; nec dicere possum,
Adfectum quem te mentis habere velim:
Tristis es? indignor, quod sum tibi causa doloris:
Non es? ut amisso conjuge digna fores.

Tu vero tua damna dole, mitissima conjux,
Tempus et a nostris exige triste malis;
Fleque meos casus: est quaedam flere voluptas:
Expletur lacrymis egeriturque dolor.
Atque utinam lugenda tibi non vita, sed esset
Mors mea; morte fores sola relicta mea:
Spiritus hic per te patrias exisset in auras;
Sparsissent lacrymae pectora nostra piae:
Supremoque die notum spectantia coelum

toi-même : Il t'est toujours fidèle, ce tendre objet de ta sollicitude, et ton nom, seul bien qui lui reste, est toujours gravé dans son cœur. Tes traits sont présens à ses yeux, comme si tu étais là; et à cette distance infinie, si elle vit encore, c'est pour te chérir.

— « Mais quoi? quand ta juste douleur vient fondre sur ton âme désolée, à ce signal, le doux sommeil fuit-il loin de tes sens? Les soucis t'obsèdent-ils, tant que cette couche, tant que cette chambre solitaire te retiennent, et ne te permettent de penser qu'à moi? Sens-tu alors une fièvre brûlante? La nuit te paraît-elle d'une longueur affreuse? Tes membres, dans une continuelle agitation, éprouvent-ils une douloureuse lassitude?

« Non, je n'en doute pas : ces symptômes et d'autres encore, tu les ressens ; et ton chaste amour donne tous ces signes de douleur. Tes tourmens égalent ceux de la princesse thébaine à l'aspect d'Hector sanglant traîné par les coursiers thessaliens. Je suis pourtant incertain de ce que je dois souhaiter; je ne saurais dire de quel sentiment je te voudrais voir animée : es-tu triste? je me désespère d'être la cause de ton affliction; et, si tu ne l'es pas, je voudrais te voir sensible à la perte d'un époux.

« Déplore tes maux, ô la plus affectionnée des épouses; traîne une existence flétrie par mes malheurs; pleure ma disgrâce : les pleurs ont aussi leurs charmes : les larmes alimentent et soulagent la douleur. Ah! puisses-tu avoir eu à gémir non sur ma vie, mais sur mon trépas! Puisse mon trépas t'avoir laissée seule en ce monde! puissé-je avoir rendu l'âme entre tes bras et dans ma patrie! puisse mon sein avoir été trempé de larmes pieuses! puissent à mon dernier jour, fixés non sur un ciel in-

Texissent digiti lumina nostra tui:
Et cinis in tumulo positus jacuisset avito,
  Tactaque nascenti corpus haberet humus:
Denique et, ut vixi, sine crimine mortuus essem!
  Nunc mea supplicio vita pudenda suo est.

Me miserum, si tu, quum diceris exsulis uxor,
  Avertis vultus, et subit ora rubor!
Me miserum, si turpe putas mihi nupta videri!
  Me miserum, si te jam pudet esse meam!
Tempus ubi est illud, quo me jactare solebas
  Conjuge, nec nomen dissimulare viri?
Tempus ubi est, quo te (nisi si fugis illa referre)
  Et dici (memini), juvit et esse meam;
Utque probae dignum est, omni tibi dote placebam:
  Addebat veris multa faventis amor;
Nec quem praeferres (ita res tibi magna videbar),
  Quemve tuum malles esse, vir alter erat?
Nunc quoque ne pudeat, quod sis mihi nupta; tuusque
  Non dolor hinc debet, debet abesse pudor.
Quum cecidit Capaneus subito temerarius ictu,
  Num legis Evadnen erubuisse viro?
Nec, quia rex mundi compescuit ignibus ignes,
  Ipse tuis, Phaethon, inficiandus eras:
Nec Semele Cadmo facta est aliena parenti,
  Quod precibus periit ambitiosa suis:
Nec tibi, quod saevis ego sum Jovis ignibus ictus,
  Purpureus molli fiat in ore rubor:
Sed magis in nostri curam consurge tuendi,
  Exemplumque mihi conjugis esto bonae;

connu, mes yeux avoir été fermés par une main chère; ma cendre avoir été déposée dans la tombe de mes ancêtres, et mon corps recouvert par la terre qui me reçut à ma naissance! puisse, enfin, comme ma vie, ma mort avoir été sans tache! je vis aujourd'hui, mais c'est pour rougir de mon supplice.

« Que je suis à plaindre, si, au nom de femme d'un exilé, tu détournes ton visage couvert de rougeur! Que je suis à plaindre, si tu regardes comme un affront de m'être unie, si tu as honte de m'appartenir! Qu'est devenu ce temps où tu étais fière de ton époux, où tu ne cherchais pas à cacher son nom? Qu'est devenu ce temps, où tu te plaisais, il m'en souvient, et puisse ce souvenir ne pas t'effaroucher, à t'entendre appeler et à être mon épouse? où, comme il sied à une femme estimable, ton amour trouvait en moi toutes les vertus? à quelques qualités réelles, ta tendresse en ajoutait mille autres : tu avais de moi une si haute idée, qu'il n'était personne que tu me préférasses, personne à qui tu eusses mieux aimé appartenir. Maintenant encore ne rougis pas de m'être unie; et si tu ne dois pas, en y songeant, être étrangère à la douleur, tu le dois être à la honte. Quand l'audacieux Capanée tomba frappé soudain, as-tu vu qu'Évadné ait rougi de son époux? si le maître du monde étouffa la flamme par d'autres flammes, tu ne devais pas pour cela, Phaéthon, être désavoué des tiens : Sémélé ne devint pas indifférente à Cadmus, son père, parce qu'elle périt victime de ses ambitieuses prières. Et toi, si je fus frappé de la foudre cruelle de Jupiter, qu'une vive rougeur ne colore pas tes joues délicates; mais plutôt, prends hardiment le soin de me défendre; offre le modèle de l'épouse vertueuse; remplis noblement par tes

Materiamque tuis tristem virtutibus imple :
    Ardua per præceps gloria vadat iter.
Hectora quis nosset, si felix Troja fuisset?
    Publica virtuti per mala facta via est :
Ars tua, Tiphy, jacet, si non sit in æquore fluctus :
    Si valeant homines, ars tua, Phœbe, jacet.
Quæ latet, inque bonis cessat non cognita rebus,
    Adparet virtus arguiturque malis.
Dat tibi nostra locum tituli fortuna, caputque
    Conspicuum pietas qua tua tollat habet.
Utere temporibus, quorum nunc munere freta es :
    En patet in laudes area lata tuas.

vertus ton pénible rôle : que ta gloire grandisse en marchant à travers les précipices. Qui connaîtrait Hector, si Troie eût toujours été florissante? les publiques infortunes ouvrirent la lice à sa valeur : ton art, Tiphys, est superflu, si la mer était sans orage ; et, si la santé de l'homme était inaltérable, ton art est superflu, ô Phébus. Cachée, oisive, inconnue dans la prospérité, la vertu paraît et se révèle dans le malheur. Ma destinée t'offre un rare honneur à conquérir ; elle fournit à ta tendresse une brillante occasion de se signaler. Profite des circonstances qui te servent si bien en ce jour : une vaste carrière de gloire s'ouvre devant toi. »

ELEGIA QUARTA.

ARGUMENTUM.

Amicum laudat poeta, exponitque Tomitani exsilii incommoda : precaturque eum latenter, ut ab Augusto mitius et paulo propinquius exsilium petat; quod facile impetrari posse docet, quum magna sit ipsius clementia. Postremo narrat quemadmodum e locis non nimium longinquis fugerit Orestes cum Iphigenia sorore, ablata etiam inde Diana ad meliora loca.

O QUI, nominibus quum sis generosus avitis,
    Exsuperas morum nobilitate genus;
Cujus inest animo patrii candoris imago,
    Non careat nervis candor ut iste suis;
Cujus in ingenio patriæ facundia linguæ est,
    Qua prior in Latio non fuit ulla foro;
Quod minime volui, positis pro nomine signis,
    Dictus es : ignoscas laudibus ista tuis :
Nil ego peccavi : tua te bona cognita produnt :
    Si, quod es, adpares, culpa soluta mea est.
NEC tamen, officium nostro tibi carmine factum,
    Principe tam justo, posse nocere puta.
Ipse pater patriæ (quid enim civilius illo?)
    Sustinet in nostro carmine sæpe legi;
Nec prohibere potest, quia res est publica, Cæsar;
    Et de communi pars quoque nostra bono est.

ÉLÉGIE QUATRIÈME.

ARGUMENT.

A un ami. Il le désigne par ses talens, et s'excuse ensuite de trahir son nom ; mais cette indiscrétion ne lui saurait nuire auprès d'un prince magnanime : d'ailleurs là faute en est à Ovide seul, ou plutôt au père de cet ami, qui l'accueillit jadis : depuis lors il n'a pas démérité : on peut donc risquer de parler en sa faveur : il est si malheureux dans cette contrée où Iphigénie fut sur le point d'immoler Oreste.

Illustre rejeton d'aïeux renommés, en qui l'élévation des sentimens surpasse encore l'éclat de la naissance; dont l'âme offre l'image de la noble grandeur d'un père, grandeur qui pourtant a chez toi son cachet individuel; dont l'esprit a recueilli le brillant héritage d'une éloquence qui n'a pas de rivale dans le barreau de Rome; si je viens contre mon gré de te nommer en signalant tes mérites divers, pardonne à tes vertus : je ne suis pas coupable : ce sont tes qualités trop connues qui te trahissent : si tu parais ici ce que tu és en effet, je suis absous de tout reproche.

Mais cet hommage, que te rendent ici mes vers, ne saurait te nuire aux yeux d'un si équitable prince. Ce père de la patrie souffre (tant il a d'indulgence!) qu'on lise son nom dans mes vers; et comment l'empêcherait-il? César n'appartient-il pas à la république, et ne puis-je revendiquer ma part d'un bien qui appartient à tous?

Juppiter ingeniis præbet sua numina vatum,
 Seque celebrari quolibet ore sinit..
Causa tua exemplo Superorum tuta duorum est,
 Quorum hic conspicitur, creditur ille Deus.

Ut non debuerim, tamen hoc ego crimen amabo:
 Non fuit arbitrii litera nostra tui.
Nec nova, quod tecum loquor, est injuria nostra,
 Incolumis cum quo sæpe locutus eram.

Quo vereare minus, ne sim tibi crimen amicus;
 Invidiam, si qua est, auctor habere potest.
Nam tuus est primis cultus mihi semper ab annis
 (Hoc noli certe dissimulare) pater;
Ingeniumque meum (potes hæc meminisse) probabat,
 Plus etiam, quam, me judice, dignus eram;
Deque meis illo referebat versibus ore,
 In quo pars altæ nobilitatis erat.
Non igitur tibi nunc, quod me domus ista recepit,
 Sed prius auctori sunt data verba tuo.
Nec data sunt, mihi crede, tamen; sed in omnibus actis,
 Ultima si demas, vita tuenda mea est.
Hanc quoque, qua perii, culpam scelus esse negabis,
 Si tanti series sit tibi nota mali.
Aut timor, aut error nobis, prius obfuit error:
 Ah, sine me fati non meminisse mei!
Neve retractando nondum coeuntia rumpam
 Vulnera: vix illis proderit ipsa quies.
Ergo, ut jure damus pœnas, sic abfuit omne
 Peccato facinus consiliumque meo.

Jupiter livre son auguste nom à la veine des poètes, et permet à toutes les bouches de chanter ses louanges. Ainsi ta cause est forte de l'exemple de deux divinités, dont l'une frappe nos regards, l'autre ne s'adresse qu'à notre foi.

Quand ce serait un tort réel, je m'y complairais encore; car enfin ma lettre fut indépendante de ta volonté. Si je m'entretiens avec toi, ce n'est pas là, de ma part, une offense nouvelle : avant ma disgrâce nous nous entretenions souvent ensemble.

Ne crains donc pas qu'on te fasse un crime de mon amitié : le reproche, s'il y en avait, s'adresserait à ton père. Dès mes plus tendres années, n'en fais pas du moins mystère, je cultivai sa société; il semblait accorder à mon talent, s'il t'en souvient, plus d'estime que je ne m'en croyais digne. Souvent il émettait son avis sur mes vers de cet air de majesté où se peignait l'antique noblesse de sa race. Si donc je fus accueilli dans ta maison, ce n'est pas toi aujourd'hui, c'est ton père avant toi qui fut abusé. Mais non, je n'abusai personne : toute ma vie, j'en excepte ces derniers temps, peut soutenir l'examen ; et dans cette faute qui me perdit, tu ne verrais rien de criminel, si tu connaissais les détails de ma cruelle mésaventure. Il y eut de ma part pusillanimité, aveuglement, mais mon aveuglement me fut plus funeste. Ah! laisse-moi oublier mon fatal destin ! ne me force pas à rouvrir, en y portant la main, des blessures mal fermées, et qu'à peine le temps pourra cicatriser! Quoique je sois justement puni, il n'y eut dans ma faute ni crime ni calcul. Le dieu ne l'ignore pas, puisqu'il ne m'a pas privé de la lumière, puisqu'il ne m'a pas enlevé mes biens pour les donner à un autre maître. Plus tard peut-être

Idque Deus sentit : pro quo nec lumen ademtum est,
  Nec mihi detractas possidet alter opes.
Forsitan hanc ipsam, vivat modo, finiet olim,
  Tempore quum fuerit lenior ira, fugam.
Nunc precor hinc alio jubeat discedere, si non
  Nostra verecundo vota pudore carent.
Mitius exsilium, pauloque propinquius opto,
  Quique sit a saevo longius hoste, locum;
Quantaque in Augusto clementia, si quis ab illo
  Hoc peteret pro me, forsitan ille daret.
Frigida me cohibent Euxini litora Ponti :
  Dictus ab antiquis Axenus ille fuit:
Nam neque jactantur moderatis aequora ventis;
  Nec placidos portus hospita navis adit.
Sunt circa gentes, quae praedam sanguine quaerant :
  Nec minus infida terra timetur aqua.
Illi, quos audis hominum gaudere cruore,
  Paene sub ejusdem sideris axe jacent :
Nec procul a nobis locus est, ubi Taurica dira
  Caede pharetratae pascitur ara Deae.
Haec prius, ut memorant, non invidiosa nefandis,
  Nec cupienda bonis, regna Thoantis erant.
Hic pro subposita virgo Pelopeia cerva
  Sacra Deae coluit qualiacumque suae.
Quo postquam, dubium pius an sceleratus, Orestes
  Exactus furiis venerat ipse suis,
Et comes exemplum veri Phocaeus amoris,
  Qui duo corporibus, mentibus unus erant;
Protinus evincti Triviae ducuntur ad aram,
  Quae stabat geminas ante cruenta fores.

(daigne le ciel prolonger ses jours!) mettra-t-il un terme à mon bannissement, quand le temps aura calmé son courroux. La seule faveur que j'implore aujourd'hui, c'est qu'il me désigne une autre contrée, si mes vœux ne sont pas trop téméraires. Un exil moins rigoureux et un peu plus rapproché, un séjour plus éloigné d'un ennemi terrible, est tout ce que je sollicite; et, je connais assez la clémence infinie d'Auguste, si quelqu'un lui demandait pour moi cette grâce, peut-être l'accorderait-il.

Je suis emprisonné par les glaces de cette mer qu'on nomme hospitalière, mais qu'on appelait inhospitalière autrefois; car les flots y sont agités par des vents furieux; et les navires n'y trouvent pas un port tranquille pour les recueillir. Tout autour sont des nations qui, au péril de leur tête, ne vivent que de dépouilles, et la terre n'offre pas moins de dangers que cette mer perfide. Cette nation, dont le sang humain fait les délices, est située presque sous la même constellation : non loin de nous est la Chersonèse Taurique, où l'autel de la déesse au léger carquois se repaît d'un affreux carnage, terre cruelle, et, si l'on en croit la tradition, recherchée du crime autant qu'odieuse à la vertu, où jadis régna Thoas.

Ce fut là que la vierge du sang de Pélops, à laquelle avait été substituée une biche, prêtait à regret son ministère au culte de la déesse sa protectrice. Bientôt abordent en ces lieux, dirai-je le pieux ou le parricide Oreste, poursuivi par ses furies, et son fidèle compagnon, modèle d'une héroïque amitié, le prince de la Phocide ; c'étaient deux corps qu'animait une seule âme. On les charge aussitôt de chaînes; on les traîne à l'autel sanglant

Nec tamen hunc sua mors, nec mors sua terruit illum:
 Alter ob alterius funera moestus erat.
Et jam constiterat stricto mucrone sacerdos,
 Cinxerat et Graias barbara vitta comas;
Quum vice sermonis fratrem cognovit, et illi
 Pro nece complexus Iphigenia dedit.
Laeta Deae signum, crudelia sacra perosae,
 Transtulit ex illis in meliora locis.

Haec igitur regio, magni pars ultima mundi,
 Quam fugere homines Dîque, propinqua mihi est;
Atque meam terram prope sunt funebria sacra,
 Si modo Nasoni barbara terra sua est.
O utinam venti, quibus est ablatus Orestes,
 Placato referant et mea vela Deo!

de Diane, dressé devant la double porte du temple. Ils parurent l'un et l'autre insensibles à leur propre trépas ; la mort d'un ami seule causait leur mutuel désespoir. Déjà la prêtresse était là et tenait le fatal couteau ; la bandelette barbare ceignait le front des héros grecs, lorsqu'à ses réponses Iphigénie reconnut son frère, et, au lieu de l'immoler, le pressa dans ses bras. Ivre de joie, elle transporta de ce lieu dans des contrées moins farouches la statue de la déesse qui abhorrait ce culte inhumain.

Telle est la terre, dernière limite de ce continent, terre abandonnée des hommes et des dieux, que j'ai près de moi ; un culte homicide règne encore près de ma contrée, si Ovide doit appeler sa contrée un pays barbare. Puissent les vents qui en éloignèrent Oreste, ministres d'un dieu devenu propice, diriger aussi le retour de mon navire !

ELEGIA QUINTA.

ARGUMENTUM.

Amicum laudat poeta, eumque monet, ut constanter munus amicitiæ exsequatur, eique apud Augustum opem ferat, atque ita vota pro illo nuncupat.

O mihi dilectos inter pars prima sodales,
  Unica fortunis ara reperta meis;
Cujus ab adloquiis anima hæc moribunda revixit,
  Ut vigil infusa Pallade flamma solet;
Qui veritus non es portus aperire fideles,
  Fulmine percussæ confugiumque rati;
Cujus eram censu non me sensurus egentem,
  Si Cæsar patrias eripuisset opes;
Temporis oblitum dum me rapit impetus hujus,
  Excidit heu nomen quam mihi pæne tuum!
Te tamen agnoscis, tactusque cupidine laudis
  « Ille ego sum » cuperes dicere posse palam.
Certe ego, si sineres, titulum tibi reddere vellem,
  Et raram famæ conciliare fidem :
Ne noceam grato vereor tibi carmine, neve
  Intempestivi nominis obstet honos.
Quod licet et tutum est, intra tua pectora gaude,
  Meque tui memorem, teque fuisse mei.

ÉLÉGIE CINQUIÈME.

ARGUMENT.

A UN AMI. Il célèbre sa générosité, le prie de continuer à supplier César en sa faveur, et à ce prix il forme pour lui de tendres vœux.

O TOI, qui parmi mes compagnons chéris tiens le premier rang, asile sacré seul offert à ma disgrâce, dont les paroles ont ranimé cette existence près de s'éteindre, comme l'huile versée dans une lampe vigilante; qui n'as pas craint d'ouvrir un port assuré, un refuge à ma barque frappée de la foudre; dont la fortune m'eût empêché de sentir l'indigence, si César m'avait enlevé mon patrimoine; pendant que mon enthousiasme m'entraîne et me fait oublier ma destinée actuelle, ton nom a failli s'échapper de mes lèvres. Toutefois tu te reconnais, et, sensible à la gloire, tu voudrais pouvoir dire sans détour: C'est moi. Pour ma part, si tu y consentais, je m'empresserais de te rendre un public hommage, d'immortaliser un dévoûment si rare; mais je craindrais de te nuire en t'exprimant ma gratitude, de te faire quelque tort en te nommant ici par un zèle indiscret. Du moins, tu le peux sans danger, félicite-toi en ton âme de mon éternel attachement à ta personne, et du tien à mon égard. Continue à faire force de rames pour me porter

Utque facis, remis ad opem luctare ferendam,
　Dum veniat placido mollior aura Deo;
Et tutare caput nulli servabile, si non
　Qui mersit Stygia, sublevet illud, aqua.
Teque, quod est rarum, præsta constanter ad omne
　Indeclinatæ munus amicitiæ.
Sic tua processus habeat fortuna perennes!
　Sic ope non egeas ipse, juvesque tuos!
Sic æquet tua nupta virum bonitate perenni,
　Incidat et vestro rara querela toro!
Diligat et semper socius te sanguinis illo,
　Quo pius adfectu Castora frater amat!
Sic juvenis, similisque tibi sit natus, et illum
　Moribus agnoscat quilibet esse tuum!
Sic socerum faciat tæda te nata jugali,
　Nec tardum juveni det tibi nomen avi!

secours, jusqu'à ce que le dieu désarmé fasse souffler des vents plus doux. Protège une tête qu'il est impossible de sauver, si la main qui l'a plongée dans le Styx, ne l'en retire aussi. Montre-toi, par un exemple bien rare, infatigable à remplir tous les devoirs d'une inébranlable amitié. Puisse, en revanche, ta fortune devenir de plus en plus florissante! puisses-tu secourir tes amis, sans jamais avoir besoin d'eux! puisse l'inaltérable bonté de ton épouse égaler la tienne, et la discorde ne jamais troubler votre union! puisse le mortel issu du même sang que toi, te chérir de cette vive affection dont Castor est l'objet pour son tendre frère! puisse ton jeune fils te ressembler, et chacun à ses vertus reconnaître ton image! puisse ta fille, allumant le flambeau d'hyménée, te donner un gendre, et bientôt puisses-tu, jeune encore, voir tes petits-enfans!

ELEGIA SEXTA.

ARGUMENTUM.

Ostendit multis exemplis, tempore omnia molliri praeter suas curas, seque ita deficere, ut non diù credat se supervicturum tantis malis; quam rem dicit sibi solatio relictam esse.

Tempore ruricolae patiens fit taurus aratri,
    Praebet et incurvo colla premenda jugo :
Tempore paret equus lentis animosus habenis,
    Et placido duros accipit ore lupos:
Tempore Poenorum compescitur ira leonum,
    Nec feritas animo, quae fuit ante, manet:
Quaeque sui monitis obtemperat Inda magistri
    Bellua, servitium tempore victa subit:
Tempus, ut extentis tumeat facit uva racemis,
    Vixque merum capiant grana, quod intus habent:
Tempus et in canas semen producit aristas,
    Et ne sint tristi poma sapore facit:
Hoc tenuat dentem terras renovantis aratri,
    Hoc rigidas silices, hoc adamanta terit:
Hoc etiam saevas paulatim mitigat iras :
    Hoc minuit luctus, moestaque corda levat.
Cuncta potest igitur tacito pede lapsa vetustas
    Praeterquam curas adtenuare meas.

ÉLÉGIE SIXIÈME.

ARGUMENT.

Le temps adoucit toutes les peines; mais il ne peut rien sur la sienne : elle s'aggrave chaque jour : son unique espoir est de mourir bientôt.

Le temps accoutume le taureau à traîner la charrue agricole, à courber de lui-même sa tête sous le poids du joug : le temps rend le coursier fougueux souple à l'impression des rênes, et façonne sa bouche docile au mors inflexible : le temps adoucit la furie des lions de Libye, et cette humeur farouche qui les dominait s'évanouit; si cet animal monstrueux que produit l'Inde obéit à la voix de son maître, c'est le temps qui le dompte, qui le forme à l'esclavage : le temps fait grossir les raisins sur la grappe allongée, et les grains gonflés d'un jus précieux ont peine à le contenir: le temps change la semence en longs épis dorés, et fait perdre aux fruits leur saveur âpre : il use le soc de la charrue à renouveler la terre : il use le roc le plus dur et jusqu'au diamant lui-même : il calme peu à peu la colère la plus violente, diminue les chagrins, soulage l'affliction des cœurs. Le temps qui glisse d'un vol insensible, peut donc affaiblir tous les tourmens; oui tous, excepté les miens. Depuis que j'ai dit adieu à ma patrie, deux fois les épis ont été foulés sur

Ut patria careo, bis frugibus area trita est;
  Dissiluit nudo pressa bis uva pede:
Nec quæsita tamen spatio patientia longo est;
  Mensque mali sensum nostra recentis habet.
Scilicet, et veteres fugiunt juga curva juvenci;
  Et domitus fræno sæpe repugnat equus.
TRISTIOR est etiam præsens ærumna priore:
  Ut sit enim sibi par, crevit, et aucta mora est;
Nec tam nota mihi, quam sunt, mala nostra fuerunt;
  Sed magis hoc, quo sunt cognitiora, gravant.
Est quoque non minimum, vires adferre recentes,
  Nec præconsumtum temporis esse malis.
Fortior in fulva novus est luctator arena,
  Quam cui sunt tarda brachia fessa mora:
Integer est melior nitidis gladiator in armis,
  Quam cui tela suo sanguine tincta rubent:
Fert bene præcipites navis modo facta procellas;
  Quamlibet exiguo solvitur imbre vetus.
Nos quoque, quæ ferimus, tulimus patientius ante,
  Et mala sunt longo multiplicata die.

CREDITE, deficio, nostroque a corpore, quantum
  Auguror, accedent tempora parva malis:
Nam neque sunt vires, neque qui color ante solebat,
  Vixque habeo tenuem, quæ tegat ossa, cutem.
Corpore sed mens est ægro magis ægra, malique
  In circumspectu stat sine fine sui.
Urbis abest facies; absunt, mea cura, sodales;
  Et, qua nulla mihi carior, uxor abest:

l'aire, deux fois le jus de la grappe a jailli sous le pied nu qui l'écrase; et un si long intervalle n'a pu m'accoutumer à ma souffrance, et le sentiment de mes maux est aussi vif qu'aux premiers jours. Ainsi l'on voit de vieux taureaux secouer le joug, un coursier dompté se montrer parfois rebelle au frein.

Ma peine est même aujourd'hui plus accablante qu'autrefois : car, fût-elle toujours la même, elle a grandi en vieillissant : je ne connaissais pas aussi bien toute l'étendue de mes maux, et cette connaissance même ne fait que les redoubler. C'est quelque chose aussi d'avoir des forces encore fraîches, et de n'être pas épuisé d'avance par de longues souffrances. L'athlète, à son entrée dans la lice, est plus vigoureux que celui dont les bras sont fatigués par une lutte prolongée : le gladiateur dont les armes sont encore brillantes et le corps sans blessure, est plus robuste que celui qui a déjà rougi ses traits de son sang : un navire nouvellement construit soutient mieux l'effort de la tempête; un vieux, au contraire, s'entr'ouvre au moindre orage. Moi aussi je supporte mes maux avec moins de résignation que je ne les supportai jadis, et leur durée semble les avoir multipliés.

Oui, je succombe, et ma santé, selon toute apparence, ne me laissera pas long-temps souffrir : je n'ai plus de forces, je n'ai plus ce teint d'autrefois; à peine une peau mince recouvre-t-elle mes os. Si mon corps est malade, mon esprit l'est davantage encore, sans cesse en présence de ses tourmens. Rome est loin de mes yeux; loin de moi sont mes amis, objet de ma tendresse; loin de moi la plus chérie des épouses : autour de moi une tourbe de Scythes, des hordes de Gètes aux larges braies : ainsi ce

Vulgus adest Scythicum, braccataque turba Getarum :
  Sic male quæ video, non videoque, nocent.
Una tamen spes est, quæ me soletur in istis,
  Hæc fore morte mea non diuturna mala.

que je vois, et ce que je ne vois pas, fait également mon supplice. L'unique espoir qui me console en cette extrémité, c'est que ma mort abrègera la durée de mes tourmens.

ELEGIA SEPTIMA.

ARGUMENTUM.

Miratur poeta, quod biennio jam exacto, nullas ab amico acceperit litteras, quum hi præsertim ad eum scripserint, quibuscum amicitiæ usus non fuerat tam probatus. Subjungit tamen malle se omnia credere, quam illum nullas ad eum dedisse literas, quas interceptas fuisse existimat: admonet postremo, ut tandem scribat, ne semper excusandus sit.

Bis me sol adiit gelidæ post frigora brumæ,
  'Bisque suum tacto Pisce peregit iter:
Tempore tam longo cur non tua dextera, versus
  Quamlibet in paucos, officiosa fuit?
Cur tua cessavit pietas, scribentibus illis,
  Exiguus nobis cum quibus usus erat?
Cur, quoties alicui chartæ sua vincula demsi,
  Illam speravi nomen habere tuum?
Dî faciant, ut sæpe tua sit epistola dextra
  Scripta, sed e multis reddita nulla mihi!
Quod precor, esse liquet: credam prius ora Medusæ
  Gorgonis anguineis cincta fuisse comis;
Esse canes utero sub virginis; esse Chimæram,
  A truce quæ flammis separet angue leam;
Quadrupedesque hominum cum pectore pectora junctos;
  Tergeminumque virum, tergeminumque canem;

ÉLÉGIE SEPTIÈME.

ARGUMENT.

A un ami. Ovide se plaint qu'il ne lui ait pas écrit, depuis deux ans que dure son exil : peut-être les lettres ont-elles été perdues : il l'engage à en écrire de nouvelles.

Deux fois le soleil est revenu me visiter après les glaces et les frimas de l'hiver; deux fois il a touché les Poissons et accompli sa période : et pendant un si long intervalle ta plume ne m'a pas adressé quelques lignes d'intérêt! ton amitié est restée muette, tandis que d'autres m'écrivaient, avec lesquels j'eus peu de relations! et chaque fois que je brisais le cachet d'une lettre, je me flattais en vain d'y voir ton nom. Fasse le ciel que ta main m'en ait écrit une foule, sans qu'une seule me soit parvenue ! — Ce souhait, j'en suis sûr, il s'est réalisé : je croirais plutôt à la tête de la Gorgone Méduse, hérissée de serpens; à l'existence de chiens au sein de jeune fille, de la Chimère, moitié lion, moitié dragon farouche et vomissant des flammes; à celle des quadrupèdes dont la poitrine s'unit à une poitrine d'homme; du mortel au triple corps, du chien à la triple tête; du Sphynx, des Harpyes, des Géans aux pieds de serpens, de Gygès aux cent bras,

Sphingaque, et Harpyias, serpentipedesque Gigantas;
 Centimanumque Gygen, semibovemque virum:
Hæc ego cuncta prius, quam te, carissime, credam
 Mutatum curam deposuisse mei.
Innumeri montes inter me teque, viæque,
 Fluminaque et campi, nec freta pauca jacent:
Mille potest causis, a te quæ litera sæpe
 Missa sit, in nostras nulla venire manus.
Mille tamen causas scribendo vince frequenter,
 Excusem ne te semper, amice, mihi.

d'un monstre homme et taureau : oui, je croirais plutôt à toutes ces fables, qu'à ton réfroidissement, cher ami, et à ton indifférence. Des montagnes innombrables jetées entre nous, des routes, des fleuves, des plaines, mille mers nous séparent : tant d'obstacles peuvent avoir empêché plusieurs lettres, de ta main écrites, de parvenir jusqu'à moi. Triomphe néanmoins de tant d'obstacles en redoublant de zèle à m'écrire : que je n'aie pas à t'excuser toujours, ami, à mes propres yeux.

ELEGIA OCTAVA.

ARGUMENTUM.

Quinquagenarius poeta queritur, se jam canescere in infelicissima regione, eo tempore, quo frui debuisset patria, carissima conjuge, amicis, etc. Quæ si olim a Delphico oraculo, aut Dodonæa columba futura accepisset, vana dicit se ea responsa existimaturum fuisse: clarissimaque sententia docet, nihil tam validum esse, quod non subjaceat divinæ voluntati ac potentiæ. Postremo ceteros admonet, ut ipsius casibus moniti, Augustum, cujus potentia par est Diis immortalibus, demereantur.

Jam mea cycneas imitantur tempora plumas,
    Inficit et nigras cana senecta comas:
Jam subeunt anni fragiles, et inertior ætas;
    Jamque parum firmo me mihi ferre grave est.
Nunc erat, ut posito deberem fine laborum
    Vivere, me nullo sollicitante metu;
Quæque meæ semper placuerunt otia menti,
    Carpere, et in studiis molliter esse meis;
Et parvam celebrare domum, veteresque Penates,
    Et quæ nunc domino rura paterna carent;
Inque sinu dominæ, carisque nepotibus, inque
    Securus patria consenuisse mea.
Hæc mea sic quondam peragi speraverat ætas;
    Hos ego sic annos ponere dignus eram.
Non ita Dîs visum, qui me terraque, marique
    Actum Sarmaticis exposuere locis.

ÉLÉGIE HUITIÈME.

ARGUMENT.

Il représente le bonheur dont il devrait jouir à l'âge où il est arrivé : mais il a fait naufrage au port : rien n'est donc à l'abri des caprices de la fortune.

Déjà ma tête est semblable au plumage du cygne; la blanche vieillesse répand sa teinte sur ma noire chevelure : déjà surviennent les années chancelantes et l'âge de la faiblesse : déjà mes genoux tremblent, et j'ai peine à me soutenir. C'est maintenant que je devrais mettre un terme à mes travaux, vivre exempt de soucis et d'alarmes, me livrer à ces études qui toujours offrirent tant d'attraits à mon esprit; m'abandonner mollement à mes goûts favoris; mener une vie sédentaire sous mon humble toit au sein de mes vieux pénates et des champs paternels aujourd'hui privés de leur maître; vieillir enfin entre les bras de mon épouse, de ma postérité chérie, tranquille au sein de ma patrie.

Telle est la chimère dont s'était bercée ma vie; c'est ainsi que je me croyais digne de finir ma carrière. Les dieux ne l'ont pas permis : après mille traverses sur la terre et sur l'onde, ils m'ont fait échouer aux rivages de la Sar-

In cava ducuntur quassæ navalia puppes,
　Ne temere in mediis destituantur aquis :
Ne cadat, et multas palmas inhonestet adeptas,
　Languidus in pratis gramina carpit equus :
Miles, ut emeritis non est satis utilis annis,
　Ponit ad antiquos, quæ tulit arma, Lares.
Sic igitur, tarda vires minuente senecta,
　Me quoque donari jam rude tempus erat :
Tempus erat nec me peregrinum ducere coelum,
　Nec siccam Getico fonte levare sitim :
Sed modo, quos habui, vacuum secedere in hortos;
　Nunc hominum visu rursus et urbe frui.

Sic, animo quondam non divinante futura,
　Optabam placide vivere posse senex.
Fata repugnarunt : quæ, quum mihi tempora prima
　Mollia præbuerint, posteriora gravant.
Jamque decem lustris omni sine labe peractis,
　Parte premor vitæ deteriore meæ :
Nec procul a metis, quas pæne tenere videbar,
　Curriculo gravis est facta ruina meo.
Ergo illum demens in me sævire coegi,
　Mitius immensus quo nihil orbis habet !
Ipsaque delictis victa est clementia nostris !
　Nec tamen errori vita negata meo,
Vita procul patria peragenda sub axe Boreo,
　Qua maris Euxini terra sinistra jacet.
Hæc mihi si Delphi, Dodonaque diceret ipsa,
　Esse viderentur vanus uterque locus.
Nil adeo validum est, adamas licet adliget illud,

matie. Un navire endommagé est conduit dans un arsenal de marine, de peur qu'imprudemment exposé en pleine mer, il ne vienne à sombrer : dans la crainte que sa chute ne flétrisse ses palmes nombreuses, on voit le coursier affaibli paître en repos l'herbe des prairies : le soldat émérite, et que l'âge a mis hors de service, suspend à ses Lares antiques les armes qu'il porta. Ainsi, à cette époque où la vieillesse mine lentement mes forces, il serait temps pour moi d'obtenir la baguette, symbole de liberté; il serait temps de ne pas respirer un air étranger, de ne pas étancher ma soif à des sources gétiques; mais tantôt de goûter le repos et la solitude dans les jardins que je possédai, tantôt de revenir jouir du spectacle de la vie et de Rome.

Mais mon esprit ne perçait pas le voile de l'avenir, alors que je formai le vœu de couler une vieillesse paisible. Les destins s'y sont opposés; et si d'abord ils m'accordèrent d'heureuses années, ils m'accablent à mes derniers ans. Déjà j'avais fourni dix lustres avec honneur; je succombe au déclin de mes jours; près de la borne, je croyais presque la toucher, lorsqu'au bout de ma carrière j'ai fait une chute pesante. Ainsi donc mon délire m'attira la rigueur du mortel le plus doux que renferme tout l'univers! Ma faute a poussé à bout sa clémence, et pourtant il a laissé la vie à mon égarement! mais cette vie, je dois la passer loin de ma patrie sous l'empire de Borée, sur la rive occidentale du Pont-Euxin. Quand Delphes, quand Dodone même me l'aurait prédit, l'un et l'autre oracle m'eût paru chimérique; mais il n'est aucun objet si fort, fût-il resserré par des chaînes de diamant, qu'il puisse rester inébranlable à la foudre rapide de Jupiter; aucun objet telle-

Ut maneat rapido firmius igne Jovis.
Nil ita sublime est, supraque pericula tendit,
　Non sit ut inferius subpositumque Deo.
Nam quamquam vitio pars est contracta malorum,
　Plus tamen exitii numinis ira dedit.
At vos admoniti nostris quoque casibus este,
　Æquantem Superos emeruisse virum.

ment élevé, tellement au dessus des dangers, qu'il ne soit soumis à la suprême puissance d'une divinité : car, bien que ma faute m'ait attiré une partie de mes maux, j'en dois davantage encore au courroux du dieu même.

Pour vous, apprenez par mes disgrâces à vous concilier un mortel égal aux habitans de l'Olympe.

ELEGIA NONA.

ARGUMENTUM.

Inimico minatur poeta, se in eum scripturum, ni a conviciis desistat.

Si licet, et pateris, nomen facinusque tacebo,
    Et tua Lethæis acta dabuntur aquis;
Nostráque vincetur lacrymis clementia seris:
    Fac modo, te pateat pœnituisse tui;
Fac modo te damnes, cupiasque eradere vitæ
    Tempora, si possis, Tisiphonæa tuæ.
Sin minus, et flagrant odio tua pectora nostro,
    Induet infelix arma coacta dolor.
Sim licet extremum, sicut sum, missus in orbem,
    Nostra suas istuc porriget ira manus.
Omnia, si nescis, Cæsar mihi jura reliquit,
    Et sola est patria pœna carere mea:
Et patriam, modo sit sospes, speramus ab illo:
    Sæpe Jovis telo quercus adusta viret.
Denique, vindictæ si sit mihi nulla facultas,
    Pierides vires et sua tela dabunt.
Ut Scythicis habitem longe submotus in oris,
    Siccaque sint oculis proxima signa meis;
Nostra per immensas ibunt præconia gentes,

ÉLÉGIE NEUVIÈME.

ARGUMENT.

A un envieux. Il le menace de flétrir son nom en publiant ses calomnies, s'il n'y met un terme.

S'IL est possible, si tu t'en rends digne, je tairai ton nom et tes procédés; ta conduite sera plongée dans les eaux du Léthé; ma clémence se laissera désarmer par tes larmes tardives : mais j'exige de ta part un solennel repentir; j'exige de toi ta propre condamnation, le désir de rayer, si cela se pouvait, de ta vie, ces jours dignes de Tisiphone. Sans cela, et si ton cœur est encore enflammé de haine contre moi, ma douleur infortunée sera réduite à prendre les armes. Tout relégué que je suis à l'extrémité du monde, mon courroux saura t'atteindre où tu es. César, si tu l'ignores, m'a laissé tous mes droits : ma seule peine est d'être éloigné de ma patrie; encore cette patrie (puisse le ciel veiller sur ses jours!), je l'espère de sa clémence : souvent un chêne frappé des traits de Jupiter se couvre de verdure. Enfin, quand il ne resterait pas d'autre ressource à ma vengeance, les muses me prêteront leurs armes puissantes. Malgré l'extrême éloignement des bords de la Scythie que j'habite, malgré le voisinage où je suis des constellations étrangères à l'Océan, ma voix retentira dans toute l'immensité des

Quodque querar, notum, qua patet orbis, erit:
Ibit ad occasum, quidquid dicemus, ab ortu;
Testis et Hesperiæ vocis Eous erit:
Trans ego tellurem, trans latas audiar undas;
Et gemitus vox est magna futura mei.
Nec tua te sontem tantummodo secula norint:
Perpetuæ crimen posteritatis eris.

Jam feror in pugnas, et nondum cornua sumsi;
Nec mihi sumendi causa sit ulla velim.
Circus adhuc cessat : spargit tamen acer arenam
Taurus, et infesto jam pede pulsat humum.
Hoc quoque, quam volui, plus est : cane, Musa, receptus,
Dum licet huic nomen dissimulare suum.

nations, et mes plaintes se répandront par tout l'univers; mes paroles voleront de l'orient à l'occident, et du couchant mes vers pénètreront jusqu'à l'aurore : on me lira au delà du continent, au delà des vastes mers, et l'écho de mes gémissemens se prolongera au loin. Ce n'est pas seulement au siècle présent que sera dévoilé ton crime : la postérité perpétuera d'âge en âge ta flétrissure.

Je suis prêt au combat, mais je n'ai pas encore pris mes armes, et puissé-je n'avoir aucun sujet de les prendre! Le cirque est encore fermé : mais le taureau furieux fait voler le sable, et de ses pieds impatiens frappe la terre. C'en est déjà plus que je ne voulais : Muse, sonne la retraite : il lui est encore permis de cacher son nom.

ELEGIA DECIMA.

ARGUMENTUM.

Posteritati consulturus, patriam suam, genusque, et vitæ transactæ fata describit Naso; et ad exsilii sui tempora delapsus, incommoda ejus Musarum auxilio sese lenire docet.

Ille ego, qui fuerim, tenerorum lusor amorum,
  Quem legis, ut noris, accipe, posteritas.

Sulmo mihi patria est, gelidis uberrimus undis,
  Millia qui novies distat ab urbe decem.
Editus hic ego sum; necnon, ut tempora noris,
  Quum cecidit fato consul uterque pari,
Si quid id est, usque a proavis vetus ordinis heres,
  Non modo fortunæ munere factus eques.
Nec stirps prima fui, genito jam fratre creatus,
  Qui tribus ante quater mensibus ortus erat.
Lucifer amborum natalibus adfuit idem;
  Una celebrata est per duo liba dies:
Hæc est, armiferæ festis de quinque Minervæ,
  Quæ fieri pugna prima cruenta solet.

Protinus excolimur teneri, curaque parentis,
  Imus ad insignes urbis ab arte viros.

ÉLÉGIE DIXIÈME.

ARGUMENT.

A la postérité. Il signale le lieu, le jour, l'année de sa naissance : parle d'un frère qu'il eut : retrace le tableau de sa vie : n'a d'autre consolation dans son exil que la poésie : espère ne pas mourir tout entier.

Chantre des folâtres amours, quel était cet Ovide que tu lis, veux-tu le savoir? je vais te l'apprendre, ô postérité!

Sulmone est ma patrie, Sulmone, féconde en fraîches sources, située à quatre-vingt-dix milles de Rome. C'est là que je naquis; et, pour préciser l'époque, ce fut l'année où périrent les deux consuls par une semblable destinée. S'il faut y attacher quelque prix, c'est d'une longue suite d'aïeux que j'héritai de mon rang, et je ne dus pas à la faveur de la fortune de devenir chevalier. Je n'étais pas l'aîné de ma famille, et ne vis la lumière qu'après un frère qui m'avait précédé de trois fois quatre mois. La même étoile présida à notre naissance, et le même jour était célébré par l'offrande de deux gâteaux : ce jour est, des cinq fêtes de la belliqueuse Minerve, celle qui la première est ensanglantée par des combats.

On cultiva notre esprit de bonne heure, et, grâce aux soins de mon père, nous pûmes suivre les leçons des

Frater ad eloquium viridi tendebat ab ævo,
  Fortia verbosi natus ad arma fori.
At mihi jam puero cœlestia sacra placebant,
  Inque suum furtim Musa trahebat opus.
Sæpe pater dixit: Studium quid inutile tentas?
  Mæonides nullas ipse reliquit opes.
Motus eram dictis, totoque Helicone relicto,
  Scribere conabar verba soluta modis:
Sponte sua carmen numeros veniebat ad aptos;
  Et, quod tentabam dicere, versus erat.

INTEREA, tacito passu labentibus annis,
  Liberior fratri sumta mihique toga est;
Induiturque humeris cum lato purpura clavo;
  Et studium nobis, quod fuit ante, manet.

JAMQUE decem vitæ frater geminaverat annos,
  Quum perit, et cœpi parte carere mei.

CEPIMUS et teneræ primos ætatis honores,
  Eque viris quondam pars tribus una fui.
Curia restabat: clavi mensura coacta est:
  Majus erat nostris viribus illud onus,
Nec patiens corpus, nec mens fuit apta labori,
  Sollicitæque fugax ambitionis eram;
Et petere Aoniæ suadebant tuta sorores
  Otia, judicio semper amata meo.

TEMPORIS illius colui fovique poetas;
  Quotque aderant vates, rebar adesse Deos.
Sæpe suas Volucres legit mihi grandior ævo,

maîtres les plus célèbres à Rome par leur talent. Mon frère dès sa jeunesse se destinait à l'art de la parole, et semblait né pour la lutte et les combats bruyans du barreau. Mais pour moi, dès l'enfance, les mystères sacrés furent pleins de charmes, et les muses m'attirèrent en secret à leur culte. Souvent mon père me disait : Pourquoi tenter une étude stérile? Homère lui-même mourut dans l'indigence. J'étais ébranlé par ces paroles; je disais adieu à l'Hélicon, et tâchais d'écrire sans m'astreindre au rhythme poétique : les mots venaient d'eux-mêmes remplir le cadre de la mesure, et chaque pensée que j'exprimais était un vers.

Cependant les années s'écoulaient insensiblement: mon frère et moi, nous prîmes la toge, emblème d'une liberté plus grande; nos épaules revêtent la pourpre du laticlave : mais nos goûts restent ce qu'ils étaient auparavant.

Déjà mon frère venait d'atteindre deux fois dix ans, lorsqu'il me fut enlevé : je perdis en lui la moitié de moi-même.

Je gérai alors les premiers honneurs accordés à la jeunesse : je fus créé triumvir. Restait encore le sénat; mais je me contentai de l'angusticlave : le fardeau eût été trop pesant pour ma faiblesse, incompatible avec ma santé; et mon esprit, peu propre à un travail suivi, fuyait les soucis de l'ambition. Les nymphes de l'Aonie me conviaient à goûter de paisibles loisirs, qui toujours eurent pour moi mille charmes.

Je cultivai, je chéris les poètes de cette époque: quand j'étais auprès d'eux, je croyais être auprès des dieux mêmes. Souvent le vieux Macer me lut ses Oiseaux, quel serpent donne la mort, quelles simples rendent la vie : souvent

Quæque necet serpens, quæ juvet herba, Macer:
Sæpe suos solitus recitare Propertius ignes,
　Jure sodalitii qui mihi junctus erat:
Ponticus heroo, Bassus quoque clarus iambo
　Dulcia convictus membra fuere mei:
Et tenuit nostras numerosus Horatius aures,
　Dum ferit Ausonia carmina culta lyra:
Virgilium vidi tantum; nec avara Tibullo
　Tempus amicitiæ fata dedere meæ.
Successor fuit hic tibi, Galle; Propertius illi:
　Quartus ab his serie temporis ipse fui:
Utque ego majores, sic me coluere minores;
　Notaque non tarde facta Thalia mea est.
Carmina quum primum populo juvenilia legi,
　Barba resecta mihi bisve semelve fuit:
Moverat ingenium, totam cantata per urbem,
　Nomine non vero dicta Corinna mihi.
Multa quidem scripsi: sed quæ vitiosa putavi,
　Emendaturis ignibus ipse dedi.
Tum quoque, quum fugerem, quædam placitura cremavi
　Iratus studio carminibusque meis.

Molle, Cupidineis nec inexpugnabile telis
　Cor mihi, quodque levis causa moveret, erat.
Quum tamen hoc essem, minimoque accenderer igni,
　Nomine sub nostro fabula nulla fuit.

Pæne mihi puero nec digna, nec utilis uxor
　Est data; quæ tempus per breve nupta fuit:
Illi successit quamvis sine crimine conjux,

j'écoutai Properce lire ses élégies érotiques, Properce, dont je fus le camarade et l'ami : Ponticus, célèbre par ses poésies héroïques, Bassus par ses ïambes, furent encore mes compagnons chéris : Horace, l'harmonieux Horace, charma aussi mes oreilles en chantant d'élégantes odes sur la lyre ausonienne : je n'ai fait qu'entrevoir Virgile : les destins jaloux ravirent trop tôt Tibulle à mon amitié : ce poète fleurit après toi, Gallus, et Properce après lui : je vins donc le quatrième par ordre de date : je leur rendis hommage comme à mes aînés ; de plus jeunes me rendirent hommage aussi, et ma muse ne tarda pas à être connue. Quand je lus au peuple les premières poésies, ouvrage de ma jeunesse, ma barbe n'était tombée que deux ou trois fois sous le rasoir. Ma verve s'enflamma, lorsque je vis chanter dans toute la ville celle que j'avais célébrée sous le nom emprunté de Corinne.

Je composai bien des pièces ; mais celles qui me parurent trop faibles, je ne les corrigeai qu'en les livrant aux flammes. Au moment de mon exil, plusieurs aussi, qui devaient me plaire, furent brûlées de ma main, dans mon dépit contre ma manie et mes vers.

Mon cœur tendre ne fut pas invulnérable aux traits de Cupidon ; la plus légère impression pouvait l'émouvoir. Malgré ce caractère, et quoiqu'une étincelle suffît pour m'enflammer, aucune anecdote ne circula jamais sur mon compte.

Je n'étais presque qu'un enfant, quand je contractai une union où je trouvai peu de convenance et de sympathie : elle fut bientôt rompue : une seconde la suivit, qui fut à l'abri de tout reproche ; mais cette épouse nou-

Non tamen in nostro firma futura toro:
Ultima, quæ mecum seros permansit in annos,
  Sustinuit conjux exsulis esse viri.
Filia me prima mea bis fœcunda juventa,
  Sed non ex uno conjuge, fecit avum.

Et jam complerat genitor sua fata, novemque
  Addiderat lustris altera lustra novem.
Non aliter flevi, quam me fleturus ademtum
  Ille fuit. Matri proxima justa tuli.
Felices ambo, tempestiveque sepultos,
  Ante diem pœnæ quod periere meæ!
Me quoque felicem, quod non viventibus illis
  Sum miser, et de me quod doluere nihil!
Si tamen exstinctis aliquid, nisi nomina, restat,
  Et gracilis structos effugit umbra rogos;
Fama, parentales, si vos mea contigit, umbræ,
  Et sunt in Stygio crimina nostra foro;
Scite, precor, causam (nec vos mihi fallere fas est)
  Errorem jussæ, non scelus, esse fugæ.
Manibus id satis est: ad vos, studiosa, revertor,
  Pectora, qui vitæ quæritis acta meæ.
Jam mihi canities, pulsis melioribus annis,
  Venerat, antiquas miscueratque comas;
Postque meos ortus Pisæa vinctus oliva
  Abstulerat decies præmia victor eques;
Quum, maris Euxini positos ad læva, Tomitas
  Quærere me læsi principis ira jubet.
Causa meæ cunctis nimium quoque nota ruinæ
  Indicio non est testificanda meo.

velle ne devait pas long-temps partager ma couche : une troisième resta ma compagne jusqu'à mes vieux ans, et ne rougit pas d'être l'épouse d'un exilé.

Ma fille au printemps de son âge donna deux fois des gages de sa fécondité en me rendant aïeul, mais ce fut avec deux époux différens.

Mon père avait terminé sa destinée après avoir atteint son dix-huitième lustre : je le pleurai comme il aurait lui-même pleuré ma perte. Bientôt je rendis les derniers devoirs à ma mère. Heureux l'un et l'autre d'avoir été ensevelis lorsqu'il en était temps encore, d'être morts avant le jour de ma disgrâce ! Heureux moi-même de ne les avoir pas pour témoins de mon infortune, de n'avoir pas été pour eux un sujet de douleur ! Si pourtant il reste après la mort autre chose qu'un vain nom, si notre ombre légère échappe au fatal bûcher, si la renommée de mon malheur est parvenue jusqu'à vous, ombres de mes parens, si mes fautes sont portées au tribunal des enfers, sachez, sachez, et je ne saurais vous tromper, que c'est par une méprise, non par un crime, que j'ai mérité mon exil !

C'est assez donner aux mânes : je reviens à vous, esprits curieux de connaître les particularités de ma vie.

Mes belles années avaient fui : les neiges du vieil âge venaient se mêler à l'antique nuance de ma chevelure. Depuis ma naissance, dix fois ceint de l'olivier olympique, le vainqueur à la course des chars avait obtenu la palme, lorsque Tomes, située sur la rive occidentale du Pont-Euxin, est le séjour où me condamne à me rendre le courroux du prince offensé. La cause de ma perte, trop connue de tout le monde, ne doit point être signalée par mon témoignage. Rappellerai-je la trahi-

Quid referam comitumque nefas, famulosque nocentes?
  Ipsa multa tuli non leviora fuga.
Indignata malis mens est succumbere, seque
  Præstitit invictam viribus usa suis;
Oblitusque togæ, ductæque per otia vitæ,
  Insolita cepi temporis arma manu;
Totque tuli terra casus pelagoque, quot inter
  Occultum stellæ conspicuumque polum.
Tacta mihi tandem longis erroribus acto
  Juncta pharetratis Sarmatis ora Getis:
Hic ego, finitimis quamvis circumsoner armis,
  Tristia, quo possum, carmine fata levo:
Quod, quamvis nemo est, cujus referatur ad aures,
  Sic tamen absumo decipioque diem.
Ergo, quod vivo, durisque laboribus obsto,
  Nec me sollicitæ tædia lucis habent,
Gratia, Musa, tibi: nam tu solatia præbes;
  Tu curæ requies, tu medicina mali,
Tu dux, tuque comes: tu nos abducis ab Istro;
  In medioque mihi das Helicone locum:
Tu mihi, quod rarum, vivo sublime dedisti
  Nomen, ab exsequiis quod dare fama solet.
Nec, qui detrectat præsentia, livor iniquo
  Ullum de nostris dente momordit opus:
Nam, tulerint magnos quum sæcula nostra poetas,
  Non fuit ingenio fama maligna meo:
Quumque ego præponam multos mihi, non minor illis
  Dicor, et in toto plurimus orbe legor.
Si quid habent igitur vatum præsagia veri,

son de mes amis, la perfidie de mes gens? J'ai passé par mille épreuves non moins rudes que l'exil. Mon esprit s'indigna de succomber à ses maux ; il rappela toutes ses forces, et sut en triompher ; ne songeant plus à la paix, aux loisirs de ma vie passée, j'obéis aux circonstances et pris des armes étrangères à mon bras. J'endurai sur terre et sur mer autant de malheurs qu'il y a d'étoiles entre le pôle invisible et celui que nous apercevons. Enfin, après de longs détours, j'atteignis les rives sarmates, voisines des Gètes aux flèches acérées. Ici, quoique les armes des peuples limitrophes retentissent autour de moi, je cherche un soulagement à mon triste destin dans la poésie, seule ressource qui me reste; et quoique je ne trouve pas une oreille pour écouter mes vers, j'abrège et je trompe ainsi la longueur des journées. Si donc j'existe encore, si je résiste à tant de fatigues et de peines, si je ne prends point en dégoût cette vie rongée de soucis, grâces t'en soient rendues, ô ma Muse! près de toi seule je trouve des consolations : tu calmes mes ennuis : tu es un baume pour mes maux : tu es mon guide, ma compagne fidèle : tu m'éloignes de l'Ister et me donnes asile au sein de l'Hélicon : c'est toi qui, par un bien rare privilège, me fais jouir pendant ma vie de cette célébrité que la renommée n'accorde qu'après le trépas. L'envie qui rabaisse le mérite contemporain, n'a imprimé sa dent sur aucun de mes ouvrages; et malgré les grands poètes qu'a produits notre siècle, la renommée ne fut pas malveillante à l'égard de ma veine : il en est plusieurs que je place au dessus de moi, et pourtant on me dit leur égal, et j'ai trouvé une foule de lecteurs par tout l'univers. Si les pressentimens des poètes ne

Protinus ut moriar, non ero, terra, tuus.
Sive favore tuli, sive hanc ego carmine famam,
  Jure tibi grates, candide lector, ago.

sont pas entièrement illusoires, à l'heure de mon trépas, terre, je ne serai point ta proie. Que je doive cette renommée à la vogue ou à ma verve, lecteur bienveillant, reçois ici le légitime hommage de ma gratitude.

LIBER QUINTUS.

ELEGIA PRIMA.

ARGUMENTUM.

Mittens Romam e Scythia ultimum librum Ovidius, sui studiosos monet, ut quatuor prioribus libellis hunc etiam addant, excusatque se non potuisse materiam aliam, quam tristem, rebusque miseris et perditis convenientem, sumere. Quod si in patriam revocetur, scripturum se jocosa et laeta profitetur; simulque veniam petit, si quid sit, quod lectorem offendat.

Hunc quoque de Getico, nostri studiose, libellum
  Litore praemissis quatuor adde meis.
Hic quoque talis erit, qualis fortuna poetae:
  Invenies toto carmine dulce nihil:
Flebilis ut noster status est, ita flebile carmen,
  Materiae scripto conveniente suae.
Integer et laetus, laeta et juvenilia lusi:
  Illa tamen nunc me composuisse piget.
Ut cecidi, subiti perago praeconia casus,
  Sumque argumenti conditor ipse mei;
Utque jacens ripa, deflere Caystrius ales
  Dicitur ore suam deficiente necem:

LIVRE CINQUIÈME.

ÉLÉGIE PREMIÈRE.

ARGUMENT.

A son lecteur. Il s'excuse de la tristesse empreinte dans ses vers : elle n'aura d'autre terme que ses maux : qu'on lui rende Rome, et sa gaîté renaîtra : jusque-là qui pourrait trouver mauvais qu'il se plaigne? Si ses vers ne sont pas bons, il n'en faut accuser que son séjour barbare : pour lui il n'y met pas d'amour-propre; il n'y cherche qu'une distraction.

C'est encore des rives gétiques, ô toi dont l'intérêt m'est si précieux, que je t'adresse ce livre : joins-le à mes quatre premiers. Celui-ci encore portera l'empreinte de ma destinée : aucune de ses pièces ne t'offrira rien de gracieux : ma position est lugubre; lugubre est ma poésie, et le ton y est en harmonie avec le sujet. Heureux et gai, la gaîté, la jeunesse respiraient dans mes jeux, qu'aujourd'hui je regrette, hélas! amèrement : depuis ma chute, je ne chante plus que ma soudaine catastrophe, et suis moi-même à la fois le poète et le héros. Comme, étendu sur la rive, l'oiseau du Caystre pleure, dit-on, sa mort d'une voix défaillante : de même, jeté bien loin sur les rives sarmates, je célèbre par des chants mes funérailles.

Sic ego, Sarmaticas longe projectus in oras,
　Efficio tacitum ne mihi funus eat.
Delicias si quis, lascivaque carmina quærit,
　Præmoneo, nunquam scripta quod ista legat.
Aptior huic Gallus, blandique Propertius oris;
　Aptior, ingenium come, Tibullus erit.
Atque utinam numero ne nos essemus in isto!
　Heu mihi! cur unquam Musa jocata mea est?
Sed dedimus pœnas : Scythicique in finibus Istri
　Ille pharetrati lusor Amoris abest.
Quod superest, animos ad publica carmina flexi,
　Et memores jussi nominis esse sui.
Si tamen e vobis aliquis, tam multa, requiret,
　Unde dolenda canam : multa dolenda tuli.
Non hæc ingenio, non hæc componimus arte :
　Materia est propriis ingeniosa malis.
Et quota fortunæ pars est in carmine nostræ?
　Felix, qui patitur, quæ numerare valet!
Quot frutices silvæ, quot flavus Tybris arenas,
　Mollia quot Martis gramina campus habet;
Tot mala pertulimus : quorum medicina quiesque
　Nulla, nisi in studio, Pieridumque mora est.
Quis tibi, Naso, modus lacrymosi carminis? inquis.
　Idem, fortunæ qui modus hujus erit.
Quod querar, illa mihi pleno de fonte ministrat:
　Nec mea sunt, fati verba sed ista mei.
At mihi si cara patriam cum conjuge reddas,
　Sint vultus hilares, simque quod ante fui;
Lenior invicti si sit mihi Cæsaris ira,
　Carmina lætitiæ jam tibi plena dabo.

Cherche-t-on des images voluptueuses, des vers érotiques, j'en préviens ici, qu'on ne lise pas ces élégies : Gallus conviendra mieux, ou Properce, au langage plein de douceur, ou Tibulle, cet esprit délicat. Ah! puissé-je n'avoir pas moi-même été compté parmi ces poètes! Hélas! pourquoi ma muse fut-elle jamais folâtre! Mais j'expiai ma faute : la Scythie et le Danube voient confiné sur leurs bords ce chantre de l'Amour au carquois redoutable. Pour dernière ressource, j'ai consacré ma veine à des sujets qui pussent supporter le grand jour, et je lui recommandai de ne pas oublier le nom qu'elle porte. Si pourtant on demande pourquoi de si tristes refrains : c'est que j'ai subi de bien tristes épreuves. Ce n'est pas ici une œuvre d'inspiration ou d'art; mon esprit s'inspire de mes propres malheurs, et mes vers n'en esquissent qu'une faible partie. Heureux le mortel qui peut compter les maux qu'il endure! Autant il est de broussailles dans les forêts, de grains de sable dans le Tibre, d'herbes tendres dans le champ de Mars, autant j'ai supporté de maux, et je n'y trouve de rémède, de relâche, que dans l'étude et dans la société des muses.

« Quel terme, cher Ovide, vas-tu dire, auront donc tes lamentations?» — Pas d'autre que mes infortunes. Elles sont pour moi une source intarissable de plaintes : ce n'est pas moi qui parle, c'est ma destinée même. Rends-moi à ma patrie, à mon épouse chérie; que la sérénité renaisse sur mon front; que je sois tel que je fus jadis; que le courroux de l'invincible César s'adoucisse à mon égard, et mes vers seront pleins d'allégresse. Mais ma veine se gardera bien de folâtrer comme au

Nec tamen ut lusit, rursus mea litera ludet:
   Sit semel illa meo luxuriata malo.
Quod probet ipse, canam: poenae modo parte levata,
   Barbariem, rigidos effugiamque Getas.
Interea nostri quid agant, nisi triste, libelli?
   Tibia funeribus convenit ista meis.
At poteras, inquis, melius mala ferre silendo,
   Et tacitus casus dissimulare tuos.
Exigis, ut nulli gemitus tormenta sequantur;
   Acceptoque gravi vulnere flere vetas.
Ipse Perilleo Phalaris permisit in aere
   Edere mugitus, et bovis ore queri:
Quum Priami lacrymis offensus non sit Achilles,
   Tu fletus inhibes, durior hoste, meos:
Quum faceret Nioben orbam Latoia proles,
   Non tamen et siccas jussit habere genas.
Est aliquid, fatale malum per verba levari:
   Hoc querulam Procnen Halcyonenque facit:
Hoc erat, in gelido quare Paeantius antro
   Voce fatigaret Lemnia saxa sua.
Strangulat inclusus dolor, atque exaestuat intus;
   Cogitur et vires multiplicare suas.
Da veniam potius, vel totos tolle libellos,
   Hoc, mihi quod prodest, si tibi, lector, obest.
Sed neque obesse potest: ulli nec scripta fuerunt
   Nostra, nisi auctori perniciosa suo.
At mala sunt. — Fateor: quis te mala sumere cogit?
   Aut quis deceptum ponere sumta vetat?
Ipse nec emendo; sed, ut hic deducta, legantur:
   Non sunt illa suo barbariora loco:

temps passé : c'est assez de s'être une fois débauchée pour mon malheur. César même applaudira à mes chants : puisse-t-il seulement alléger une partie de ma peine, me permettre de fuir un pays barbare et les Gètes cruels ! En attendant, quel autre sujet que la tristesse peut inspirer mes vers ? ce ton lugubre convient seul à mes funérailles.

« Tu aurais, dis-tu, meilleure grâce à taire tes souffrances, à déguiser tes maux par ton silence. » — C'est exiger qu'on ne pousse aucun soupir dans les tortures ; c'est empêcher de pleurer en recevant une blessure cruelle. Phalaris même permit à ses victimes de mugir dans l'airain de Pérille, et le taureau rendait leurs plaintes : Achille ne s'offensa pas des larmes de Priam : et toi, plus cruel qu'un ennemi, tu étouffes mes pleurs ! Lorsque les enfans de Latone privèrent Niobé de sa postérité, ils permirent à ses joues de se tremper de pleurs. Il est doux, dans un tourment inévitable, de se soulager par des plaintes : c'est pour cela qu'on entend gémir Procné, Halcyone : c'est pour cela que, dans son antre glacé, le fils de Péan fatiguait de ses cris les rochers de Lemnos. Une douleur concentrée nous étouffe, bouillonne dans notre sein, et redouble inévitablement de violence. Sois donc plus indulgent, ou jette là mes ouvrages, si ce qui fait mon bonheur à moi, fait ton malheur : mais comment en serait-il ainsi ? mes écrits ne firent jamais que celui de leur auteur.

« Mais ils sont mauvais. » — D'accord ; eh ! qui te force à lire de mauvais vers ? ou, si tu les lis, et que ton attente soit déçue, qui t'empêche de les laisser là ? Je ne les corrige pas ; mais qu'on songe en les lisant que c'est ici

Nec me Roma suis debet conferre poetis :
   Inter Sauromatas ingeniosus ero.
Denique nulla mihi captatur gloria, quæque
   Ingenio stimulos subdere fama solet :
Nolumus adsiduis animum tabescere curis :
   Quæ tamen irrumpunt, quoque vetantur, eunt.

Cur scribam, docui: cur mittam, quæritis, istos?
   Vobiscum cupiam quolibet esse modo.

qu'ils ont été faits : ils ne sont pas plus barbares que la contrée où ils virent le jour. Rome ne doit pas mé comparer avec ses poètes; mais parmi des Sarmates je serai un génie. Enfin, je ne cherche ici ni la gloire ni la renommée, cet aiguillon de l'esprit: je veux empêcher mon âme de languir au sein d'éternels soucis, qui, en dépit de moi, s'y font jour et franchissent la barrière que je leur oppose.

J'ai dit ce qui m'engage à écrire : voulez-vous savoir pourquoi je vous adresse mes ouvrages? je veux être du moins ainsi au milieu de vous.

ELEGIA SECUNDA.

ARGUMENTUM.

Ad uxorem scribens, dicit se corpore bene valere, quamvis mente langueat; ostenditque dolorem eumdem esse, qui primo fuit, quum relegatus sit ab Augusto. Postea commemorat incommoda, quibus sine fine conficitur: et quandoquidem levis sit exsilii causa, et magna Caesaris clementia, pro marito roget, hortatur; nec ullam sibi spem relictam, quam Augusti clementiam.

Ecquid, ut e Ponto nova venit epistola, palles,
   Et tibi sollicita solvitur illa manu?
Pone metum: valeo; corpusque, quod ante laborum
   Impatiens nobis invalidumque fuit,
Sufficit, atque ipso vexatum induruit usu.
   An magis infirmo non vacat esse mihi?
Mens tamen aegra jacet, nec tempore robora sumsit;
   Adfectusque animi, qui fuit ante, manet;
Quaeque mora, spatioque suo coitura putavi
   Vulnera, non aliter, quam modo facta, dolent.
Scilicet exiguis prodest annosa vetustas;
   Grandibus accedunt tempore damna malis.
Paene decem totis aluit Paeantius annis
   Pestiferum tumido vulnus ab angue datum.
Telephus aeterna consumtus tabe perisset,
   Si non, quae nocuit, dextra tulisset opem.

ÉLÉGIE DEUXIÈME.

ARGUMENT.

A sa femme. Son corps semble s'être endurci à ses souffrances, mais son esprit est toujours malade : il expose la multitude de ses maux : mais Auguste fut toujours clément : il faut l'aborder : lui-même, il lui adresse la parole pour tâcher de le désarmer.

Pourquoi, à l'aspect d'une lettre nouvelle, arrivée du Pont, subitement pâlir? Pourquoi l'ouvrir d'une main tremblante? Rassure-toi : je ne suis pas malade; cette santé jadis incompatible avec les fatigues, cette santé si délicate se soutient, et s'est affermie par l'habitude même de ses souffrances, ou peut-être suis-je parvenu au dernier période de faiblesse. Cependant mon esprit est malade et languissant; le temps ne l'a pu fortifier; mon âme est sous le poids des mêmes impressions qu'autrefois; et ces blessures qu'à la longue et après un intervalle suffisant je croyais voir se cicatriser, sont aussi douloureuses que lorsqu'elles étaient toutes fraîches. C'est que les années peuvent bien adoucir des chagrins légers; mais les grandes afflictions ne font qu'empirer avec le temps. Le fils de Péan nourrit près de dix ans la plaie envenimée par le sang de l'hydre. Télèphe eût péri con-

Et mea, si facinus nullum commisimus, opto,
  Vulnera qui fecit, facta levare velit:
Contentusque mei jam tandem parte laboris,
  Exiguum pleno de mare demat aquæ.
Detrahat ut multum, multum restabit acerbi;
  Parsque meæ pœnæ totius instar erit.
Litora quot conchas, quot amœna rosaria flores,
  Quotve soporiferum grana papaver habet;
Silva feras quot alit, quot piscibus unda natatur;
  Quot tenerum pennis aera pulsat avis;
Tot premor adversis; quæ si comprendere coner,
  Icariæ numerum dicere coner aquæ.
Utque viæ casus, ut amara pericula ponti,
  Ut taceam strictas in mea fata manus;
Barbara me tellus, orbisque novissima magni
  Sustinet; et sævo cinctus ab hoste locus.

Hinc ego trajicerer (neque enim mea culpa cruenta est),
  Esset, quæ debet, si tibi cura mei.
Ille Deus, bene quo Romana potentia nixa est,
  Sæpe suo victor lenis in hoste fuit.
Quid dubitas? quid tuta times? accede, rogaque:
  Cæsare nil ingens mitius orbis habet.

Me miserum! quid agam, si proxima quæque relinquunt?
  Subtrahis effracto tu quoque colla jugo?
Quo ferar? unde petam lapsis solatia rebus?
  Anchora jam nostram non tenet ulla ratem.
Viderit; ipse sacram, quamvis invisus, ad aram

sumé par un incurable ulcère, si la main, cause de son mal, ne lui en eût offert le remède. Puisse également, si je ne fus point criminel, puisse celui qui me blessa, daigner soulager ma blessure ! puisse-t-il enfin, satisfait de ce que j'ai déjà souffert, ôter une seule goutte de cet océan d'amertume ! quand il en enlèverait une grande partie, celle qui resterait serait bien grande encore : la moindre portion de mes supplices est un supplice tout entier. Autant on voit de coquillages au bord de la mer, de fleurs dans les parterres émaillés, de graines dans le pavot soporifique, autant la forêt nourrit de bêtes, autant il nage de poissons dans les eaux, autant il y a d'oiseaux qui frappent l'air de leurs ailes : autant il pèse sur moi d'infortunes : vouloir les compter, c'est vouloir compter les flots de la mer Icarienne. Sans parler des accidens du voyage, des dangers cruels de la navigation, des bras levés pour me perdre, une contrée barbare, et la dernière de cet immense continent, séjour entouré d'impitoyables ennemis, voilà ma demeure.

Je pourrais être transféré en d'autres lieux, car ma faute ne fut point ensanglantée, si tu prenais mes intérêts aussi vivement que tu le dois. Ce dieu, l'heureux soutien de la grandeur romaine, fut souvent dans la victoire indulgent envers ses ennemis. Pourquoi balancer? pourquoi craindre ce qui n'offre aucun péril? Ose l'aborder, le supplier : dans l'étendue de l'univers, il n'est pas de clémence égale à celle de César.

O comble de disgrâce! que faire, si mes proches même m'abandonnent, si toi aussi tu brises le joug pour t'y soustraire? Où porter mes pas? où chercher un adoucissement à ma détresse? Ma barque n'a plus d'ancre qui la puisse retenir. N'importe, je me réfugierai moi-même,

Confugiam : nullas submovet ara manus.
Adloquor en absens præsentia numina supplex,
  Si fas est homini cum Jove posse loqui.

Arbiter imperii, quo certum est sospite cunctos
  Ausoniæ curam gentis habere Deos;
O decus, o patriæ per te florentis imago;
  O vir non ipso, quem regis, orbe minor;
Sic habites terras! sic te desideret æther!
  Sic ad pacta tibi sidera tardus eas!
Parce, precor; minimamque tuo de fulmine partem
  Deme : satis pœnæ, quod superabit, erit.
Ira quidem moderata tua est, vitamque dedisti;
  Nec mihi jus civis, nec mihi nomen abest;
Nec mea concessa est aliis fortuna; nec exsul
  Edicti verbis nominor ipse tui.
Omniaque hæc timui, quia me meruisse videbam;
  Sed tua peccato lenior ira meo est.
Arva relegatum jussisti visere Ponti,
  Et Scythicum profuga findere puppe fretum.
Jussus, ad Euxini deformia litora veni
  Æquoris : hæc gelido terra sub axe jacet.
Nec me tam cruciat nunquam sine frigore cœlum,
  Glebaque canenti semper obusta gelu,
Nesciaque est vocis quod barbara lingua Latinæ,
  Graiaque quod Getico victa loquela sono,
Quam quod finitimo cinctus premor undique Marte,
  Vixque brevis tutum murus ab hoste facit.
Pax tamen interdum, pacis fiducia nunquam est:
  Sic nunc hic patitur, nunc timet arma, locus.

en dépit de sa haine, au pied de son autel sacré : aucun autel ne repousse des mains suppliantes. De ce séjour lointain je vais adresser mes prières à ce dieu puissant, s'il est permis à un simple mortel de s'adresser à Jupiter.

« Arbitre de cet empire, toi dont la conservation est un gage de l'intérêt que prend l'Olympe à l'Ausonie; honneur, image de la patrie qui te doit son bonheur; héros, dont la grandeur égale celle du monde soumis à tes lois, puisse la terre te conserver! puisse le ciel t'envier à la terre! puisses-tu bien tard aller prendre parmi les astres la place qui t'est assignée! Épargne, épargne ta victime; adoucis le coup dont ta foudre m'a frappé : assez grand encore sera mon supplice. Ton courroux fut modéré; tu m'as fait grâce de la vie : ni les droits, ni le titre de citoyen ne m'ont été enlevés; tu n'as pas accordé à d'autres mon patrimoine : le nom d'exilé ne m'est pas donné dans ton édit. Je redoutais tous ces châtimens, parce que je m'en reconnaissais digne; mais ton courroux fut plus modéré que ma faute. Tu me reléguas dans le Pont; tu me condamnas à sillonner de ma poupe fugitive la mer de Scythie. J'obéis; je parvins aux tristes rivages du Pont-Euxin, région située sous les glaces du pôle. Ce qui fait mon tourment, c'est moins encore le froid éternel de cette atmosphère, cette terre desséchée par les blancs frimas, ce jargon barbare auquel la langue latine est inconnue, grec altéré où le gète domine, que cette ceinture de peuples limitrophes qui nous pressent de leurs armes, que ce faible mur qui a peine à nous garantir de l'ennemi. On a quelquefois la paix; jamais on n'y peut avoir pleine confiance : ainsi cette contrée est sans cesse, ou craint d'être le théâtre de la guerre.

Hinc ego dum muter, vel me Zanclæa Charybdis
  Devoret, aque suis ad Styga mittat aquis;
Vel rapidæ flammis urar patienter in Ætnæ;
  Vel freta Leucadii mittar in alta Dei!
Quod petitur, pœna est : neque enim miser esse recuso;
  Sed precor, ut possim tutius esse miser.

« Ah ! puissé-je changer de séjour, dût Charybde m'engloutir près de Zancle, et de ses eaux me précipiter dans celles du Styx; dût l'Etna me consumer, victime résignée, dans ses laves brûlantes ; dussé-je être précipité du haut du rocher dans la mer du dieu de Leucade ! La faveur que j'implore est encore un châtiment : car je ne me refuse pas à l'infortune : je demande pour toute grâce une infortune sans péril. »

ELEGIA TERTIA.

ARGUMENTUM.

Queritur Ovidius, quod quum Bacchi festum celebretur, sibi una cum ceteris poetis Romae esse non liceat, ut antea solebat: miraturque illum sibi uni ex ejus cultoribus non opem tulisse. Denum illum, studiique consortes poetas precatur, ut a Caesare reditum impetrent.

Illa dies haec est, qua te celebrare poetae
  (Si modo non fallunt tempora), Bacche, solent;
Festaque odoratis innectunt tempora sertis,
  Et dicunt laudes ad tua vina tuas.
Inter quos memini, dum me mea fata sinebant,
  Non invisa tibi pars ego saepe fui;
Quem nunc subpositum stellis Cynosuridos Ursae
  Juncta tenet crudis Sarmatis ora Getis:
Quique prius mollem vacuamque laboribus egi
  In studiis vitam, Pieridumque choro;
Nunc procul a patria, Geticis circumsonor armis,
  Multa prius pelago, multaque passus humo.
Sive mihi casus, sive hoc dedit ira Deorum,
  Nubila nascenti seu mihi Parca fuit,
Tu tamen, e sacris hederae cultoribus unum
  Numine debueras sustinuisse tuo.
An, dominae fati, quidquid cecinere sorores,
  Omne sub arbitrio desinit esse Dei?

ÉLÉGIE TROISIÈME.

ARGUMENT.

Aux poètes ses amis. Il se plaint de ne pouvoir célébrer à Rome le jour consacré à Bacchus : il compare les travaux de ce dieu avec ses propres maux : il implore son assistance : enfin il demande un souvenir aux poètes ses confrères.

Voici le jour solennel où, si mon calcul ne m'a pas trompé, les poètes célèbrent chaque année ta fête, ô Bacchus ; le jour où ils ceignent leurs fronts de guirlandes parfumées et chantent tes louanges au milieu des coupes. Parmi eux, il m'en souvient, quand ma destinée le permit, je figurai souvent sans te déplaire ; et maintenant, sous l'astre de Cynosure, j'habite la Sarmatie, voisine des Gètes cruels. Moi qui coulai jadis une vie douce et sans fatigue au sein de l'étude et du chœur des Muses, maintenant, éloigné de ma patrie, j'entends autour de moi retentir les armes des Gètes, après avoir souffert mille maux sur mer et sur terre. Que ce soit un effet du hasard, ou du courroux des dieux, ou de la sombre Parque qui présida à ma naissance, tu devais à un mortel qui se consacra au culte du lierre, ta protection et ton appui. Les décrets des Sœurs arbitres de nos destinées sont-ils donc, sans réserve, hors du domaine des dieux ?

Ipse quoque æthereas meritis invectus es arces,
  Qua non exiguo facta labore via est:
Nec patria est habitata tibi; sed ad usque nivosum
  Strymona venisti, Marticolamque Geten,
Persidaque, et lato spatiantem flumine Gangen,
  Et quascumque bibit discolor Indus aquas:
Scilicet, hanc legem, nentes fatalia Parcæ
  Stamina, bis genito bis cecinere tibi.
Me quoque, si fas est exemplis ire Deorum,
  Ferrea sors vitæ difficilisque premit;
Illo nec levius cecidi, quem magna locutum
  Reppulit a Thebis Jupiter igne suo.
Ut tamen audîsti percussum fulmine vatem,
  Admonitu matris condoluisse potes.
Et potes, adspiciens circum tua sacra poetas,
  Nescio quis nostri, dicere, cultor abest.
Fer, bone Liber, opem : sic altam degravet ulmum
  Vitis, et incluso plena sit uva mero!
Sic tibi cum Bacchis Satyrorum gnava juventus
  Adsit, et adtonito non taceare sono!
Ossa bipenniferi sic sint male pressa Lycurgi,
  Impia nec pœna Pentheos umbra vacet.
Sic micet æternum, vicinaque sidera vincat,
  Conjugis in cœlo Cressa Corona tuæ.

Huc ades, et casus releves, pulcherrime, nostros,
  Unum de numero me memor esse tuo.
Sunt Dîs inter se commercia : flectere tentâ
  Cæsareum numen numine, Bacche, tuo.
Vos quoque, consortes studii, pia turba, poetæ,

Toi aussi tu t'es élevé par tes vertus jusqu'aux célestes demeures, et de pénibles travaux t'en ont frayé la route: tu n'as pas paisiblement habité ta patrie; tu as pénétré jusqu'au Strymon glacé, jusque parmi les Gètes belliqueux, au sein de la Perse et près du large et spacieux Gange, et des autres fleuves où se désaltère l'Indien basané : tel était l'arrêt que les Parques, chargées de filer la trame fatale, avaient deux fois porté à ta double naissance. De même, s'il est permis de se comparer avec les dieux, une inflexible et bien cruelle destinée pèse sur moi; et ma chute fut aussi violente que celle de ce mortel plein de jactance dont Jupiter délivra Thèbes par un trait de sa flamme. Cependant, en apprenant qu'un poète avait été foudroyé, le souvenir de ta mère dut t'y rendre sensible. Tu dois aussi, en jetant les yeux sur les poètes qui célèbrent les mystères, tu dois dire : « Il manque ici un de mes adorateurs. »

Sois-moi propice, ô Bacchus, viens à mon secours : puisse à ce prix le sommet des ormeaux se charger de grappes! puisse le raisin se gonfler d'un jus précieux! puisse un essaim d'agiles Satyres et de Bacchantes former ton cortège, et puissent-ils dans leur délire faire au loin retentir ton nom! puissent les os de Lycurgue à la hache impie gémir douloureusement froissés, et l'ombre sacrilège de Penthée subir un éternel tourment! puisse à jamais briller au ciel et éclipser les astres voisins, la couronne de la princesse de Crète, ton épouse!

Viens, ô le plus beau des dieux, viens adoucir mes peines; souviens-toi d'un poète fidèle à ton culte. Les dieux ont entre eux d'amicales relations : que ta divinité essaye de fléchir celle de César.

Et vous, comme moi, nourrissons du Parnasse,

Hæc eadem sumto quisque rogate mero;
Atque aliquis vestrum, Nasonis nomine dicto,
　Deponat lacrymis pocula mista suis;
Admonitusque mei, quum circumspexerit omnes,
　Dicat : Ubi est nostri pars modo Naso chori?
Idque ita, si vestrum merui candore favorem,
　Nullaque judicio litera læsa meo est;
Si, veterum digne veneror quum scripta virorum,
　Proxima non illis esse minora reor.
Sic igitur dextro faciatis Apolline carmen!
　Quod licet, inter vos nomen habete meum.

poëtes, troupe fidèle, que chacun, le verre en main, forme les mêmes vœux ; que l'un de vous, au nom d'Ovide, dépose sa coupe mêlée de ses pleurs, et qu'à mon souvenir, promenant ses regards autour de lui, il dise : « Hélas ! où est Ovide, naguère l'un d'entre nous ? » Qu'il m'accorde ce regret, si j'ai par mon humeur inoffensive mérité votre tendresse, si je ne relevai jamais un seul mot par une critique amère ; si, en témoignant aux anciens le respect qui leur est dû, je ne mets pas au dessous d'eux les poëtes plus voisins de nous. Puisse à ce prix Apollon sourire à votre veine ! Conservez du moins, puisque c'est le seul bonheur qui me reste, conservez mon nom parmi vous.

ELEGIA QUARTA.

ARGUMENTUM.

Epistolam ab Euxino litore Romam venisse, coramque laudare amici fidem, inducit Ovidius. Eum postremo precatur, ut se constanter tueatur.

Litore ab Euxino Nasonis epistola veni,
  Lassaque facta mari, lassaque facta via.
Qui mihi flens dixit: Tu, cui licet, adspice Romam;
  Heu! quanto melior sors tua sorte mea!
Flens quoque me scripsit; nec, qua signabar, ad os est
  Ante, sed ad madidas gemma relata genas.
Tristitiae causam si quis cognoscere quaerit,
  Ostendi solem postulat ille sibi;
Nec frondem in silvis, nec aperto mollia prato
  Gramina, nec pleno flumine cernit aquas;
Quid Priamus doleat, mirabitur, Hectore rapto;
  Quidve Philoctetes ictus ab angue gemat.
Di facerent utinam, talis status esset in illo,
  Ut non tristitiae causa dolenda foret!
Fert tamen, ut debet, casus patienter amaros;
  More nec indomiti fraena recusat equi;
Nec fore perpetuam sperat sibi numinis iram,

ÉLÉGIE QUATRIÈME.

ARGUMENT.

A un ami. Ovide fait parler sa lettre, qui expose sa tristesse et ses maux : il a toujours quelque espoir en la bonté d'Auguste : il regrette son fidèle ami, lui rend grâces de son attachement, et le prie de ne pas l'abandonner.

Tracée par la main d'Ovide, j'arrive des bords du Pont-Euxin, épuisée par les fatigues de la mer, par celles du voyage. Il me dit en pleurant : « Va, tu le peux du moins, va contempler Rome : ah ! combien ta destinée est plus fortunée que la mienne ! » Il pleurait aussi en m'écrivant, et pour me sceller, ce n'est point à sa bouche, c'est à ses joues humides qu'il porta le cachet. M'interroger sur la cause de sa tristesse, c'est demander à voir le soleil ; c'est ne pas apercevoir de feuilles dans une forêt, de tendre verdure dans une vaste prairie, de flots dans un large fleuve ; c'est s'étonner de la douleur de Priam à la perte d'Hector, des gémissemens de Philoctète atteint du venin de l'hydre.

Plût aux dieux qu'Ovide pût ne pas avoir un triste sujet de s'affliger ! Toutefois il supporte, comme il le doit, avec résignation l'amertume de son sort, et n'imite pas l'indocilité du coursier rebelle au frein : il espère que le courroux du dieu ne sera pas éternel, parce que

Conscius in culpa non scelus esse sua.
Sæpe refert, sit quanta Dei clementia; cujus
    Se quoque in exemplis adnumerare solet:
Nam quod opes teneat patrias, quod nomina civis,
    Denique quod vivat, munus habere Dei.
Te tamen, o! si quid credis mihi, carior, ille,
    Omnibus, in toto pectore semper habet;
Teque Menœtiaden, te qui comitavit Oresten,
    Te vocat Ægiden, Euryalumque suum;
Nec patriam magis ille suam desiderat, et quæ
    Plurima cùm patria sentit abesse sua,
Quam vultus, oculosque tuos, o dulcior illo
    Melle, quod in ceris Attica ponit apis.
Sæpe etiam mœrens tempus reminiscitur illud,
    Quod non præventum morte fuisse dolet :
Quumque alii fugerent subitæ contagia cladis,
    Nec vellent ictæ limen adire domus,
Te sibi cum paucis meminit mansisse fidelem,
    Si paucos aliquis tresve duosve vocat.
Quamvis adtonitus, sensit tamen omnia; nec te
    Se minus adversis indoluisse suis.
Verba solet, vultumque tuum, gemitusque referre,
    Et te flente, suos emaduisse sinus;
Quam sibi præstiteris, qua consolatus amicum
    Sis ope, solandus quum simul ipse fores.
Pro quibus adfirmat fore se memoremque piumque,
    Sive diem videat, sive tegatur humo,
Per caput ipse suum solitus jurare, tuumque,
    Quod scio non illi vilius esse suo.
Plena tot ac tantis referetur gratia factis;

sa conscience lui dit qu'il fut coupable sans être criminel. Souvent il se retrace la clémence infinie de ce dieu, et se plaît à rappeler entre mille son propre exemple ; que, s'il a conservé son patrimoine, le titre de citoyen, l'existence enfin, c'est un bienfait de sa divinité.

Pour toi, ô le plus cher de ses amis, si tu as en moi quelque créance, il te porte au fond de son cœur, te compare au fils de Ménétius, au compagnon d'Oreste, au fils d'Égée ; il t'appelle son Euryale. Il ne regrette pas plus vivement la perte de sa patrie, et les nombreux objets dont, avec sa patrie, la privation l'afflige, que le bonheur de contempler tes traits, de lire dans tes regards, ô toi qu'à peine égale en douceur le miel que dans ses rayons dépose l'abeille attique !

Souvent aussi dans son désespoir il se rappelle cette époque, qu'il regrette que sa mort n'ait pas devancée : tous fuyaient comme un fléau contagieux sa soudaine disgrâce, et craignaient de mettre le pied sur le seuil de cette maison foudroyée : tu lui restas fidèle, il s'en souvient, avec un petit nombre d'amis, si l'on appelle un petit nombre deux ou trois personnes. Malgré sa consternation, rien ne lui échappa : il te vit aussi sensible que lui-même à ses propres malheurs. Souvent il se retrace tes discours, ta contenance, et tes soupirs, et ces pleurs que tu répandis dans son sein, ton obligeance empressée, tes efforts pour consoler un ami, quand tu avais toi-même besoin de consolation. Il t'a voué pour tant de soins une reconnaissance, une tendresse éternelle, soit qu'il voie le jour, soit que la terre recouvre son corps ; il en fait le serment par sa tête, par la tienne, qui, je le sais, n'est pas à ses yeux moins précieuse que la sienne même. Une gratitude sans bornes sera le prix

Nec sinet ille tuos litus arare boves.
Fac modo constanter profugum tueare : quod ille,
 Qui bene te novit, non rogat, ipsa rogo.

de tant de dévoûment, et tes bœufs n'auront pas sillonné un sable stérile. Accorde seulement au pauvre exilé une protection persévérante : cette prière, il te connaît trop bien pour te l'adresser : c'est moi qui pour lui te l'adresse.

ELEGIA QUINTA.

ARGUMENTUM.

Seipsum hortatur ad celebrandum uxoris natalem, pro qua bene precatur, diemque laudat, qui eam elegantissimis moribus in lucem protulit : et quamvis digna esset feliciori fortuna, eam tamen hortatur, ut omnia aequo animo ferat; si quidem ejus virtus, non nisi in adversis perspici possit. Demum Deos precatur, ut. si nolint sibi parcere, saltem uxori innocenti ignoscant.

Annuus adsuetum dominae natalis honorem
    Exigit : ite manus ad pia sacra meae.
Sic quondam, festum Laertius egerit heros
    Forsan in extremo conjugis orbe diem.
Lingua favens adsit, longorum oblita malorum,
    Quae, puto, dedidicit jam bona verba loqui;
Quaeque semel toto vestis mihi sumitur anno,
    Sumatur fatis discolor alba meis;
Araque gramineo viridis de cespite fiat;
    Et velet tepidos nexa corona focos.
Da mihi tura, puer, pingues facientia flammas,
    Quodque pio fusum stridat in igne merum.
Optime natalis, quamvis procul absumus, opto
    Candidus huc venias, dissimilisque meo;
Sique quod instabat dominae miserabile vulnus,
    Sit perfuncta meis tempus in omne malis;

ÉLÉGIE CINQUIÈME.

ARGUMENT.

A sa femme. Pour fêter la naissance de son épouse, il fait un sacrifice qu'il accompagne de ses vœux : il chante ses louanges et plaint son sort : mais sa constance à le supporter la rendra célèbre : enfin il implore sa grâce d'Auguste par pitié pour sa femme.

L'anniversaire de la naissance d'une épouse chérie réclame le tribut de mon solennel hommage : prépare, ô ma main, de pieux sacrifices. Ainsi jadis le héros fils de Laërte aura célébré peut-être à l'extrémité de l'univers la fête de son épouse. Que ma bouche ne profère rien de sinistre; qu'elle oublie mes longues infortunes : hélas! sait-elle encore prononcer des paroles de bonheur? Revêtons cette robe, que je ne revêts qu'une seule fois dans tout le cours de l'année, cette robe dont la blancheur contraste avec ma sombre destinée. Élevons un autel d'un vert gazon, et tressons des guirlandes pour orner le foyer brûlant. Esclave, apporte l'encens qui se consume avec une épaisse fumée, et le vin généreux qui pétille répandu sur le brasier du sacrifice. Anniversaire chéri, du fond de mon exil, je souhaite que tu te lèves pur et serein, et différent du jour qui me vit naître. Si quelque chagrin funeste menaçait mon épouse, puis-

Quæque gravi nuper plus quam quassata procella est,
  Quod superest, tutum per mare navis eat;
Illa domo, nataque sua, patriaque fruatur;
  Erepta hæc uni sit satis esse mihi;
Quatenus et non est in caro conjuge felix,
  Pars vitæ tristi cetera nube vacet:
Vivat, ametque virum, quoniam sic cogitur, absens;
  Consummetque annos, sed diuturna, suos,
Adjicerem et nostros; sed ne contagia fati
  Corrumpant, timeo, quos agit ipsa, mei.

Nil homini certum est: fieri quis posse putaret,
  Ut facerem in mediis hæc ego sacra Getis?
Adspice, ut aura tamen fumos e ture coortos
  In partes Italas, et loca dextra ferat.
Sensus inest igitur nebulis, quas exigit ignis!
  Consilio fugiunt æthera, Ponte, tuum:
Consilio, commune sacrum quum fiat in ara
  Fratribus, alterna qui periere manu,
Ipsa sibi discors, tanquam mandetur ab illis,
  Scinditur in partes atra favilla duas.
Hoc, memini, quondam fieri non posse loquebar,
  Et me Battiades judice falsus erat.
Omnia nunc credo, quum tu consultus ab Arcto
  Terga, vapor, dederis, Ausoniamque petas.
Hæc igitur lux est, quæ si non orta fuisset,
  Nulla fuit misero festa videnda mihi.
Edidit hæc mores illis heroisin æquos,
  Queis erat Eetion, Icariusque pater:
Nata pudicitia est, mores, probitasque, fidesque,

sent mes infortunes personnelles l'en affranchir à jamais!
Après avoir été presque submergée naguère par la plus
violente tempête, puisse-t-elle jouir en paix de ses pénates, de sa fille, de sa patrie! puisse-t-il suffire au destin de m'avoir ravi ses trésors! Si infortunée en ce qui
concerne son époux, puisse son existence être du reste
sans nuages; puisse-t-elle vivre, aimer son époux malgré
la distance qu'une dure loi met entre elle et lui! puisse-
t-elle ne voir terminer qu'après une longue suite d'années sa carrière, j'allais dire aussi la mienne, si je ne
craignais que, comme un fléau contagieux, ma destinée
ne lui fût funeste.

Rien de stable en ce monde : qui se fût imaginé que
je dusse célébrer cette fête au milieu des Gètes? Vois
cependant comme les vents emportent la fumée de l'encens vers l'Italie, lieux à mes vœux propices. Ils sont donc
doués de sentiment, ces nuages légers que produit la
flamme, et ce n'est pas par un effet du hasard qu'ils fuient
le Pont : non, ce ne fut point un effet du hasard, si, sur
l'autel du sacrifice commun célébré en l'honneur des deux
frères qui périrent par la main l'un de l'autre, on vit le
noir tourbillon se diviser, comme par leur ordre, en
deux colonnes distinctes. Il m'en souvient, je soutenais
le phénomène impossible; j'accusais d'imposture le fils
de Battus : aujourd'hui je crois tout, puisque, en t'ob-
servant, vapeur prophétique, je t'ai vue t'éloigner du
pôle glacé et te diriger vers l'Ausonie.

Le voilà donc ce jour, sans l'aurore duquel, dans mon
infortune, il ne serait pas de fête pour moi! Ce jour a
produit des vertus aussi sublimes que celles des héroïnes
filles d'Eétion et d'Icarius; ce jour vit éclore la pudeur,
la vertu, l'honneur, la fidélité; mais, au lieu de la joie,

At non sunt ista gaudia nata die,
Sed labor, et curae, fortunaque moribus impar;
Justaque de viduo paene querela toro.
Scilicet, adversis probitas exercita rebus,
Tristi materiam tempore laudis habet:
Si nihil infesti durus vidisset Ulysses,
Penelope felix, sed sine laude, foret:
Victor Echionias si vir penetrasset in arces,
Forsitan Evadnen vix sua nosset humus:
Quum Pelia tot sint genitae, cur nobilis una est?
Nupta fuit misero nempe quod una viro:
Effice, ut Iliacas tangat prior alter arenas:
Laodamia nihil cur referatur erit.
Et tua (quod mallem) pietas ignota maneret,
Implessent venti si mea vela sui.

Di tamen et Caesar Dîs accessure, sed olim,
Aequarint Pylios quum tua fata dies;
Non mihi, qui poenam fateor meruisse, sed illi
Parcite, quae, nullo digna dolore, dolet!

il ne vit éclore que la peine, les soucis, une destinée indigne d'une vertu si rare, et les légitimes regrets d'une couche presque veuve.

Mais quoi! l'honneur aux prises avec l'adversité trouve dans le malheur même une source de gloire : si l'infatigable Ulysse n'eût point essuyé de traverses, Pénélope eût été heureuse, mais sans renommée : si son époux eût pénétré vainqueur dans la citadelle fondée par Échion, peut-être Évadné serait-elle à peine connue dans sa patrie : parmi toutes les filles de Pélias, pourquoi une seule est-elle restée célèbre? c'est qu'une seule fut unie à un époux infortuné : qu'un autre aborde le premier aux rivages d'Ilion, pourquoi parlerait-on de Laodamie? Ta tendresse aussi, par un sort bien préférable pour moi, serait inconnue, si les mêmes zéphyrs avaient continué d'enfler mes voiles.

Cependant, dieux de l'Olympe, et toi, César, qui dois siéger parmi les dieux, mais alors seulement que tes jours égaleront ceux du vieillard de Pylos, ce n'est pas pour moi, car je me reconnais digne de mon châtiment, c'est pour elle que je vous demande grâce, pour elle qui, sans avoir mérité de souffrir, endure tant de souffrances!

ELEGIA SEXTA.

ARGUMENTUM.

Queritur se ab amico destitui : hortaturque illum, ut constanter in amicitia persistat, quam primo coluerat.

Tu quoque, nostrarum quondam fiducia rerum,
  Qui mihi confugium, qui mihi portus eras;
Tu modo suscepti causam dimittis amici,
  Officiique pium tam cito ponis onus?
Sarcina sum, fateor : quam si tu tempore duro
  Depositurus eras, non subeunda fuit.
Fluctibus in mediis navem, Palinure, relinquis?
  Ne fuge; neve tua sit minor arte fides.
Numquid Achilleos, inter fera proelia, fidi
  Deseruit levitas Automedontis equos?
Quem semel excepit, numquid Podalirius aegro
  Promissam medicae non tulit artis opem?
Turpius ejicitur, quam non admittitur hospes.
  Quae patuit, dextrae firma sit ara meae.
Nil nisi me solum primo tutatus es : at nunc
  Me pariter serva, judiciumque tuum,
Si modo non aliqua est in me nova culpa, tuamque
  Mutarunt subito crimina nostra fidem.

ÉLÉGIE SIXIÈME.

ARGUMENT.

A un ami. Ovide lui expose qu'en commençant à le protéger, il s'est par là même engagé à le faire jusqu'au bout : qu'il doit cet égard à ses malheurs nombreux.

Et toi aussi, antique appui de ma destinée, qui fus mon asile, mon unique port, tu abandonnes le patronage et la cause d'un ami, et tu rejettes si vite le pieux fardeau de la bienfaisance ! Le poids est accablant sans doute ; mais, pour le rejeter au jour du malheur, il valait mieux ne t'en pas charger. C'est au milieu de l'Océan que, nouveau Palinure, tu laisses mon navire ! Arrête, que ta fidélité ne reste pas au dessous de ton mérite. Vit-on par une coupable inconstance le fidèle Automédon abandonner au sein de la mêlée les coursiers d'Achille, ou Podalire entreprendre la cure d'un malade pour trahir sa promesse et lui refuser les secours de la médecine ? il y a plus de honte à chasser qu'à refuser un hôte. Ah ! puisse l'autel qui me reçut, ne pas crouler sous ma main !

Tu n'avais d'abord que moi seul à soutenir : mais aujourd'hui, avec moi, soutiens ton honneur, si je ne suis coupable d'aucune faute nouvelle, si mes crimes n'autorisent point un changement si soudain dans ta tendresse.

Spiritus hic, Scythica quem non bene ducimus aura,
    (Quod cupio!) membris exeat ante meis,
Quam tua delicto stringantur pectora nostro,
    Et videar merito vilior esse tibi.
Non adeo toti fatis urgemur iniquis,
    Ut mea sit longis mens quoque mota malis.
Finge tamen motam: quoties Agamemnone natum
    Dixisse in Pyladen verba proterva putas?
Nec procul a vero est, quod vel pulsarit amicum:
    Mansit in officiis non minus ille suis.
Hoc est cum miseris solum commune beatis,
    Ambobus tribui quod solet obsequium:
Ceditur et caecis, et quos praetexta verendos
    Virgaque cum verbis imperiosa facit.
Si mihi non parcis, fortunae parcere debes:
    Non habet in nobis ullius ira locum.
Elige nostrorum minimum minimumque laborum:
    Isto, quo reris, grandius illud erit.
Quam multa madidae celebrantur arundine fossae;
    Florida quam multas Hybla tuetur apes;
Quam multae gracili terrena sub horrea ferre
    Limite formicae grana reperta solent:
Tam me circumstant densorum turba malorum:
    Crede mihi, vero est nostra querela minor.
His qui contentus non est. in litus arenas,
    In segetem spicas, in mare fundat aquas.
Intempestivos igitur compesce timores,
    Vela nec in medio desere nostra mari.

Cette respiration, que gêne en moi l'atmosphère de la Scythie, abandonnerait (ah! j'en forme le vœu) ce corps débile, plutôt que je ne froisse ton cœur par ma coupable conduite, et que je ne paraisse mériter tes mépris! Je ne suis pas encore assez anéanti par mes disgrâces, pour que mon esprit soit égaré par mes longues calamités. Mais quand il le serait en effet, combien de fois le fils d'Agamemnon n'adressa-t-il pas à Pylade des paroles outrageantes? on peut même croire qu'il porta la main sur son ami : Pylade n'en resta pas moins fidèle à son dévoûment.

Le seul rapport qu'il y ait entre l'infortune et la prospérité, ce sont les égards que l'on témoigne à l'une et à l'autre : on cède le pas aux aveugles, et à ces mortels pour lesquels la prétexte, les faisceaux de verges et les paroles impérieuses commandent le respect. Si tu n'as pas de ménagemens pour ma personne, tu en dois à ma fortune : aucun mortel n'a sujet de se courroucer contre moi. Parmi mes angoisses, choisis la plus petite, la plus légère de toutes : elle passera encore tout ce que tu en peux imaginer. Autant on trouve de roseaux dans les marais humides, autant les fleurs de l'Hybla nourrissent d'abeilles, autant on voit de fourmis suivre un étroit sentier pour entasser dans leur magasin les grains qu'elles trouvent, aussi considérable est la multitude des maux qui m'assiègent : oui, mes plaintes sont au dessous de la réalité. Si quelqu'un n'en trouvait pas assez encore, qu'il répande du sable sur le rivage, des épis au milieu des moissons, de l'eau dans l'Océan. Calme donc des craintes mal fondées, et n'abandonne pas mon navire en pleine mer.

ELEGIA SEPTIMA.

ARGUMENTUM.

Amico quærenti quid ageret in Scythia, respondet breviter Ovidius se miserum esse. Postmodum Tomitanæ regionis incolarum mores describit. Deinde dicit, studiis poeticis animum detineri ac pasci, et se carminibus mala sua oblivisci.

Quam legis, ex illa tibi venit epistola terra,
 Latus ubi æquoreis additur Ister aquis.
Si tibi contingit cum dulci vita salute,
 Candida fortunæ pars manet una meæ.
Scilicet, ut semper, quid agam, carissime, quæris:
 Quamvis hoc vel me scire tacente potes:
Sum miser: hæc brevis est nostrorum summa malorum;
 Quisquis et offenso Cæsare vivet, erit.

Turba Tomitanæ quæ sit regionis, et inter
 Quos habitem mores, discere cura tibi est?

Mista sit hæc quamvis inter Graiosque, Getasque,
 A male pacatis plus trahit ora Getis:
Sarmaticæ major Geticæque frequentia gentis
 Per medias in equis itque reditque vias.
In quibus est nemo, qui non coryton, et arcum,

ÉLÉGIE SEPTIÈME.

ARGUMENT.

A un ami. Il fait la peinture des habitans de Tomes : il est sensible à la nouvelle du succès de ses vers à Rome, bien qu'il n'ait pas d'ambition à cet égard : il ne cherche dans la poésie, qui fit tout son malheur, qu'un adoucissement à ses peines.

La lettre que parcourent tes yeux, arrive de cette contrée où le large Ister mêle ses eaux à celles de la mer. Si tu conserves, avec la vie, une santé florissante, ma destinée n'est pas encore de tout point malheureuse.

Tu me demandes, cher ami, selon l'usage, ce que je deviens : tu pourrais le deviner, quand je garderais le silence : je suis malheureux; ce mot résume toutes mes infortunes; et tout homme qui vivra en butte au mécontentement de César, le sera comme moi.

Mais quel est ce peuple de Tomes! quelles sont ces mœurs au milieu desquelles je vis! es-tu curieux de l'apprendre?

La population est mêlée de Grecs et de Gètes, mais elle tient davantage des Gètes indomptés : on voit un plus grand nombre de Sarmates et de Gètes aller et venir à cheval par les chemins. Pas un qui n'ait son carquois, son arc, et ses flèches trempées dans le fiel de la vipère: un organe sauvage; une physionomie farouche; portraits

Telaque vipereo lurida felle gerat.
Vox fera; trux vultus; verissima Martis imago;
  Non coma, non ulla barba resecta manu;
Dextera non segnis fixo dare vulnera cultro,
  Quem vinctum lateri barbarus omnis habet.
Vivit in his, eheu! tenerorum oblitus amorum,
  Hos videt, hos vates audit, amice, tuus!
Atque utinam vivat, sed non moriatur in illis!
  Absit ab invisis et tamen umbra locis!

Carmina quod pleno saltari nostra theatro,
  Versibus et plaudi scribis, amice, meis:
Nil equidem feci (tu scis hoc ipse) theatris;
  Musa nec in plausus ambitiosa mea est.
Nec tamen ingratum est, quodcunque oblivia nostri
  Impedit, et profugi nomen in ora refert.
Quamvis interdum, quæ me læsisse recordor,
  Carmina devoveo, Pieridasque meas;
Quum bene devovi, nequeo tamen esse sine illis,
  Vulneribusque meis tela cruenta sequor.
Quæque modo Euboicis lacerata est fluctibus, audet
  Graia Caphaream currere puppis aquam.
Nec tamen ut lauder, vigilo, curamque futuri
  Nominis, utilius quod latuisset, ago:
Detineo studiis animum, falloque dolores;
  Experior curis et dare verba meis:
Quid potius faciam solis desertus in oris,
  Quamve malis aliam quærere coner opem?
Sive locum specto: locus est inamabilis, et quo
  Esse nihil toto tristius orbe potest;

vivans de Mars; leurs cheveux, leur barbe, ne furent jamais coupés; le bras toujours prompt à enfoncer le couteau meurtrier que tout Barbare porte attaché à sa ceinture.

Voilà ceux au milieu desquels, hélas! vit sans songer aux folâtres amours, ton infortuné poète; voilà les seuls êtres qu'il aperçoive, qu'il entende. Et puisse-t-il y vivre, mais non pas y mourir! puisse son ombre même être éloignée de ce séjour odieux!

Tu m'écris, ami, qu'en présence de nombreux spectateurs on accompagne mes poésies de danses légères, qu'on applaudit mes vers : ces pièces, tu le sais, je ne les écrivis pas pour le théâtre; ma muse n'en brigue pas les applaudissemens. Je n'en suis pas moins sensible à tout ce qui peut réveiller mon souvenir et rappeler le nom du pauvre exilé. Quelquefois pourtant, quand je songe aux maux que je leur dois, je maudis les vers et les Piérides; mais après les avoir bien maudites, je ne puis vivre sans elles; je cours après le trait ensanglanté par ma blessure, comme ce vaisseau grec déchiré par les flots de l'Eubée, qui ose braver encore les eaux de Capharée. Ce n'est pas la louange qui est le but de mes veilles, ni le soin d'éterniser mon nom : il m'eût été plus avantageux de rester inconnu : j'essaie de donner le change à mes soucis : quelle occupation préférable, dans mon isolement, au sein de ces déserts? Quel autre remède m'efforcerai-je de chercher à mes maux? Si j'envisage mon séjour : c'est un séjour odieux, et il n'en saurait être de plus triste dans tout l'univers; les hommes? ce sont des hommes à peine dignes de ce nom, et plus cruels que des loups féroces: aucun respect des lois; la force triomphe de l'équité, et

Sive homines : vix sunt homines hoc nomine digni,
 Quamque lupi, sævæ plus feritatis habent :
Non metuunt leges; sed cedit viribus æquum ;
 Victaque pugnaci jura sub ense jacent.
Pellibus, et laxis arcent male frigora braccis ;
 Oraque sunt longis horrida tecta comis.
In paucis remanent Graiæ vestigia linguæ :
 Hæc quoque jam Getico barbara facta sono.
Unus in hoc populo nemo est, qui forte Latine
 Quælibet e medio reddere verba queat.
Ille ego Romanus vates (ignoscite, Musæ)
 Sarmatico cogor plurima more loqui.
En (pudet et fateor), jam desuetudine longa
 Vix subeunt ipsi verba Latina mihi.
Nec dubito, quin sint et in hoc non pauca libello
 Barbara : non hominis culpa, sed ista loci.
Ne tamen Ausoniæ perdam commercia linguæ,
 Et fiat patrio vox mea muta sono ;
Ipse loquor mecum, desuetaque verba retracto,
 Et studii repeto signa sinistra mei.
Sic animum tempusque traho; meque ipse reduco
 A contemplatu submoveoque mali.
Carminibus quæro miserarum oblivia rerum :
 Præmia si studio consequor ista, sat est.

le glaive des combats terrasse la justice vaincue. Des peaux, de larges braies les préservent mal du froid ; de longs poils couvrent, hérissent leur figure. Un très-petit nombre conservent quelques traces de l'idiôme grec, encore est-il défiguré par l'accent gétique. Dans toute la population, il n'en est pas un seul capable d'exprimer en latin les idées les plus simples et les plus communes. Moi-même, poète romain, Muses, daignez me le pardonner, je suis souvent forcé de parler sarmate. Oui, je rougis de cet aveu, par l'effet d'une longue désuétude, à peine puis-je trouver les mots latins. Sans doute, il est aussi dans ce livre bon nombre d'expressions barbares : n'en accuse pas le poète, mais ce séjour seul. Cependant pour ne pas perdre l'habitude de la langue ausonienne, pour que ma bouche ne reste pas fermée à l'idiôme de ma patrie, je m'entretiens avec moi-même, j'articule des mots déjà étrangers pour moi, et je manie de nouveau les instrumens funestes de mes fatales études.

C'est ainsi que je traîne ma vie et mes journées, que je me distrais, que je m'arrache à la contemplation de mes souffrances. Je cherche dans la poésie l'oubli de mes infortunes : si je puis recueillir ce fruit de l'étude, je suis satisfait.

ELEGIA OCTAVA.

ARGUMENTUM.

Inimicum sibi insultantem monet, ut memor fortunæ variæ, minime lætetur, atque cogitet, idem quod ipsi, sibi quoque posse accidere.

Non adeo cecidi, quamvis dejectus, ut infra
 Te quoque sim, inferius quo nihil esse potest.
Quæ tibi res animos in me facit, improbe? curve
 Casibus insultas, quos potes ipse pati?
Nec mala te reddunt mitem, placidumve jacenti
 Nostra, quibus possint illacrymare feræ?
Nec metuis dubio Fortunæ stantis in orbe
 Numen, et exosæ verba superba Deæ?
Exiget ah! dignas ultrix Rhamnusia pœnas.
 Imposito calcas quid mea fata pede?
Vidi ego, navifragum qui riserat, æquore mergi;
 Et, Nunquam, dixi, justior unda fuit.
Vilia qui quondam miseris alimenta negarat,
 Nunc mendicato pascitur ipse cibo.
Passibus ambiguis fortuna volubilis errat,
 Et manet in nullo certa tenaxque loco;
Sed modo læta manet, vultus modo sumit acerbos;
 Et tantum constans in levitate sua est.

ÉLÉGIE HUITIÈME.

ARGUMENT.

A un ennemi. Il lui demande pourquoi tant d'acharnement contre un exilé : il l'avertit de redouter l'inconstance de la fortune : s'il est malheureux, il peut renaître un jour au bonheur, et le voir lui-même malheureux à son tour.

Je ne suis pas tellement déchu, malgré mon abaissement, que je sois encore plus bas que toi, au dessous duquel aucun être ne saurait descendre. Où puises-tu tant d'acharnement contre moi, cœur pervers ? pourquoi insulter à des malheurs auxquels tu es exposé toi-même! ne saurais-tu donc prendre des sentimens plus doux, plus bienveillans, en me voyant terrassé par des maux capables d'arracher des larmes aux bêtes farouches ? ne crains-tu pas le pouvoir de la Fortune debout sur sa roue mobile, et les décrets superbes de cette déesse jalouse? Oui, la Furie vengeresse honorée à Rhamnus saura te faire expier tes méfaits. Pourquoi fouler aux pieds mon malheur! J'en fus témoin, tel se riait d'un naufragé, qui bientôt fut englouti dans les flots : « Jamais, disais-je, l'onde ne fut plus équitable : » tel refusait à des malheureux de vils alimens, qui maintenant mendie le pain dont il se nourrit. La fortune volage erre d'une course incertaine : aucun lieu ne peut fixer l'inconstante. Tantôt elle se montre riante, et tantôt son front se rembrunit :

Nos quoque floruimus, sed flos erat ille caducus;
  Flammaque de stipula nostra, brevisque fuit.

Neve tamen tota capias fera gaudia mente,
  Non est placandi spes mihi nulla Dei,
Vel quia peccavi citra scelus, utque pudore
  Non caret, invidia sic mea culpa caret;
Vel quia nil ingens, ad finem solis ab ortu,
  Illo, cui paret, mitius orbis habet.
Scilicet, ut non est per vim superabilis ulli,
  Molle cor ad timidas sic habet ille preces;
Exemploque Deûm, quibus accessurus et ipse est,
  Cum pœnæ venia plura roganda petam.

Si numeres anno soles et nubila toto,
  Invenies nitidum sæpius isse diem.
Ergo, ne nostra nimium lætere ruina,
  Restitui quondam me quoque posse puta;
Posse puta fieri, lenito principe, vultus
  Ut videas media tristis in urbe meos;
Utque ego te videam causa graviore fugatum:
  Hæc sunt a primis proxima vota mihi.

elle n'est fidèle qu'à sa légèreté. Et moi aussi j'étais florissant : mais ce n'était qu'une fleur éphémère, et la flamme que jeta cette paille légère, ne brilla qu'un instant.

Mais pour qu'une joie cruelle ne remplisse pas ton âme, je ne suis point sans espoir d'apaiser la divinité ennemie, soit parce que je fus coupable sans être criminel, et que, si ma faute entraîne la honte, elle n'entraîne pas de haine; soit parce que dans toute son étendue, depuis l'orient jusqu'au couchant, l'univers ne renferme pas de mortel plus indulgent que son maître. Oui, si la violence n'en saurait triompher, son cœur est accessible à la timide prière; et, à l'exemple des dieux, parmi lesquels il doit siéger un jour, avec le pardon de ma peine, je lui demanderai d'autres faveurs encore que j'ai à solliciter.

Compte dans une année les jours sereins et les jours nébuleux; tu trouveras les belles journées plus nombreuses. Ne triomphe donc pas trop de ma ruine; songe que je puis me relever un jour : songe qu'il est possible, si César se laisse fléchir, que tu aies le dépit de me revoir face à face au sein de Rome, et que je te voie banni à ton tour pour une faute plus grave : tels sont, après mes premiers vœux, les plus vifs que je forme.

ELEGIA NONA.

ARGUMENTUM.

Laudat amici fidem, fateturque ejus beneficio se vitam ducere, simulque gratias agit. Postremo dicit se libenter ejus beneficia nota omnibus facturum fuisse, si ille suis se scriptis nominari pateretur.

O TUA si sineres in nostris nomina poni
    Carminibus, positus quam mihi sæpe fores!
Te solum meriti canerem memor; inque libellis
    Crevisset sine te pagina nulla meis.
Quid tibi deberem tota sciretur in urbe,
    Exsul in amissa si tamen urbe legor.
Te præsens mitem, te nosset serior ætas,
    Scripta vetustatem si modo nostra ferent.
Nec tibi cessaret doctus bene dicere lector:
    Hic tibi servato vate maneret honor.
Cæsaris est primum munus, quod ducimus auras:
    Gratia post magnos est tibi habenda Deos:
Ille dedit vitam: tu, quam dedit ille, tueris,
    Et facis accepto munere posse frui.
QUUMQUE perhorruerit casus pars maxima nostros,
    Pars etiam credi pertimuisse velit,
Naufragiumque meum tumulo spectarit ab alto,
    Nec dederit nanti per freta sæva manum;

ÉLÉGIE NEUVIÈME.

ARGUMENT.

A un ami. S'il le pouvait, il ferait connaître son nom et ses bienfaits à tout l'univers : c'est à lui, après César, qu'il doit la vie.

O s'il m'était permis d'inscrire ton nom dans mes vers, tu t'y verrais inscrit à chaque page, je ne chanterais que toi dans ma reconnaissance, et ton souvenir grossirait chaque feuillet de mes livres. Rome entière saurait combien je te suis redevable, si Rome, perdue pour moi, lit encore les œuvres d'un exilé. Le siècle présent, les siècles futurs connaîtraient ta bonté, si cependant mes écrits doivent triompher du temps. Le lecteur instruit de tes titres ne cesserait de te bénir : telle est la gloire qui te paierait le salut d'un poète. Si je respire, c'est d'abord à César que je dois ce bienfait; mais après ce dieu tout-puissant, à toi sont dues mes actions de grâces : César m'a donné la vie; mais cette vie, c'est toi qui la protèges : par toi, je puis jouir du bienfait que j'ai reçu.

Lorsque la plupart de mes amis étaient épouvantés de ma catastrophe, qu'une partie même voulaient paraître la redouter, et contemplaient mon naufrage des hauteurs de la côte, sans vouloir tendre la main à un malheureux

Seminecem Stygia revocasti solus ab unda :
  Hoc quoque quod memores possumus esse, tuum est.
Dî tibi se tribuant cum Caesare semper amicos!
  Non potuit votum plenius esse meum.

Haec meus argutis, si tu paterere, libellis
  Poneret in multa luce videnda labor.
Se quoque nunc, quamvis est jussa quiescere, quin te
  Nominet invitum, vix mea Musa tenet;
Utque canem, pavidae nactum vestigia cervae,
  Luctantem frustra copula dura tenet;
Utque fores nondum reserati carceris acer
  Nunc pede, nunc ipsa fronte, lacessit equus;
Sic mea, lege data vincta atque inclusa, Thalia
  Per titulum vetiti nominis ire cupit.
Ne tamen officio memoris laedaris amici,
  Parebo jussis, parce timere, tuis.
At non parerem, nisi si meminisse putares :
  Hoc quod non prohibet vox tua, gratus ero;
Dumque (quod o breve sit!) lumen solare videbo,
  Serviet officio spiritus iste tuo.

luttant contre la fureur des flots, seul tu as rappelé des bords du Styx ton ami expirant ; et si je puis encore être reconnaissant, c'est ton ouvrage. Veuillent les dieux, de concert avec César, t'être toujours propices ! je ne saurais former un vœu plus étendu.

Tels sont les bienfaits que, si tu y consentais, ma plume dans ses harmonieux écrits exposerait au grand jour; et maintenant, en dépit des ordres qui lui commandent le silence, ma muse a peine à s'abstenir de prononcer ton nom malgré toi-même. Comme un chien fidèle, sur la piste d'une biche craintive, lutte en vain contre sa laisse, ou comme, si les barrières de la lice tardent à s'ouvrir, le coursier bouillant les frappe du pied, de la tête même ; ainsi lié, enchaîné, par la loi qui lui est imposée, ma muse brûle de chanter les louanges d'un nom qui lui est interdit. Mais aux dieux ne plaise que je te blesse par l'indiscret hommage de ma reconnaissante amitié ! ne crains rien, je serai docile à tes ordres : j'y serais indocile, si tu devais me soupçonner d'ingratitude : ma reconnaissance du moins (tes ordres ne s'y opposent pas) sera éternelle ; et tant que je verrai la lumière du soleil (puisse-t-elle ne pas long-temps frapper mes yeux !), ma vie sera consacrée à te rendre hommage.

ELEGIA DECIMA.

ARGUMENTUM.

Tres annos se egisse scribit poeta; eos tamen sibi decem videri, idque loci asperitate, et difficultatibus, quas deinde subjungit.

Ut sumus in Ponto, ter frigore constitit Ister,
  Facta est Euxini dura ter unda maris.
At mihi jam videor patria procul esse tot annis,
  Dardana quot Graio Troja sub hoste fuit.
Stare putes, adeo procedunt tempora tarde,
  Et peragit lentis passibus annus iter.
Nec mihi solstitium quidquam de noctibus aufert;
  Efficit angustos nec mihi bruma dies:
Scilicet in nobis rerum natura novata est,
  Cumque meis curis omnia longa facit.
Num peragunt solitos communia tempora motus,
  Suntque magis vitæ tempora dura meæ,
Quem tenet Euxini mendax cognomine litus,
  Et Scythici vere terra sinistra freti?
Innumeræ circa gentes fera bella minantur,
  Quæ sibi non rapto vivere turpe putant.
Nil extra tutum est: tumulus defenditur ægre
  Mœnibus exiguis, ingenioque loci.

ÉLÉGIE DIXIÈME.

ARGUMENT.

Il est exilé depuis trois années, qui lui ont paru un siècle : le temps s'écoule bien lentement en Scythie : on y vit au milieu de continuelles alarmes : les naturels même du pays sont des barbares.

Depuis que je suis dans le Pont, trois fois l'Ister a vu son cours enchaîné par le froid; trois fois les eaux de l'Euxin se sont durcies. Il me semble que je suis éloigné de ma patrie depuis autant d'années que la Grèce ennemie en passa sous les murs de Troie. On dirait que le temps s'arrête, tant sa course est insensible, tant l'année accomplit lentement sa période! Pour moi le solstice n'ôte rien à la longueur des nuits; pour moi l'hiver n'abrège pas les journées : l'ordre de la nature est bouleversé à mon égard, et donne à tout la durée infinie de mes tourmens. Le temps, pour les autres, suit-il donc son cours ordinaire, et celui de ma vie est-il seul plus pénible, sur ce rivage du Pont-Euxin, surnom imposteur, sur cette côte doublement sinistre de la mer de Scythie?

Une foule de tribus nous environnent et nous menacent d'une guerre cruelle; nulle honte chez elles à vivre de brigandages. Point de sûreté hors de la ville : la petite éminence trouve à peine un abri dans de chétifs rem-

Quum minime credas, ut aves, densissimus hostis
  Advolat, et prædam vix bene visus agit.
Sæpe intra muros clausis venientia portis
  Per medias legimus noxia tela vias.
Est igitur rarus, qui rus colere audeat; isque
  Hac arat infelix, hac tenet arma manu.
Sub galea pastor junctis pice cantat avenis;
  Proque lupo pavidæ bella verentur oves.
Vix ope castelli defendimur : et tamen intus
  Mista facit Graiis barbara turba metum :
Quippe simul nobis habitat discrimine nullo
  Barbarus, et tecti plus quoque parte tenet.
Quos ut non timeas, possis odisse videndo
  Pellibus et longa tempora tecta coma.
Hos quoque, qui geniti Graia creduntur ab urbe,
  Pro patrio cultu Persica bracca tegit.
Exercent illi sociæ commercia linguæ:
  Per gestum res est significanda mihi.
Barbarus hic ego sum, quia non intelligor ulli;
  Et rident stolidi verba Latina Getæ;
Meque palam de me tuto mala sæpe loquuntur;
  Forsitan objiciunt exsiliumque mihi;
Utque fit, in me aliquid, si quid dicentibus illis
  Abnuerim, quoties adnuerimque, putant.
Adde, quod injustum rigido jus dicitur ense,
  Dantur et in medio vulnera sæpe foro.

parts et dans sa position naturelle. Au moment où l'on s'y attend le moins, des essaims d'ennemis, semblables à des nuées d'oiseaux, se précipitent, et, presque avant qu'on les ait aperçus, s'emparent de leur proie. Souvent, dans l'enceinte des murs, on ramasse par les rues des traits empoisonnés qui nous arrivent en dépit des portes closes. Il est donc rare qu'on ose cultiver la campagne, et l'infortuné qui, d'une main, trace un sillon, tient de l'autre un glaive. C'est le casque en tête que le berger fait résonner son chalumeau, qu'unit une poix grossière; ce n'est pas le loup, c'est la guerre que redoute la timide brebis. Les fortifications de la place nous garantissent à peine, et pourtant dans l'intérieur une tourbe de Barbares mêlés aux Grecs sèment l'épouvante; car des Barbares établis pêle-mêle au milieu de nous occupent plus de la moitié des habitations. Quand ils n'inspireraient pas de crainte, on ne peut s'empêcher d'un sentiment d'horreur à la vue de leurs peaux et de la longue chevelure qui leur couvre la tête. Ceux même que l'on croit originaires d'une ville grecque, ont abandonné le costume de leur patrie pour les larges braies des Perses. Ils ont entre eux un jargon qui leur est commun; moi, j'ai recours aux signes pour me faire entendre. Je suis ici un Barbare, puisque l'on n'y comprend pas mon langage : les mots latins excitent le rire du stupide Gète. Souvent ils disent impunément en ma présence du mal de moi-même; peut-être me reprochent-ils mon exil; et si, comme il arrive, je fais, pendant qu'ils parlent, un geste négatif, ou un signe d'assentiment, ils en tirent des conséquences contre moi. Ajoutez que le glaive cruel est l'injuste ministre de la justice, et que souvent le sang coule au pied des tribunaux.

O duram Lachesin, quæ tam grave sidus habenti
  Fila dedit vitæ non breviora meæ!

Quod patriæ vultu, vestroque caremus, amici;
  Quodque hic in Scythicis finibus esse queror;
Utraque pœna gravis : merui tamen urbe carere;
  Non merui tali forsitan esse loco.
Quid loquor, ah! demens? ipsam quoque perdere vitam
  Cæsaris offenso numine dignus eram.

Impitoyable Lachésis, qui, en me voyant sous l'influence d'un astre si funeste, n'as pas abrégé la trame de mes jours!

Si l'aspect de ma patrie, si le vôtre, ô mes amis, me fut ravi, si je me plains de vivre aux extrémités de la Scythie, ce sont là des peines bien cruelles : toutefois, j'ai mérité que Rome me fût ravie ; mais je n'ai pas mérité peut-être de vivre dans un lieu si affreux. Ah! que dis-je? insensé! n'étais-je pas digne de la mort même, pour avoir offensé le divin César?

ELEGIA UNDECIMA.

ARGUMENTUM.

Dolet poeta, conjugem ab inimico jurgiis lacessitam, exsulisque uxorem adpellatam : eamque hortatur, ut patiatur omnia : non enim exsulem se, sed relegatum ab Augusto dictum.

Quod te nescio quis per jurgia dixerit esse
   Exsulis uxorem, litera questa tua est :
Indolui, non tam mea quod fortuna male audit,
   Qui jam consuevi fortiter esse miser;
Quam quia, cui minime vellem, sim causa pudoris,
   Teque rear nostris erubuisse malis.
Perfer, et obdura : multo graviora tulisti,
   Quum me subripuit principis ira tibi.
Fallitur iste tamen, quo judice nominor exsul :
   Mollior est culpam poena secuta meam.
Maxima poena mihi est ipsum offendisse; priusque
   Venisset mallem funeris hora mihi.
Quassa tamen nostra est, non fracta, nec obruta puppis;
   Utque caret portu, sic tamen exstat aquis.
Nec vitam, nec opes, nec jus mihi civis ademit,
   Quae merui vitio perdere cuncta meo;
Sed quia peccato facinus non adfuit illi,
   Nil nisi me patriis jussit abesse focis;

ÉLÉGIE ONZIÈME.

ARGUMENT.

A sa femme. Il la plaint d'avoir été insultée a cause de lui : il l'engage à la patience : car enfin on peut encore lui pardonner : il n'est que relégué.

On a prétendu t'insulter en t'appelant femme d'exilé; tu t'en plains dans ta lettre. — J'ai partagé ta douleur moins pour le mépris déversé sur ma fortune (car je sais maintenant braver le malheur), que pour l'affront que, contre mon vœu le plus ardent, tu essuyas à cause de moi, et par l'idée que tu as eu à rougir de mon sort. De la patience, de la philosophie : tu as soutenu des assauts plus violens, quand je te fus ravi par le courroux du prince.

Toutefois il s'abuse cet homme qui m'appelle exilé : le châtiment qui suivit ma faute fut moins rigoureux. Mon plus grand châtiment est d'avoir offensé César, et plût au ciel que ma dernière heure eût prévenu ce moment fatal! mais ma barque, maltraitée, ne fut ni brisée ni submergée; elle ne trouve pas de port, mais elle est encore à flot. César ne m'a ôté ni la vie, ni mon patrimoine, ni les droits de citoyen; et ma faute m'avait rendu digne de perdre tous ces biens : mais parce que je fus coupable sans être criminel, il s'est contenté de me

Utque aliis, numerum quorum comprendere non est,
    Caesareum numen, sic mihi, mite fuit.
Ipse relegati, non exsulis, utitur in me
    Nomine : tuta suo judice causa mea est.

JURE igitur laudes, Caesar, pro parte virili
    Carmina nostra tuas qualiacunque canunt;
Jure Deos, ut adhuc coeli tibi limina claudant,
    Teque velint sine se, comprecor, esse Deum.
Optat idem populus : sed ut in mare flumina vastum,
    Sic solet exiguae currere rivus aquae.

AT tu fortunam, cujus vocor exsul ab ore,
    Nomine mendaci parce gravare meam.

condamner à quitter ma patrie; et comme tant d'autres qu'il serait trop long d'énumérer, j'éprouvai la clémence du divin Auguste. Lui-même ne prononça contre moi que le mot de relégué, et non celui de banni, et mon juge me rassure ici sur ma cause.

C'est donc à juste titre que ma veine, bien pauvre sans doute, s'anime de tout son enthousiasme, César, pour chanter tes louanges : c'est à juste titre que je prie aussi les dieux de tenir encore fermées pour toi les portes du ciel, de te laisser loin d'eux être dieu parmi nous. Tel est le vœu de tout l'empire : mais comme les fleuves se précipitent dans l'Océan, un faible filet d'eau s'y jette aussi quelquefois.

Pour toi, dont la bouche m'appelle exilé, cesse d'aggraver mon infortune par un surnom mensonger.

ELEGIA DUODECIMA.

ARGUMENTUM.

Amico hortanti ut aliquid scriberet, respondet poeta, causasque adsignat, cur id sibi facere non liceat. Demum ostendit, se non posse teneri, quin semper aliquid componat, composita vero igni comburat.

Scribis, ut oblectem studio lacrymabile tempus,
  Ne pereant turpi pectora nostra situ:
Difficile est, quod, amice, mones; quia carmina laetum
  Sunt opus, et pacem mentis habere volunt :
Nostra per adversas agitur fortuna procellas,
  Sorte nec ulla mea tristior esse potest.
Exigis, ut Priamus natorum in funere ludat,
  Et Niobe festos ducat ut orba choros.
Luctibus, an studio videor debere teneri,
  Solus in extremos jussus abire Getas?
Des licet hic valido pectus mihi robore fultum,
  Fama refert Anyti quale fuisse reo;
Fracta cadet tantae sapientia mole ruinae:
  Plus valet humanis viribus ira Dei.
Ille senex dictus sapiens ab Apolline, nullum
  Scribere in hoc casu sustinuisset opus.
Ut patriae veniant, veniant oblivia vestri,
  Omnis ut admissi sensus abesse queat,

ÉLÉGIE DOUZIÈME.

ARGUMENT.

A un ami. Il ne jouit pas de la tranquillité nécessaire à la poésie, et son esprit se rouille : cependant il compose encore des vers; mais il en brûle la plus grande partie.

Tu m'écris de chercher dans l'étude une distraction à mon malheur, et de ne pas laisser mon esprit s'engourdir dans une honteuse apathie. — Ce conseil, ami, est difficile à suivre; la poésie est fille de la gaîté et réclame un esprit calme et serein; ma destinée est battue par des tempêtes cruelles, et il n'y a pas de sort plus triste que le mien. Tu exiges que Priam se réjouisse au sein des funérailles de ses enfans, que Niobé, veuve de sa famille, célèbre des danses légères. Est-ce le chagrin ou l'étude, à tes yeux, qui doit me préoccuper, seul, relégué au bout du monde parmi les Gètes? Quand tu me supposerais une âme pleine de constance et de fermeté, telle que la renommée signale celle de l'accusé d'Anytus, toute cette philosophie croulerait sous le poids d'une telle disgrâce : le courroux d'un dieu est au dessus des forces humaines. Ce vieillard, qu'Apollon honora du titre de sage, n'eût jamais pu dans de semblables circonstances composer un ouvrage. Quand on oublierait sa patrie, quand on s'oublierait soi-même, quand le sentiment du passé pourrait être suspendu, la crainte seule est un ob-

At timor officio fungi vetat ipse quieto:
    Cinctus ab innumero me tenet hoste locus.
Adde, quod ingenium longa rubigine laesum
    Torpet, et est multo, quam fuit ante, minus.
Fertilis; adsiduo si non renovetur aratro,
    Nil, nisi cum spinis gramen, habebit ager:
Tempore qui longo steterit, male curret, et inter
    Carceribus missos ultimus ibit equus:
Vertitur in teneram cariem, rimisque dehiscit,
    Si qua diu solitis cymba vacarit aquis.
Me quoque despero, fuerim quum parvus et ante,
    Illi, qui fueram, posse redire parem.
Contudit ingenium patientia longa laborum,
    Et pars antiqui magna vigoris abest.
Saepe tamen nobis, ut nunc quoque, sumta tabella est,
    Inque suos volui cogere verba pedes:
Carmina scripta mihi sunt nulla, aut, qualia cernis,
    Digna sui domini tempore, digna loco.

DENIQUE non parvas animo dat gloria vires;
    Et foecunda facit pectora laudis amor.
Nominis et famae quondam fulgore trahebar,
    Dum tulit antennas aura secunda meas.
Non adeo est bene nunc, ut sit mihi gloria curae:
    Si liceat, nulli cognitus esse velim.

AN, quia cesserunt primo bene carmina, suades
    Scribere, successus ut sequar ipse meos?
Pace, novem, vestra liceat dixisse, Sorores:
    Vos estis nostrae maxima causa fugae;
Utque dedit justas tauri fabricator aheni,

stacle au calme nécessaire à cette tâche : or, ce séjour est entouré d'innombrables ennemis. Ce n'est pas tout : mon esprit, par un long engourdissement, s'est rouillé, et se trouve bien déchu de ce qu'il fut jadis : un champ fertile que ne renouvelle pas assidûment la charrue, ne produira que du chiendent et des ronces : le coursier long-temps inactif ne sera plus agile à la course, et, lancé dans la carrière, arrivera au but le dernier : le bois s'attendrit et se pourrit, se fend et s'entr'ouvre, quand la barque n'est plus dans l'eau, son élément habituel. Et moi aussi je désespère, tout médiocre que je fus, de redevenir jamais égal à moi-même : mes longues souffrances ont brisé les ressorts de mon génie, et je n'ai presque rien conservé de mon antique énergie. Souvent cependant, comme aujourd'hui encore, j'ai pris mes tablettes et j'ai voulu assembler quelques mots, former quelques hémistiches : mais ce n'étaient plus des vers, ou c'étaient des vers tels que ceux-ci, en harmonie avec la fortune de leur auteur, en harmonie avec son séjour.

Enfin l'honneur n'est pas un faible aiguillon pour l'esprit, et l'amour de la gloire rend l'imagination féconde. L'éclat de la renommée, de la réputation, eut jadis pour moi des attraits, quand un vent propice enflait mes voiles : je ne suis pas assez heureux maintenant, pour que la gloire me touche : ah ! que ne m'est-il possible d'être inconnu au monde entier !

Est-ce parce que mes poésies réussirent d'abord, que tu m'engages à écrire et à poursuivre mes succès ? — Qu'il me soit permis de le dire sans vous offenser, doctes sœurs, vous êtes la principale cause de mon exil ; et comme l'auteur de ce taureau d'airain fut justement victime de sa création, je suis aussi victime de mon propre talent. Ah !

Sic ego do pœnas artibus ipse meis.
Nil mihi debuerat cum versibus amplius esse;
  Sed fugerem merito naufragus omne fretum.
At puto, si demens studium fatale retentem,
  Hic mihi præbebit carminis arma locus.
Non liber hic ullus, non qui mihi commodet aurem,
  Verbaque significent quid mea norit, adest.
Omnia barbariæ loca sunt, vocisque ferinæ,
  Omnia sunt Getici plena timore soni.
Ipse mihi videor jam dedidicisse Latine :
  Jam didici Getice Sarmaticeque loqui.
Nec tamen, ut verum fatear tibi, nostra teneri
  A componendo carmine Musa potest.
Scribimus, et scriptos absumimus igne libellos :
  Exitus est studii parva favilla mei.
Nec possum, et cupio non ullos ducere versus :
  Ponitur idcirco noster in igne labor;
Nec, nisi pars casu flammis erepta dolove,
  Ad vos ingenii pervenit ulla mei.
Sic utinam, quæ nil metuentem tale magistrum
  Perdidit, in cineres Ars mea versa foret!

j'aurais dû rompre tout commerce avec les Muses : il eût été sage de fuir l'Océan après mon naufrage. Mais apparemment, si dans mon délire je conserve cette fatale manie, ce séjour fournira des armes à ma muse. — Point de livres ici ; pas une oreille complaisante et capable de comprendre le sens de mes paroles. Partout règne la barbarie, un jargon sauvage ; partout l'accent formidable du Gète : il me semble même avoir désappris ma langue ; je ne sais plus que parler gète et sarmate.

Et pourtant, s'il faut avouer la vérité, c'est pour ma muse un irrésistible besoin de faire des vers. J'écris une pièce, et, aussitôt écrite, je la livre aux flammes : un peu de cendre, voilà le résultat de mes sueurs. Je voudrais ne plus faire de vers, je le voudrais et ne le puis : voilà pourquoi mon travail est la proie des flammes ; et ce ne sont que quelques lambeaux ravis au feu par hasard ou par ruse, qui vous parviennent comme échantillons de ma veine. Puisse cet Art, qui a perdu son auteur si éloigné de le craindre, avoir été ainsi réduit en cendre !

ELEGIA TERTIA DECIMA.

ARGUMENTUM.

Amicum hortatur, ut quandoquidem amoris multa olim pignora sibi dederit, nunc verbis et litteris ne parcat. Quod si emendarit, dicit nihil ab ejus amicitia amplius desiderandum esse.

Hanc tuus e Getico mittit tibi Naso salutem,
 Mittere si quisquam, quo caret ipse, potest.
Æger enim traxi contagia corpore mentis,
 Libera tormento pars mihi ne qua vacet;
Perque dies multos lateris cruciatibus uror,
 Sed quod non modico frigore læsit hiems.
Si tamen ipse vales, aliqua nos parte valemus:
 Quippe mea est humeris fulta ruina tuis.

Qui mihi quum dederis ingentia pignora, quumque
 Per numeros omnes hoc tueare caput;
Quod tua me raro solatur epistola, peccas;
 Remque piam præstas, ni mihi verba neges.
Hoc, precor, emenda: quod si correxeris unum,
 Nullus in egregio corpore nævus erit.

Pluribus accusem, fieri nisi possit, ut ad me
 Litera non veniat, missa sit illa tamen.
Di faciant, ut sit temeraria nostra querela,

ÉLÉGIE TREIZIÈME.

ARGUMENT.

A un ami. Il lui demande qu'il mette le comble à ses bienfaits en lui écrivant : il ne le croit pas inconstant : il désire seulement avoir cette preuve nouvelle d'amitié.

Du pays des Gètes, Ovide envoie ce salut à son ami, si l'on peut envoyer ce que l'on n'a pas soi-même : en effet, la maladie de mon esprit, comme un fléau contagieux, s'est communiquée à mon corps, pour qu'aucune partie de mon être ne soit exempte de souffrances ; et voici long-temps déjà que je ressens dans le côté de cuisantes douleurs ; mais ce n'est que l'effet des froids excessifs de l'hiver. Quoi qu'il en soit, si tu jouis de la santé, je ne l'aurai pas tout-à-fait perdue ; car c'est toi dont les épaules ont soutenu ma ruine.

Toi qui m'as prouvé une tendresse sans bornes, qui mets tout en œuvre pour me rendre la vie, il est rare que tu m'écrives un mot de consolation : c'est un grand tort ; il ne manque à ton tendre dévoûment que de ne me pas refuser quelques lignes. Répare cet oubli ; efface cette tache unique, et rien ne ternira l'éclat d'une perfection si ravissante.

Je m'étendrais davantage sur ce grief ; mais il est possible que quelques lettres de ta part, sans me parvenir, m'aient pourtant été adressées. Fassent les dieux que

Teque putem falso non meminisse mei!
Quod precor, esse liquet : neque enim mutabile robur
Credere me fas est pectoris esse tui.
Cana prius gelido desint absinthia Ponto;
Et careat dulci Trinacris Hybla thymo,
Immemorem quam te quisquam convincat amici :
Non ita sunt fati stamina nigra mei.
Tu tamen, ut falsae possis quoque pellere culpae
Crimina, quod non es, ne videare, cave;
Utque solebamus consumere longa loquendo
Tempora, sermonem deficiente die;
Sic ferat ac referat tacitas nunc litera voces,
Et peragant linguae charta manusque vices.

Quod fore ne nimium videar diffidere, sitque
Versibus hic paucis admonuisse satis;
Accipe, quo semper finitur epistola verbo,
Aque meis distent ut tua fata, vale.

mes plaintes soient sans fondement, que je t'accuse à tort de m'oublier! — Ce vœu que je forme, il s'est réalisé : non, je ne saurais croire que ta ferme amitié se puisse démentir : le Pont glacé ne produira plus de blanche absinthe; l'Hybla, en Sicile, de serpolet parfumé, avant qu'on te puisse convaincre d'indifférence pour ton ami : la trame de ma destinée n'est pas si noire encore.

Quant à toi, pour repousser toute imputation calomnieuse, évite de paraître ce que tu n'es pas. Souvent de longues conversations remplissaient nos journées, et la nuit nous surprenait au milieu de nos entretiens : aujourd'hui, que nos lettres soient de l'un à l'autre messagères de nos muettes paroles; que le papier et la plume remplacent le ministère de la langue.

Mais je ne veux pas paraître désespérer de ce bonheur, et ce peu de vers doit t'en dire assez : agrée le souhait qui termine toujours une lettre, et puisse ta destinée être différente de la mienne! porte-toi bien.

ELEGIA QUARTA DECIMA.

ARGUMENTUM.

In hac ultima elegia uxori immortalitatem pollicetur poeta; dicitque multas fore, quæ, quamvis eam miseram esse existiment, illi tamen invideant, et felicem adpellent: simulque ostendit, nihil a se majus præstari potuisse. Quod quum ita sit, eam hortatur, ut in fide permaneat, ne a quoquam jure accusari queat: exemplisque etiam probat, ejusmodi fidem erga maritos nullo unquam ævo taceri solitam.

QUANTA tibi dederint nostri monumenta libelli,
    O mihi me conjux carior, ipsa vides.
Detrahat auctori multum fortuna licebit;
    Tu tamen ingenio clara ferere meo:
Dumque legar, mecum pariter tua fama legetur;
    Nec potes in mœstos omnis abire rogos.
Quumque viri casu possis miseranda videri,
    Invenies aliquas, quæ quod es, esse velint;
Quæ te, nostrorum quum sis in parte malorum,
    Felicem dicant, invideantque tibi.
Non ego divitias dando tibi plura dedissem:
    Nil feret ad manes divitis umbra suos.
Perpetui fructum donavi nominis; idque,
    Quo dare nil potui munere majus, habes.
ADDE quod, ut rerum sola es tutela mearum,
    Ad te non parvi venit honoris onus;

ÉLÉGIE QUATORZIÈME.

ARGUMENT.

A sa femme. Il lui promet l'immortalité : bien des femmes envieraient son sort, qui lui fournit une occasion de s'illustrer, pourvu qu'elle lui reste fidèle : la gloire s'achète au prix de grands efforts : il cite l'exemple des plus célèbres héroïnes.

Ma muse t'a donné mille gages de mes sentimens, tu le sais, ô mon épouse, toi que je chéris plus que moi-même. Quelles que soient les rigueurs de la fortune à l'égard du poète, tu n'en devras pas moins quelque célébrité à mon génie : tant qu'on me lira, on lira en même temps ta renommée, et le fatal bûcher ne te consumera pas tout entière. Quoique la triste fortune de ton époux te puisse faire paraître à plaindre, tu trouveras plus d'une femme, jalouse de ta destinée, se plaire, malgré les malheurs auxquels tu t'es associée, à te nommer heureuse, à envier ton sort. En te donnant des richesses, je ne t'aurais pas donné davantage : l'ombre du riche n'emportera rien chez les mânes. Je t'ai fait jouir d'un nom immortel : n'est-ce pas le don plus précieux que je pusse te faire?

Ce n'est pas tout : en te montrant mon unique appui dans ma détresse, tu ne t'es pas acquis un médiocre hon-

Quod nunquam vox est de te mea muta, tuique
 Judiciis debes esse superba viri.
Quæ ne quis possit temeraria dicere, præsta;
 Et pariter serva meque, piamque fidem.
Nam tua, dum stetimus, turpi sine crimine mansit,
 Et laudem probitas irreprehensa tulit.
Par eadem nostra nunc est sibi facta ruina:
 Conspicuum virtus hic tua ponat opus!
Esse bonam facile est, ubi, quod vetet esse, remotum est,
 Et nihil officio nupta quod obstet habet:
Quum Deus intonuit, non se subducere nimbo,
 Id demum pietas, id socialis amor.
Rara quidem virtus, quam non fortuna gubernet;
 Quæ maneat stabili, quum fugit illa, pede:
Si qua tamen pretii sibi merces ipsa petiti,
 Inque parum lætis ardua rebus adest;
Ut tempus numeres, per sæcula nulla tacetur,
 Et loca mirantur, qua patet orbis iter.

Adspicis, ut longo maneat laudabilis ævo,
 Nomen inexstinctum, Penelopæa fides?
Cernis, ut Admeti cantetur, ut Hectoris uxor,
 Ausaque in accensos Iphias ire rogos?
Ut vivat fama conjux Phylaceia, cujus
 Iliacam celeri vir pede pressit humum?
Nil opus est leto pro me, sed amore fideque:
 Non ex difficili fama petenda tibi est.

Nec te credideris, quia non facis, ista moneri:

neur; ma voix pour te louer n'est jamais restée muette, et tu dois être fière de ce témoignage d'un époux.

Fais en sorte qu'il ne puisse jamais paraître mensonger; sois, en me sauvant, fidèle à tes tendres sermens. Aux jours de la prospérité, ta vertu fut toujours sans tache, irréprochable, et ne mérita que des éloges; elle ne s'est point démentie après ma ruine : ainsi puisse-t-elle couronner glorieusement son œuvre !

Il est aisé d'être vertueuse, quand tout obstacle est écarté, quand rien ne s'oppose au devoir d'une épouse : mais lorsqu'un dieu fait gronder son tonnerre, ne pas se soustraire à l'orage, voilà la vraie tendresse, voilà l'amour conjugal. Elle est rare la vertu indépendante de la fortune, la vertu fidèle, constante, quand la volage s'enfuit : si pourtant il en est une qui ne se propose d'autre prix, d'autre récompense qu'elle-même, qui se montre inébranlable dans l'adversité, veux-tu en calculer la durée? elle fait l'entretien de tous les siècles; elle est aussi l'admiration des peuples, dans toute l'étendue de l'univers.

Vois combien, après tant d'années, on donne encore d'éloges à la fidélité de Pénélope, ineffaçable renom ! Regarde comme on célèbre l'épouse d'Admète, celle d'Hector, la fille d'Iphis, qui n'hésita pas à s'élancer dans les flammes d'un bûcher; comme vit encore la renommée de la reine de Phylacé, dont l'époux se précipita le premier sur le sol de Troie. Il n'est pas ici besoin de ton trépas, mais de ton amour et de ta fidélité : ce n'est pas au prix d'héroïques sacrifices que tu dois acheter la gloire.

Du reste, ne crois pas que ce soit parce que tu n'ac-

Vela damus, quamvis remige puppis eat.
Qui monet ut facias, quod jam facis, ille monendo
Laudat, et hortatu comprobat acta suo.

complis pas ces devoirs, que je te les rappelle : je déploie mes voiles, quoique ma barque glisse sous l'effort de la rame. Te rappeler de remplir des devoirs que tu remplis de toi-même, c'est te donner des éloges et applaudir par des encouragemens à ta noble conduite.

NOTES
DES TRISTES.

Cette série d'élégies tire son nom des circonstances mêmes qui les inspirèrent. Pendant les trois premières années de son exil, Ovide ne nomma pas ses amis dans les épîtres qu'il leur adressa : il craignait, dit-il lui-même (III, iv, 63-72), de les compromettre. On peut même croire que quelques-uns lui avaient recommandé expressément de ne les pas nommer (*voyez* V, ix, 1, 31-36; et IV, v, 13); et il y en eut un (probablement Sexte Pompée, qu'il nomme enfin, *Pont.*, IV, 1) qui, lorsque Ovide se fut affranchi de cette contrainte dans ses épîtres pontiques, persista à vouloir que le poète gardât le silence sur son nom (*voyez Pont.*, III, vi, 5). Sa femme et Périlla, que quelques savans ont à tort, je crois, supposée sa fille, sont les seules qu'il ait nommées. Un bon nombre d'épîtres ne contiennent rien, d'ailleurs, qui s'adresse à personne en particulier. C'est, du reste, la seule différence qui existe entre les *Tristes* et les *Pontiques,* comme Ovide nous l'apprend, *Pont.*, I, 1, 15-18 :

> Invenies. quamvis non est miserabilis index.
> Non minus hoc illo triste, quod ante dedi :
> Rebus idem titulo differt, et epistola, cui sit,
> Non occultato nomine, missa, docet.

Le jugement qu'on a jusqu'ici porté des *Tristes*[*] me paraît bien superficiel ou bien sévère. Je ne prétends pas justifier les défauts d'Ovide : il les connaissait lui-même, et semblait s'y complaire.

---

[*] *Voyez* Voltaire, *Questions encyclopédiques;* Thomas, *Essai sur les éloges,* ch. xiii; Schoell, *Hist. abrégée de la littér. rom.*, etc.

Mais pourquoi fermer les yeux à tant de brillantes qualités? Sans doute on trouve ici quelques redites. Mais, d'abord, il n'écrivait pas toujours aux mêmes personnes, et, à ce titre, il pouvait un peu se répéter. Et qui aurait le courage de le condamner sous ce rapport, après avoir lu l'élégie 1re du livre V? Je vais plus loin : il y aurait une extrême injustice à lui refuser le mérite de la variété, et, pour être ainsi monotone, il fallait encore être Ovide. — Les exagérations dont on lui fait encore un crime ne consistent qu'en quelques formules banales d'hyperbole poétique, et qu'il serait ridicule de prendre au pied de la lettre. — Un autre reproche plus grave et plus fondé, ce sont ces éloges si outrés qu'Ovide a prodigués à un tyran, et à son tyran, selon l'expression de Voltaire; c'est d'avoir déifié son persécuteur. — Ce tort lui est commun avec les poètes et tous les Romains de son temps : *Erit ille mihi semper deus*. Les villes des provinces avaient, en 718, mis Auguste au nombre des Lares; le sénat, en 724, sanctionna ce culte public par un décret solennel; des temples furent élevés à cette divinité nouvelle plus de trente ans avant l'époque où ces élégies furent écrites. L'usage d'appeler Auguste un dieu était donc passé dans les mœurs, et ce titre n'avait pas beaucoup plus de valeur, que chez nous *Votre Majesté*, *Votre Sainteté*. — Sans attacher donc à ces différens griefs plus d'importance qu'ils n'en méritent, il est impossible, en se pénétrant bien de la triste position d'Ovide, de ne pas s'intéresser vivement à son sort : ce n'est pas ici une douleur artificielle, une œuvre d'art et d'imagination; tout y est du domaine de la réalité : c'est un drame historique aux scènes duquel nous assistons, dont Ovide est à la fois le narrateur et le héros[*]. Les *Tristes* et les *Pontiques* offrent même cet intérêt spécial, que nous leur devons les pièces les plus précieuses, le monument le plus authentique sur la vie d'un poète justement célèbre autant qu'infortuné.

On sait que le texte d'Ovide est un des plus incertains. Un savant professeur à l'université de Leipsik, M. Iahn, a depuis quelques années commencé à en donner une édition critique fort

---

[*] *Voyez* l'article aussi élégant que judicieux, publié sur Ovide dans la *Revue de Paris*, 1829, t. XVI, p. 200, par M. Cuvillier-Fleury.

estimée, mais les *Tristes* n'ont pas encore paru. Cependant, comme pour préluder à son travail définitif, le même savant a présidé à la réimpression d'une édition des *Tristes* donnée par Boysen en 1793. Toutes les notes ont été refondues, et les travaux les plus récens mis à profit pour le texte. Cette édition a paru à Leipsik en 1829, sans nom d'éditeur, chez Schwickert : nous l'avons fait venir d'Allemagne, et plus d'une fois nous nous sommes conformé à son texte, quoique, en général, celui de l'édition des Classiques latins nous ait servi de base. Nous avons nous-même aussi hasardé une ou deux corrections, non sans nous être, au préalable, entouré d'avis éclairés, d'autorités imposantes; nous nous sommes, d'ailleurs, fait un devoir d'exposer nos motifs dans les notes, chaque fois que nous nous sommes écarté du texte de l'édition Lemaire, ressource dont nous n'avons usé qu'avec circonspection. Enfin, nous avons relevé quelques fautes d'impression qui s'y étaient glissées.

LIVRE PREMIER.

Ce premier livre fut composé vers la fin de l'année 762 de Rome (9 de J.-C.) et au commencement de 763, pendant la durée du voyage d'Ovide. Il l'envoya à Rome avant d'être arrivé au terme de son exil. Il était alors dans sa cinquante-deuxième année.

ÉLÉGIE PREMIÈRE.

1. *Nec invideo* (v. 1). On a voulu que cette idée tombât sur le mot *parve*, « non que je te fasse un crime d'être si mince : » ellipse dure, pensée puérile, au lieu de ce sentiment si naturel et si délicat, espèce de soupir qui s'échappe de l'âme du poète.

2. *Liber* (v. 1). Ce mot désigne ici le premier livre, et non le poëme entier des *Tristes*, ou seulement cette première élégie, comme on l'a cru. La première élégie de chaque livre est une espèce de lettre d'envoi, de préface, comme la dernière une espèce d'épilogue. — Ovide a plusieurs fois personnifié son livre, et toujours avec grâce. D'autres poètes, avant et après Ovide, ont

usé aussi de ce privilège : Catulle, Horace, Martial, Ausone, etc. L'*Épître* x de Boileau est un modèle en ce genre.

3. *Vaccinia* (v. 5). Arbrisseau dont les petites baies noirâtres servaient à la teinture. *Voyez* PLINE, XVI, 31, tome X, p. 58 de cette édition, et la note sur ce passage.

4. *Minio* (v. 7). La couleur écarlate servait pour les lettres du titre.

5. *Cedro* (v. 7). On frottait le parchemin, *membrana*, d'huile de cèdre, pour le préserver de la corruption et le parfumer. VITRUVE, II, 9. De là le *carmina linenda cedro* d'Horace, *Art poétique*, v. 332; le *cedro digna locutus* de Perse, sat. I, v. 41, et ces deux jolis vers d'Ausone :

> Hujus in arbitrio est seu te juvenescere cedro,
> Seu jubeat duris vermibus esse cibum.
> (*Epigr.*, XXXIV, 13.)

6. *Cornua* (v. 8). Extrémités du petit cylindre sur lequel on roulait les feuillets collés au bout les uns des autres. *Candida* marque qu'elles étaient d'ivoire. On les appelait *umbilici* quand le manuscrit était roulé.

7. *Fronte* (v. 8). Le côté écrit du feuillet : on sait que les anciens n'écrivaient que sur un seul côté. Selon M. Jahn, ce seraient les tranches des feuillets roulés; mais je préfère prendre ce mot dans le même sens que plus bas, v. 11.

8. *Pumice* (v. 11). On usait, avec la pierre-ponce, les petits poils qui étaient restés sur la membrane.

9. *Frontes* (v. 11). Les deux surfaces : la page écrite et le revers. *Voyez* v. 8.

10. *Liturarum* (v. 13). Taches, et non pas ratures. Stace a dit :

> . . . . Tristesque cadunt in verba liturae.
> (*Silv.*, I, III, 18.)

11. *Ut in populo* (v. 17). — *Fieri potest*. — *Voyez* II, 158, et *Pontiques*, IV, v, 11.

12. *Dei* (v. 20). *Voyez* notre préambule. Auguste, qui se laissa appeler *Deus*, ne put souffrir le titre de *Dominus*. (SUÉT., LIII.)

13. *Mea crimina* (v. 23). Il y en avait deux : *carmen* et *error*

(II, 207); *carmen*, l'*Art d'aimer*, grief mensonger qui ne servit qu'à déguiser le motif réel et inconnu de la colère d'Auguste, puisque ce poëme était publié depuis plus de dix ans. Ovide désigne le second par les mots *error, stultitia* (III, vi, 35), *simplicitas* (I, v, 42), *timor* (IV, iv, 39), mots qu'il n'est pas facile de concilier. Il dit ailleurs que ses yeux seuls furent coupables (II, 103), et ils le furent involontairement, *inscia* (III, v, 49). On a supposé qu'il avait été l'amant de Julie, fille d'Auguste : mais elle était exilée long-temps avant Ovide ; puis celui de Julie la jeune, dont l'exil suivit en effet de près celui d'Ovide : mais il n'y a rien là pour *les yeux*, et rien d'involontaire. On a cru qu'il avait surpris Auguste avec sa fille : mais, nous l'avons dit, elle était exilée à cette époque, et d'ailleurs Ovide eût blessé Auguste chaque fois qu'il lui eût rappelé son crime. On a supposé qu'il avait vu Livie sortant du bain ; qu'il avait favorisé les prétentions du jeune Agrippa, au préjudice de celles de Tibère, et était survenu au milieu de quelque scène entre Auguste, Livie et Tibère à ce sujet, crime que Tibère et Livie ne lui auraient pas pardonné : mais Ovide dit qu'il a été témoin d'une faute, *crimen* (III, v, 49 ; et vi, 28), ce qui détruit encore ces deux suppositions. Enfin, la plus récente, mais qui ne sera pas la dernière peut-être, c'est qu'il aurait surpris la jeune Julie avec un de ses amans, et qu'il aurait eu l'indiscrétion d'en plaisanter ; ses amis et ses domestiques auraient ébruité l'aventure (IV, x, 101) ; et Auguste, irrité contre l'auteur de ce scandale, l'en aurait puni cruellement. *Voyez* l'article de la *Revue de Paris*, déjà cité. Cependant cette supposition même n'explique pas le mot *timor*.

14. *Ut peragas* (v. 35). Une note dans les Classiques latins, apparemment de l'éditeur, nous apprend que *peragas* est donné par tous les manuscrits et les imprimés, mais que *perages* lui a paru bien préférable : il aura pris sans doute *ut* dans le sens de *ubi*, « quand tu rempliras ta mission », au lieu qu'ici il doit avoir celui de *quamvis*, dont on trouve vingt exemples dans les *Tristes*.

15. *Carmina secessum....* (v. 41). *Hæc opera vacuum ab omni cura animum desiderat*. Cic., *ad Quint. fratr.*, III, 4. Nous retrouverons plusieurs fois cette idée.

16. *Mæoniden* (v. 47). Homère fut ainsi appelé, ou parce qu'il était de la Méonie, ou à cause de Méon, son père ou son protec-

teur, roi de cette contrée, la même que la Lydie, qui comptait Smyrne et Colophon au nombre de ses villes.

17. *Circumjice* (v. 47). Conjecture de Heinsius, au lieu de *circumspice*, qui est froid et terne, et qui cadre moins bien avec le tour *da mihi*.

18. *Excussa* (v. 78). J'ai traduit *excussa ex dentibus*; on pourrait aussi construire *ab dentibus*, secouée, déchirée par....

19. *Capharea* (v. 83). Promontoire de l'Eubée, environné d'écueils, où Nauplius, roi de cette île, fit allumer des feux pour que les vaisseaux des Grecs, surpris au retour de Troie par une tempête dans ces parages, vinssent s'y briser, et le venger ainsi de la mort de Palamède, son fils.

20. *Remis... an aura* (v. 91). Pour dire : aller doucement ou plus vite, louvoyer ou forcer de voiles.

21. *Si poteris vacuo tradi* (v. 93). Horace dit, dans une circonstance semblable :

> Si validus, si lætus erit. . . .
> (*Epist.* I, xiii, 3.)

22. *Achilleo more* (v. 100). Télèphe, roi de Mysie, blessé par Achille, fut guéri par la rouille de la lance qui lui avait fait sa blessure. *Comparez* Claud., *Ep.* 1, 45.

23. *Fratres* (v. 107). Boileau s'est souvenu de cette expression, quand il a dit :

> Vains et faibles enfans dans ma vieillesse nés,
> Vous croyez sur les pas de vos heureux aînés....
> (*Epít.* x, 7.)

24. *Quoque* (v. 112). En traduisant *quod nemo nescit* par *comme on le sait*, on n'a qu'une pensée froide et parasite, et l'on ne rend pas raison de *quoque*. Ovide jette négligemment en passant cette petite excuse : « Ce que j'ai enseigné, il n'est personne à qui la nature ne l'ait appris d'avance. »

25. *OEdipodas.... Telegonos* (v. 114). « Dis-leur qu'ils sont mes assassins. » Il les compare à OEdipe, qui tua Laïus, son père; à Télégone, qu'Ulysse avait eu de Circé, et qui lui ôta la vie.

26. *Exsequiis* (v. 118). C'est une métaphore qu'Ovide emploie souvent pour désigner son exil. Voyez *Élég.* iii, 89, etc.

27. *Eras* (v. 126). L'imparfait pour le conditionnel (IV, viii, 5).

28. *A terra* (v. 128). Heinsius propose *a patria;* mais la répétition de *terra* est tout-à-fait dans le goût d'Ovide.

ÉLÉGIE DEUXIÈME.

Ovide s'était embarqué à Brindes, *unde tritum iter in Græciam* (Cic.). Cette première tempête le surprit dans l'Adriatique (v. 92). Ce morceau dut être composé presque en présence des circonstances mêmes : il est brillant d'imagination.

29. *Patruo* (v. 10). Je voulais rendre *patruus*, et ne le pouvais faire par *oncle*, ni surtout ajouter *du côté paternel*. Il a donc fallu une périphrase.

30. *Quanti montes....* (v. 19). Comparez à cette tempête celle de Céyx (*Métam.*, xi, 478) : on y retrouve une foule de traits reproduits ici sans être affaiblis.

31. *Tumidus* (v. 24). Leçon de Burmann, au lieu de *tumidis;* les deux hémistiches se balancent mieux.

32. *Sicca* (v. 29). L'Ourse ne descend jamais au dessous de notre horizon, ou, selon les idées des anciens, ne se plonge jamais dans l'onde : *metuentes æquore tingi;* (Virg.) On a dit aussi que *sicca* représentait peut-être la sécheresse causée par le vent du nord. La première explication est la véritable. *Voyez* IV, iii, 2-6.

33. *Dimidia parte* (v. 44). C'est le *animæ dimidium meæ* d'Horace. Ainsi Corneille a dit :

La moitié de moi-même a mis l'autre au tombeau.

Ainsi, dans la ballade de Marie Stuart :

Adieu, France, adieu mes beaux jours!
La nef qui déjoint nos amours
N'a cy de moi que la moitié.
Une part te reste; elle est tienne :
Je la fie à ton amitié,
Pour que de l'autre il te souvienne.

34. *Posterior nono....* (v. 50). Le dixième flot, *decumanus* (chez les Grecs le troisième, τριχυμία). On suppose que cette super-

stition tient au système de Pythagore, où le nombre dix est sacré (*Métam.*, XI, 530, et SIL. ITAL., XIV, 122).

35. *Solita* (v. 54). On pourrait ici entendre « notre patrie, » si, dans Virgile, IX, 214, il ne signifiait, comme ici : « à laquelle on a coutume de rendre nos corps. » Quelques éditions ont *solida*.

36. *Athenas* (v. 77). Les Romains y allaient étudier l'éloquence et la philosophie.

37. *Non* (v. 78). Cette négation redoublée modifie deux fois le verbe *peto*, de cette manière : *Non peto oppida Asiæ, non peto (ea) loca, prius visa*. On pourrait cependant construire aussi : *Non peto Asiæ oppida (ut) loca non visa (quæ non viderim) prius : loca*, par apposition à *oppida*. Au fond, cela revient au même. Ovide nous apprend qu'il avait été en Asie avec Macer (*Pont.*, II, x, 21).

38. *Alexandri urbem* (v. 79). L'Alexandrie d'Égypte était une ville très-dissolue. (QUINT., I, 11, 7; MARTIAL, IV, XLII, 4.)

39. *Jocose* (v. 80). Dans le même sens qu'Ovide met souvent *musa jocosa*, « ma muse licencieuse. »

40. *Sarmatis* (v. 82). La Sarmatie était située au nord du Pont-Euxin, partie en Europe, partie en Asie.

41. *Lævi fera litora Ponti* (v. 83). La ville de Tomes était située à l'occident du Pont-Euxin, et par conséquent sur la rive gauche. Les fréquentes tempêtes de cette mer, ses côtes escarpées et hérissées d'écueils, l'avaient d'abord fait nommer *Axenus*; on l'appela ensuite *Euxinus* par euphémisme, et comme pour conjurer sa fureur, de même qu'on donna aux Furies le nom d'*Euménides*. Ovide joua plus d'une fois sur ce nom, comme sur le mot *læva*, *sinistra* (IV, IV, 56, 60; V, IX, 14, etc.; STRAB., VII, ch. 6.)

42. *Nescio quo* (v. 85). Ce que le désespoir fait ici dire à Ovide, est presque à la lettre vrai pour nous aujourd'hui. Le point géographique de la position de Tomes n'est pas déterminé, et les conjectures s'exercent encore dans un espace d'une vingtaine de lieues. On crut, il y a quelque trente ans, découvrir le tombeau d'Ovide; mais cette prétendue découverte, alors réfutée, ne s'est pas confirmée depuis.

43. *Si satis Augusti publica jussa mihi* (v. 102). Ce vers, un peu embrouillé en lui-même, a été retourné de bien des manières.

On a proposé, entre autres : *Si Laris Augusti publica visa salus,* correction un peu hardie, mais ingénieuse : « Si le salut de la patrie m'a paru attaché à celui de la maison d'Auguste. » M. Jahn garde le texte que nous donnons, mais sans donner autant de portée que nous à *publica*; il construit : *Si publica jussa (edicta) Augusti mihi satis (fuerunt)*, « Si je me suis montré assez docile aux ordres publics (aux décrets) d'Auguste. »

44. *Ita parcite* (v. 105). *Ita* n'est pas une simple formule de souhait, insignifiante en soi; ce mot a presque toujours un corrélatif avant ou après, exprimé ou sous-entendu, et signifie : *à ce prix, à cette condition, en revanche* (III, vi, 25). Il est d'ailleurs représenté plus bas dans les mots *sub conditione.*

45. *Fallor?* (v. 107). Que d'esprit, de finesse, dans cette dernière pensée si neuve et si inattendue !

ÉLÉGIE TROISIÈME.

Cette élégie est la plus dramatique des *Tristes.*

46. *Noctis* (v. 1). Quelle fut cette nuit? Il est bien difficile de le préciser; des savans en fixent la date au 8 des ides (le 6) de novembre. C'était vers la pleine-lune (v. 28), à moins que ce ne soit une fiction gratuite du poète pour embellir son tableau.

47. *Unus et alter* (v. 16). Dans les *Pontiques*, il fait mention de Rufus (II, xi, 9), Celsus (I, ix, 15-22), Gallion (IV, xi, 4) et Maxime (II, iii, 83).

48. *Nata* (v. 19). Sénèque (*A. Seren.*, ch. xvii), parle d'un certain Fidus Cornelius, gendre de Nason. Est-ce de notre poète qu'il veut parler?

49. *Jamque quiescebant....* (v. 27). L'harmonie de ce vers a quelque chose de calme et de solennel; c'est une imitation de Virgile (*Én.*, iv, 522) : *Nox erat, etc.,*

Quum tacet omnis ager, pecudes, pictæque volucres.

50. *Juncta* (v. 30). Ce mot ne veut pas dire qu'elle y touchât, mais qu'elle en était voisine. (*Voyez* II, 296; et III, 1, 69.)

51. *Placato Deo* (v. 40). On pourrait dire aussi : « Si le dieu s'apaisait, je pourrais encore être heureux; il pourrait me rendre

au bonheur. » J'ai donné la préférence à la pensée de sentiment; j'y ai vu le développement de *odiis exonerate fugam;* il n'implore pas son pardon, il désire que César ne le haïsse pas. *Voyez* II, 139, V, XI, 11, etc.

52. *Aversos* (v. 45). Le père Kervillars traduit ainsi : « Elle éclate en reproches amers contre ces dieux qui l'avaient si mal servie. » Comment ces reproches s'accordent-ils avec le vers qui suit? quelle heureuse influence en pouvait-elle attendre?

53. *Parrhasis Arctos* (v. 48). La grande Ourse ou le Chariot, constellation composée de sept étoiles, dont quatre forment comme les quatre extrémités d'un char, et les trois autres figurent le timon. — Parrhasie, ville d'Arcadie, où naquit Callisto, fille de Lycaon, roi de cette contrée. Callisto fut aimée de Jupiter, qui la plaça parmi les constellations célestes, près du pôle nord (*Métam.*, II, 411).

54. *Horam* (v. 54). « Je sais quand il faut que je parte, » leur disait-il, *certam viæ horam habeo :* « il n'est pas temps encore, » *non apta hora est.*

55. *In lucro est* (v. 68).

．．．． Extremum fato quod te alloquor hoc est,
(Virg., *Æneid.*, VI, 466.)

56. *Sic Metius doluit* (v. 75). J'adopte, avec M. Jahn, cette correction. Voici l'ancienne leçon, que donne l'édition Lemaire :

Sic Priamus doluit, tunc quum in contraria versus
Ultores habuit proditionis equus;

vers qu'on pourrait ainsi paraphraser : « Tel fut le déchirement de Priam, lorsque le cheval, changeant de direction (*ou* fatal à son royaume), vomit les vengeurs de la trahison d'Hélène qu'il renfermait dans son sein. » Mais il faut faire violence aux mots pour n'en rien tirer de satisfaisant. Heinsius regarde ce distique comme intercalé par une main étrangère, et comme une paraphrase du vers 26. Deux manuscrits ont *Metius,* et toute difficulté disparaît. *Voyez* Virgile, *Én.*, VIII, 642, et Denys d'Halicarnasse.

57. *Sarcina parva* (v. 84). Comparez *Philoctète* (Soph., v. 468) suppliant Néoptolème de le recevoir sur son vaisseau. Voyez encore les prières d'Achéménide dans Virgile, *Én.*, III.

58. *Utilitate* (v. 68). Il était en effet très-important pour Ovide qu'elle restât à Rome pour surveiller sa fortune, entretenir le zèle de ses amis, solliciter elle-même sa grâce. Ce trait a une sorte d'analogie, pour l'effet qu'il produit, avec ce vers si connu de Boileau :

> Se plaint de sa grandeur qui l'attache au rivage.

59. *Narratur* (v. 91). Que de tact, quelle délicatesse dans ce mot! il ne l'a su que plus tard; il n'eût pu sans doute supporter un pareil spectacle; partir dans un tel moment!

Lefranc de Pompignan a fait de cette belle élégie une traduction qui ne manque ni d'élégance ni de fidélité en quelques endroits; en voici les passages les plus saillans :

1. O nuit! cruelle nuit, témoin de mes adieux,
   Sans cesse ma douleur te retrace à mes yeux.
7. L'usage de mes sens tout à coup suspendu,
   Dérobe à mes apprêts le temps qui leur est dû :
   Mon cœur ne peut gémir, ordonner ni résoudre :
11. Semblable à ce mortel qui voit tomber la foudre,
    Et qui, frappé du bruit, environné d'éclairs,
    Doute encor de sa vie et croit voir les enfers.
13. J'ouvre les yeux enfin, mon trouble diminue :
16. Deux amis seulement frappent alors ma vue :
    Tous les autres fuyaient un ami condamné :
    Le sort d'un malheureux est d'être abandonné.
    Dans ce cruel moment je sens couler mes larmes :
17. Mon épouse éplorée augmentait mes alarmes.
19. Ma fille loin de nous ignorait mon malheur.
21. Hélas! tout nous offrait la douloureuse image
    D'une famille en pleurs que la Parque ravage.
25. Si d'un simple mortel le destin rigoureux
    Pouvait se comparer à des revers fameux,
    Tel fut le désespoir des habitans de Troie,
    Lorsque du fils d'Achille ils devinrent la proie.
28. L'astre brillant des nuits poursuivait sa carrière :
29. Je vois, à la faveur de sa douce lumière,
    Les murs du Capitole et ce temple fameux
    Dont le faîte couvrait mes foyers malheureux :
31. Dieux voisins, m'écriai-je, ô dieux de ma patrie!...
34. Recevez mes adieux et mes derniers hommages...

36. Qu'il me punisse, hélas! du moins sans me haïr.
37. Qu'il ne confonde point le crime et l'imprudence,
51. On accourt, on m'appelle, on presse mon départ:
    Cruels, un exilé peut-il partir trop tard?
52. Considérez du moins, quand vous hâtez ma fuite,
    Les lieux où l'on m'envoie et les lieux que je quitte.
55. Trois fois je veux partir, et trois fois ma faiblesse,
    Malgré moi, de mes pas interrompt la vitesse.
57. Je suspens, je finis, je reprends mes discours.
61. Et pourquoi me hâter! je vais dans la Scythie.
67. Seuls amis que le ciel souffre encor que j'embrasse,
    C'en est fait, je jouis de sa dernière grâce.
79. Bientôt autour de moi je sens ses faibles bras :
83. Non, cruel, non ; ta perte entraînera la mienne.
85. César t'a condamné, ton épouse est proscrite;
    César veut ton exil, et l'amour veut ma fuite.
91. Elle tombe, et j'ai su qu'en ces affreux instans
    Les ombres de la mort la couvrirent long-temps.
95. Dans ses foyers déserts elle me cherche en vain ;
    Elle accuse les dieux, César et le destin.
97. L'instant de mon trépas, ou ma fille expirée,
    D'un plus vif désespoir ne l'eût pas pénétrée.
99. Sa douleur mille fois aurait tranché ses jours :
    L'espoir de m'être utile en prolongea le cours.

ÉLÉGIE QUATRIÈME.

Cette élégie fut long-temps réunie à la précédente, malgré la différence du sujet, et quoiqu'elle en soit séparée dans les meilleurs manuscrits. Burmann prétend qu'elle devrait être placée avant la seconde élégie, et que cette tempête fut la première qu'Ovide éprouva. Cependant Ovide dit positivement ici qu'il est dans la mer Ionienne (v. 3), au lieu que l'autre dut avoir lieu dans l'Adriatique. Du reste, cette courte description, si voisine de l'autre, est froide et décolorée. Lefranc de Pompignan l'a traduite aussi comme tenant à la précédente élégie.

60. *Custos Erymanthidos Ursæ* (v. 1). La constellation du Bouvier, *Arcturus*, en grec Ἀρκτοφύλαξ, voisine du Chariot, disparaît de dessus notre horizon au mois de décembre, époque à laquelle eut lieu le départ d'Ovide. — Érymanthe, montagne et fleuve d'Arcadie, où Callisto était née (*Voyez* note 53).

61. *Turbat* (v. 2). Les anciens attribuaient, à cause de la coïncidence, au lever et au coucher de cette constellation les tempêtes qui, pendant ces deux saisons, régnaient dans ces parages.

62. *Pictos Deos* (v. 8). A présent encore la proue de nos navires est ornée d'un buste ou d'une petite statue qui représente l'image de ceux dont le bâtiment porte le nom. Voyez *Él.* xi, 2.

63. *Illyriis* (v. 19). Je crois qu'Ovide désigne par ce mot toute la côte de l'Épire.

ÉLÉGIE CINQUIÈME.

Cette élégie fut-elle adressée à Carus, duquel Ovide dit :

O mihi non dubios inter memorande sodales,
(*Pont.*, II, xi, 11.)

et Ovide joue-t-il ici sur le mot *carissime* pour faire allusion à lui, comme quand il dit :

Quique, quod es vere, Care, vocaris, ave?

Ne serait-ce pas plutôt à Celsus, qui l'avait empêché de se tuer (*Pont.*, I, ix, 21), comme il le dit ici aux vers 5 et 6 ?

64. *Thesea Pirithous* (v. 19). Thésée suivit Pirithoüs descendant aux enfers pour enlever Proserpine. Ils échouèrent dans leur entreprise, et restèrent prisonniers dans le Tartare. Hercule délivra Thésée, et Pirithoüs obtint, selon quelques mythologues, sa grâce de Proserpine.

65. *Phocæus.... Oresta* (v. 21). Oreste immola sa mère Clytemnestre, ainsi qu'Égysthe, son amant, aux mânes de son père, assassiné par eux. Poursuivi par les Furies en punition de ce crime, il entreprit, pour s'en délivrer, de longs voyages, où Pylade, fils de Strophius, roi de Phocide, accompagna son ami.

66. *Euryalus.... Niso* (v. 23). VIRGILE, *Én.*, ix.

67. *Probat* (v. 40). Suétone (*Aug.*, li) rapporte plusieurs exemples de clémence de la part d'Auguste; mais Octave ne s'était pas toujours montré si doux (*ibid.*, xv, xvii, xxvii).

68. *Causa mea est melior* (v. 41). Voyez II, 41-52.

69. *Simplicitate* (v. 42). On pourrait, jusqu'à un certain point,

expliquer ce mot en disant qu'il fut dupe de la confiance qu'il avait témoignée à ceux de ses amis auxquels il avait confié ce qu'il avait vu. *Voyez* la note 13.

70. *Pars etiam mecum moriatur* (v. 51). Une note de l'édition Lemaire prétend qu'il veut parler de son esprit, que son accablement met hors d'état de composer des vers dignes de lui, ou du moins qu'il désigne par là sa réputation qui périra flétrie par la tache de son exil, ou par l'impossibilité de rien écrire au milieu des Scythes. Le commentateur a complètement battu la campagne. Ovide fait allusion à sa faute, connue de tout le monde (IV, xi, 99), mais qui ne sortira jamais de sa bouche, qu'il voudrait pouvoir ensevelir avec lui, et dont le souvenir fait son plus grand supplice (I, iii, 40; II, 139, 208; III, vi, 27-32; IV, x, 100; V, xi, 11; et *Pont.*, I, 1, 61).

71. *Si vox infragilis* (v. 53). Traduction d'Homère (*Iliade*, ii, 490).

72. *Pluraque ora* (v. 54). Virgile, *Géorg.*, ii, 43.

73. *Neritio* (v. 57). Nérite, montagne de l'île d'Ithaque.

74. *Dulichium* (v. 67). Dulichie, l'une des Échinades probablement, formait avec Ithaque et Céphallénie, dont la capitale était Samos ou Same, tout le royaume d'Ulysse.

75. *Perpetuo patria tellure carendum* (v. 83). Il ne disait que trop vrai, puisqu'il périt à Tomes après sept ans environ d'exil. Auguste songeait à révoquer son arrêt, quand la mort le surprit. Tibère ne rappela pas Ovide, circonstance qui pourrait faire croire qu'il était pour quelque chose dans le décret d'exil.

ÉLÉGIE SIXIÈME.

76. *Clario* (v. 1). La note de l'édition Lemaire dit qu'il s'agit de Callimaque; et comme on sait que Callimaque était de Cyrène, *Clario* y est expliqué par *Apollineo*, épithète de remplissage. Cependant Plutarque (t. vi, p. 403, édit. Reiske) et Athénée (xiii, ch. 70) nous apprennent qu'Antimaque composa une élégie sur la mort de Lydé, son épouse, qu'il aimait éperdûment. Selon toute apparence, Ovide désigne ici par *Clario*, comme plus bas par *Coo*, la patrie de ce poète, que d'autres disent être de Colo-

.phon, ville voisine de Claros. Peut-être la méprise de l'éditeur des Classiques latins vient-elle de ce vers de Properce, III, 1, 1 :

<pre>Callimachi manes et Coi sacra Philetæ :</pre>

mais si Callimaque composa des élégies, ce qui n'est pas douteux, rien n'indique que ce fut sur Lydé, et Properce et Ovide peuvent bien avoir voulu désigner deux poètes différens.

77. *Coo suo* (v. 2). Philétas, comme nous l'avons vu ci-dessus. L'édition Lemaire porte *Phileni*, je ne sais par quelle raison. Quintilien (x, ch. 1) parle de Callimaque, d'Antimaque et de Philétas.

78. *Laodamia* (v. 20). Elle avait voulu suivre Protésilas, partant le lendemain de ses noces pour Troie; son époux s'y était opposé. Il périt après avoir le premier touché le sol de la Troade. A cette nouvelle, elle mourut de douleur. (*Voyez* HOMÈRE, *Iliade*, II, 698; OVIDE, *Métam.*, XII, 67; *Hér.*, XIII; LUC., *Dialog.* XIX et XXIII.) Virgile (VI, 447) place Laodamie dans le champ des Pleurs.

79. *Mæonium* (v. 21). *Voyez* la note 16.

80. *Femina princeps* (v. 25). Marcia, fille de Marcius Philippe, beau-père d'Auguste, dont il avait épousé la mère, Atia (Attia ou Accia), sœur de Jules-César. Marcia était femme de Maxime, l'un des favoris d'Auguste (*Pont.*, I, II, 139; et III, 1, 77).

81. *Carminibus vives* (v. 36). Ovide veut dire seulement à sa femme : « Ton nom vivra autant que mes vers, » comme l'explique le vers précédent. *Voyez* V, XIV, 4. Ainsi, Boileau a dit (*Ép.* 1) :

<pre>Toutefois si quelqu'un de mes faibles écrits
Des ans injurieux peut éviter l'outrage,
Peut-être pour ta gloire aura-t-il son usage.</pre>

ÉLÉGIE SEPTIÈME.

82. *Imagine* (v. 1). Macrobe (*Sat.* VII, 13) cite sur les anneaux un passage fort intéressant d'Ateius Capiton. *Voyez* la note 85.

83. *Hederas* (v. 2). La couronne de chêne caractérisait le poète héroïque; celle de lierre le poète élégiaque.

84. *Temporibus* (v. 4) ne signifie pas « ma tête, » comme le

dit la note de l'édition Lemaire. Ce mot contraste avec *felicia signa*, et a le même sens que I, 1, 4 ; III, 1, 10, etc.

85. *Effigiem complexus in auro* (v. 7). On se contenta d'abord de graver quelques lettres sur la matière même de l'anneau ; plus tard on enchâssa dans l'or des pierres précieuses sur lesquelles on grava des devises ou des portraits.

86. *Carmina major imago* (v. 11). *Voyez* III, 111, 77.

87. *Infelix opus?* ou *infelix fuga?* (v. 14). Je me suis décidé pour le dernier : le premier serait tout aussi bon ; l'un entraîne l'autre.

88. *Thestias* (v. 18). Althée, pour venger la mort de ses deux frères, tués par son fils Méléagre, jeta dans un brasier ardent le tison fatal auquel ses jours étaient attachés (*Métam.*, VIII, 464).

89. *Primi fronte libelli* (v. 33). Quelques éditions ont *prima* ; mais Heinsius fait observer fort judicieusement que *libellus* doit désigner l'un des quinze livres, et non l'ouvrage entier, qu'ailleurs Ovide appelle *majus opus*.

ÉLÉGIE HUITIÈME.

A qui fut adressée cette élégie? Ovide se plaint (*Pont.*, II, IV, 3) de la froideur d'Atticus : plusieurs vers, que nous rapprocherons plus bas, semblent indiquer quelque analogie entre ces deux pièces. *Voyez* aussi *Tristes*, IV, VII, et V, XIII.

90. *In caput alta suum* (v. 1). Ce vers, ainsi que le cinquième, paraît imité d'un chœur de la *Médée* d'Euripide, v. 410.

91. *Conversis equis* (v. 2). Lorsqu'Atrée, ayant fait égorger les enfans de Thyeste son frère, les lui fit servir, le soleil recula d'horreur (II, 392).

92. *Illud amicitiœ* (v. 15). Voyez *Pont.*, II, III, 19.

93. *Torlusus* (v. 31). Ovide dit la même chose à Atticus, II, IV, 9.

94. *Adscitus in genus omne loci* (v. 34). C'est encore ce qu'il dit du même personnage, *ibid.*, v. 19, où l'on retrouve *locis*, qui a déterminé ici la même leçon au lieu de l'ancienne, qui était *joci*.

95. *Aut mala nostra minus quam nunc* (v. 45). Heinsius avait remplacé *aut* par *at* d'après quelques manuscrits ; mais je ne comprends pas l'opposition marquée par *at*. Burmann, qui sans

doute en était choqué aussi, proposait : *At mala nostra prius, quam nunc...* « Mais non : ce ne serait pas d'aujourd'hui que tu aurais vu mes maux avec indifférence, et je n'aurais pas le droit de t'accuser de cruauté. » Je ne vois pas qu'il soit nécessaire de rien changer : *aut* veut dire ici : « autrement, sans cela. »

96. *Careant numeris suis* (v. 48). C'est comme si Ovide disait : *tempora nostræ amicitiæ non fuere numeris omnibus absoluta* : notre amitié resta ébauchée (pour me servir de sa métaphore) : nous n'y pûmes mettre la dernière main. *Voyez* V, XIII, 10.

ÉLÉGIE NEUVIÈME.

Cette élégie est adressée à un orateur (v. 46 et 57) : quel était-il ? Nous trouvons d'abord Maxime, de l'illustre famille des Fabius (*Pont.*, IV, VI, 9), parent de la troisième femme d'Ovide (*Pont.*, I, II, 138), l'un des favoris d'Auguste (*voyez* TACITE, *Ann.*, I, 5, et PLIN., VII, 45), dont Ovide vante l'éloquence (*Pont.*, I, II, 69; II, III, 2) : ensuite Cotta, fils de Valerius Messala Corvinus, frère de Valer. Messalinus, célèbre aussi par son talent oratoire (*Pont.*, III, V, 7; et IV, XVI, 42). De ces deux orateurs, je crois qu'il s'adresse ici au premier, et voici mes raisons. D'abord le vers 5 s'applique très-bien à un homme qui jouit de la faveur du prince. En second lieu, le vers 47 indique qu'Ovide a assisté à ses premiers débuts : or, nous voyons (*Pont.*, II, III, 70, etc.) qu'il le vit naître. Une troisième et dernière conjecture, c'est que, selon toute apparence, l'élégie 4e du livre IV est adressée au même personnage ; or, nous y trouvons le récit de la reconnaissance d'Oreste et d'Iphigénie, récit qu'Ovide raconte de nouveau à Cotta (*Pont.*, III, II, 61) : et ce poète ne l'aurait pas adressé deux fois à la même personne.

97. *Donec eris felix* (v. 5). Comparez *Élég.* V, 27.
98. *Nec solet irasci* (v. 25). *Voyez* la note 67, et livre II, v. 41.
99. *Comite Orestæ* (v. 27). *Voyez* I, V, 21; IV, IV, 65-82; et *Pont.*, III, II, 59-98.
100. *Tonitrusve sinistri* (v. 49). Le tonnerre grondant à gauche était regardé comme un heureux augure, parce qu'il était alors censé partir de la droite des dieux.

DU LIVRE PREMIER.

ÉLÉGIE DIXIÈME.

J'ai été obligé de refondre l'argument latin même : celui qui l'avait fait n'avait pas bien compris cette élégie, qui au reste n'a pas été entendue des commentateurs latins.

101. *Sitque, precor* (v. 1). Le souhait que forme ici Ovide, est sans doute de retrouver ce navire pour retourner à Rome.

102. *Picta casside* (v. 2). *Voyez* la note 62. Ce vaisseau s'appelait peut-être *Galeata*.

103. *Cenchris* (v. 9). Ovide laissa son premier navire au port de Léchées, dans le golfe de Corinthe, traversa à pied l'Isthme, que les petits bâtimens passaient sur des chariots (PLINE, IV, 5), et s'embarqua à Cenchrée sur un second navire, celui dont il est ici question.

104. *Æoliæ Helles* (v. 15). *Voyez* v. 27, et III, XII, 3. Hellé, fille d'Athamas, roi de Thèbes, fuyait en Colchide avec Phryxus, son frère, pour se soustraire à la haine d'Ino, sa marâtre : elle voulut traverser l'Hellespont sur un bélier à toison d'or que Jupiter leur avait donné; mais, saisie de crainte, elle tomba dans la mer.

105. *Tenui limite* (v. 16). Ce vers ne peut pas désigner le canal long et étroit de l'Hellespont, comme on l'a cru jusqu'ici, puisqu'Ovide n'y entra pas : il faut entendre par *iter longum* la distance qui sépare Cenchrée de l'entrée de l'Hellespont, et par *tenui limite* le sillon du navire.

106. *Hectoris urbe* (v. 17). Il laissa Troie, qu'il avait à sa droite. Ici encore les commentateurs s'égarent.

107. *Zerynthia* (v. 19). Zérynthe était le nom d'une caverne de Samothrace, célèbre par les mystères des Cabires.

108. *Saltus ab hac* (v. 21). Ce vers doit être entre parenthèses; car *hactenus*, dans le vers suivant, ne se rapporte pas à Tempyre, ville de Thrace, mais à Samothrace, où Ovide quitta son navire, qui reprit alors la route de l'Hellespont pour se diriger vers Tomes. Nous verrons plus bas qu'Ovide prit un troisième vaisseau pour aller de Samothrace à Tempyre.

109. *Lampsace* (v. 26). L'ordre géographique est ici interverti

par le poète : cette ville ne devait être nommée qu'après Sestos et Abydos.

110. *Propontiacis* (v. 29). La Propontide est la partie de l'Hellespont qui s'élargit. Cyzique était sur la côte d'Asie.

111. *Apollinis urbem* (v. 35). Apollonie.

112. *Dictas nomine, Bacche, tuo* (v. 38). Dionysiopole.

113. *Alcathoi a mœnibus ortos* (v. 39). Calatis.

114. *Miletida ad urbem* (v. 41). Tomes. Voyez III, ix, 3.

115. *Hæc insula* (v. 45). Quelle pouvait être cette île, sinon Samothrace? Il y était donc resté, comme nous l'avons dit.

116. *Duplici viæ* (v. 46). C'est qu'il va s'embarquer sur un troisième vaisseau pour traverser la mer de Thrace, *Bistonias aquas*.

— Je ne crois pas qu'il puisse rester le plus léger doute sur l'itinéraire d'Ovide. Une note dans l'édition Lemaire veut qu'il n'y ait qu'un seul vaisseau, et que le second ne soit qu'une métaphore qui désigne sa route par terre. Il faut avouer que cette métaphore serait un peu forcée. Et que signifierait *hæc insula?* cette supposition est tout-à-fait inadmissible.

ÉLÉGIE ONZIÈME.

117. *Cycladas* (v. 8). Ainsi nommées parce qu'elles semblaient rangées en cercle (κύκλος) autour de Délos. Voyez PLINE, IV, 22.

118. *Hac cura* (v. 12). On aurait pu traduire : « Mon esprit fut distrait par cette occupation. » On trouve dans Ovide même des exemples de cette construction (*insignes ab arte*, IV, x, 16). Le sens auquel j'ai donné la préférence est plus latin, et tout aussi satisfaisant pour la pensée : c'est ainsi qu'il dit (III, II, 16) :

Fallebat curas ægraque corda labor.

119. *Steropes* (v. 14). Stérope, une des Pléiades.

120. *Erymanthidos Ursæ* (v. 15). Voyez la note 60.

121. *Hyadas seris aquis* (v. 16). Cette épithète a beaucoup exercé les critiques : les uns ont proposé *sævis*; les autres l'ont commentée par *diris, gravibus*; je crois qu'Ovide a dit par hypallage *seris aquis* pour *seras Hyadas*. Cette constellation, composée de plusieurs étoiles dans la tête du Taureau, se couche en décembre. (AULU-GELLE, XIII, III, I.)

122. *Nunc quoque* (v. 19). Cette élégie fut donc encore écrite avant son arrivée à Tomes et pendant une troisième tempête. Il en faut conclure qu'Ovide, après avoir traversé la Thrace, dans sa partie la plus étroite sans doute, se rembarqua sur le Pont-Euxin : ce qui confirme cette conjecture, c'est qu'il dit plus bas *barbara pars læva est :* pour avoir la Thrace à sa gauche, il fallait bien qu'il fût sur mer.

123. *In nostris hortis* (v. 37). Ovide nous apprend (*Pont.* I, VIII, 43) qu'il avait de beaux jardins situés sur une colline près de Rome, entre la voie Clodia et la voie Flaminia. Nardini les place près du pont Milvius : on découvrit à cet endroit, en 1674, un tombeau de la famille des Nasons.

LIVRE DEUXIÈME.

ÉLÉGIE UNIQUE.

Ce dut être immédiatement après son arrivée dans le Pont qu'Ovide composa cette espèce de mémoire justificatif; peut-être même y travailla-t-il pendant son voyage.

Ovide, dans ce second livre, fait semblant de prendre au sérieux l'un des deux *considérans* de son arrêt, et entreprend une longue et brillante défense de son *Art d'aimer :* « Mais ce n'est là qu'une complaisance de flatteur ; l'*Art d'aimer*, qui était depuis dix ans entre les mains de tout le monde (*voyez* v. 539), n'avait besoin ni d'apologie ni d'excuse ; il n'était incriminé que pour la forme : Ovide le savait bien ; mais il croyait plaire à Auguste en dépensant beaucoup d'esprit pour colorer de quelque vraisemblance un mensonge officiel ; du fond de son exil, le malheureux ne songeait qu'à plaire. » (CUVILLIER-FLEURY, *Revue de Paris*, t. XVI, p. 200.)

1. *Femina virque* (v. 5). Hommes et femmes, pour dire, « tout le monde sans distinction de sexe ; » comme plus bas (v. 23) : *matresque nurusque*, « les matrones et leurs brus ; les dames âgées et les plus jeunes », pour dire, « toutes les femmes sans distinction d'âge. »

2. *Jam demum visa* (v. 8). Ovide suppose, contre toute apparence, qu'Auguste n'avait pas encore jeté les yeux sur son *Art d'aimer*, pour rendre moins invraisemblable qu'il ne l'ait condamné qu'au bout de dix ans. *Voyez* notes 16 et 187.

3. *Teuthrantia regna tenenti* (v. 19). Télèphe. *Voyez* la note 22 du livre I.

4. *Matresque nurusque* (v. 23). *Voyez* la note 1.

5. *Opi* (v. 24). Auguste avait en effet ordonné, l'an 746 de Rome, que les Opalies fussent célébrées chaque année le 19 décembre, et durassent trois jours.

6. *Ludos* (v. 25). Les jeux Séculaires, célébrés tous les cent dix ans, et pour lesquels nous avons d'Horace l'*ode* 21, livre 1er, et la dernière *épode*, le furent pour la cinquième fois par Auguste l'an de Rome 737. *Voyez* Dion Cassius, liv. LIV, ch. 18.

7. *Adspicit* (v. 26). Ovide fait allusion à la formule dont le héraut se servait pour les annoncer : *Hos ludos qui facturi sunt, nemo vestrum vidit, nec visurus est.*

8. *Nisi peccassem* (v. 31). Où trouver plus d'esprit et de grâce ?

9. *Patriæ pater* (v. 39). Sur ce titre, *voyez* Suétone, *Aug.*, LVIII.

10. *Non concessurus* (v. 43). C'est ce que disent Cicéron (*pro Marc.*, VI) du parti de Pompée, et Salluste (*Catil.*, XXXVIII) des factions qui déchiraient la république. *Voyez* la note 67 du livre I ; et *élég.* IX, v. 25.

11. *Causa mea* (v. 51). Comparez I, v, 41.

12. *Tertia numina* (v. 53). On pourrait entendre aussi : « par la mer, par la terre, par les dieux enfin ; » c'est-à-dire, « en troisième lieu. » Mais Ovide veut dire : « par les dieux de la mer, de la terre, par ceux du troisième empire (du ciel). » Il a lui-même déterminé le sens de ce passage, *Am.*, III, VIII, 49 :

> Quid tibi cum Pelago? terra contenta fuisses :
> Cur non et cœlum? tertia regna, petis :

C'est ainsi qu'il faut entendre le *triplex opus* du vers 426.

13. *Tarde* (v. 57). Voyez *Métam.*, XV, 868.

14. *Parsque fui* (v. 58). L'édition Lemaire porte *fuit* : c'est une faute typographique.

15. *Præconia* (v. 65). *Voyez* la fin du XVe livre des *Métam.*,

v. 851 et suiv. — *Vestri*, parce qu'il loue Jules-César et Auguste.

16. *Hostis* (v. 77). Ovide rejette ainsi sa condamnation sur un de ses ennemis, pour en disculper Auguste.

17. *Sic* (v. 79). L'édition allemande a *quoque*; alors on pourrait traduire : « Il craignait que les vers... ne te fussent lus aussi par un autre dont le jugement m'eût été plus favorable. » De cette manière, *judicio* se rapporterait à un autre lecteur qui eût pu chercher à exercer sur Auguste une influence bienveillante. Ovide insinuerait peut-être aussi par là que les vers à la louange d'Auguste ne lui ont pas été lus. Avec *sic* il faut entendre, comme je l'ai fait, « il agit ainsi pour que mes vers ne trouvassent pas en toi un juge trop bienveillant. » — J'aimerais mieux *possent*, à l'imparfait.

18. *Tecta* (v. 86). D'autres manuscrits ont *tracta*, qui donne plus d'énergie à la phrase.

19. *Prætereuntis equo* (v. 90). Il s'agit sans doute de la revue des chevaliers faite par les censeurs tous les cinq ans, et qu'Auguste fit lui-même plusieurs fois à ce titre. Il y avait aussi, le 15 juillet, une revue des chevaliers en mémoire de la victoire remportée près du lac Régille par le secours de Castor et Pollux. (SUÉT., *Aug.*, XXXVIII, XXXIX; DEN. D'HALIC., VI, 13.)

20. *Adeptus eram* (v. 92). Ovide veut dire que s'il ne mérita pas d'éloges réels, du moins il ne mérita pas le blâme; *si nullam laudem, at certe nullum crimen* (accusation) *adeptus sum*. Ce mot *adeptus* ne se trouve ici qu'à cause de l'ellipse du mot *laudem*, à moins qu'on n'aime mieux le prendre en mauvaise part, contre l'ordinaire, comme dans Suétone (*Domit.*, XIV), *adipisci mortem*. Les critiques ont regardé ce mot comme altéré dans le texte. Heinsius propose *adortus*, parce que Virgile a dit *majus adorta nefas*. Cette conjecture ne me semble pas très-satisfaisante.

21. *Decem decies viris* (v. 94). Le tribunal des centumvirs se composait de trois citoyens choisis dans chacune des trente-cinq tribus, ce qui en portait le nombre à cent cinq. On est assez peu d'accord sur la matière de leurs jugemens : les uns disent que c'étaient des causes d'intérêt public; d'autres des causes particulières, principalement pour les héritages et les testamens. — *Lisque* est une conjecture de Heinsius; les manuscrits donnent *usque*.

22. *Judex* (v. 95). C'étaient des espèces d'arbitres, non consti-

tués en dignité, choisis par le préteur. D'autres croient que ce mot désigne la charge de triumvir.

23. *Cur aliquid vidi* (v. 103). *Voyez* la note 13 du livre I.

24. *Actæon* (v. 105). Voyez *Métam.*, III, 174.

25. *Clara nobilitate* (v. 112). *Voyez* IV, x, 7.

26. *In neutrum conspiciendus* (v. 114). Ovide a-t-il voulu dire, comme je le pense : « Le caractère propre du chevalier est de ne se faire remarquer ni par sa pauvreté ni par ses richesses ? » ou bien : « Cet état de fortune constitue un chevalier qui, dans son ordre, ne se fait remarquer par aucun de ces deux excès ? »

27. *Eventu pœnæ* (v. 125). Périphrase pour *in pœna. Eventum* est ici pour *effectus*, la réalisation, l'application du châtiment.

28. *Paternæ opes* (v. 129-130). Voyez *Pont.*, I, VIII, 41 et suiv., et la note 123 du livre I.

29. *Relegatus... exsul* (v. 137). L'exil était un arrêt rendu par le sénat ou par un tribunal (*voyez* v. 131, 132); il emportait la confiscation des biens; il était même, dans la rigueur du terme, à perpétuité : le bannissement était temporaire, et prononcé par le prince.

30. *Pœna est displicuisse* (v. 140). *Voyez* les notes 51 et 70 du livre I.

31. *Ut in populo* (v. 158). *Voyez* la note 11 du livre I.

32. *Livia* (v. 161). Livie Drusille, mariée d'abord à Tibère Claude Néron, dont elle avait déjà Tibère, inspira une telle passion à Auguste, que, pour l'épouser, quoiqu'elle fût enceinte (de Drusus son second fils), il répudia Scribonia.

33. *Natus* (v. 165). Auguste n'eut pas d'enfans de Livie; mais elle sut lui faire adopter ses deux fils, Tibère et Drusus, et on l'accuse d'avoir fait périr Caïus, Lucius et Agrippa Posthumus, petits-fils d'Auguste (Suét., *Aug.*, LXIV), pour assurer l'empire à Tibère, que désigne ici le mot *natus*; car Drusus, son frère, était déjà mort. *Voyez* la note 36.

34. *Nepotes* (v. 167). Drusus, fils de Tibère, et Germanicus, neveu de Tibère et son fils par adoption, tous deux petits-fils adoptifs d'Auguste. Ce mot ne peut s'appliquer ici à Caïus, Lucius et Agrippa Posthumus, fils de Julie, et dont nous avons parlé dans la note précédente, parce que ces trois princes étaient morts à cette époque; d'ailleurs, Ovide connaissait la haine que leur

portaient Tibère et Livie, et il savait que Tibère et Livie pouvaient tout sur l'esprit d'Auguste.

35. *Sui parentis* (v. 168). Tibère, père de Drusus, et, par adoption, père de Germanicus, son neveu, comme nous l'avons dit précédemment.

36. *Ausonium ducem* (v. 171). Tibère, et non, comme le veulent quelques critiques, Drusus son frère, qui était mort l'an 9 avant J.-C, époque antérieure de dix-huit ans environ à celle où écrivait Ovide.

37. *Solitis alis* (v. 171). *Voyez* l'énumération des conquêtes d'Auguste, SUÉTONE, XXI.

38. *Dimidio tui* (v. 175). *Voyez* la note 33 du livre I.

39. *Sic redeat* (v. 177). *Voyez* la note 44 du livre I.

40. *Pater patriæ* (v. 181). *Voyez* la note 9.

41. *Mitius exsilium* (v. 185). *Voyez* v. 577 et *passim*.

42. *Septemplicis Istri* (v. 189). Pline (IV, 24 *ad fin.*) ne compte que six embouchures.

43. *Parrhasiæ virginis axe* (v. 190). Le char de la vierge de Parrhasie. — *Axis*, la partie pour le tout. *Voyez* les notes 53 et 60 du livre I.

44. *Jaziges, etc.* (v. 191). Sur les peuples qui sont au delà du Danube, *voyez* PLINE, IV, 25.

45. *Colchi* (v. 191). La Colchide était de l'autre côté du Pont-Euxin. Ovide ne suit donc pas ici un ordre didactique ; il use du privilège de la poésie, et nomme en général des Barbares, mais non pas seulement ceux dont il n'était séparé que par le Danube.

46. *Metereaque turba* (v. 191). On ne trouve aucune indication sur ce peuple : cette leçon a donc paru suspecte ; mais Ovide a bien pu entendre parler à Tomes d'une petite peuplade barbare qui portât ce nom, et dont le souvenir soit perdu.

47. *Euxini sinistri* (v. 197). *Voyez* la note 41 du livre I.

48. *Hæret in imperii margine* (v. 200). *Voyez* V, 11, 31 ; et *Pont.*, II, VII, 65-68.

49. *Duo crimina, carmen et error* (v. 207). *Voyez* la note 13 du livre I.

50. *Silenda* (v. 208). *Voyez* la note 70 du livre I ; et *Pont.*, II, IX, 75.

51. *Timida manu* (v. 228). Dans l'édition Lemaire, la virgule

est placée avant *timida*, de sorte que ce mot, avec son substantif, semble se rapporter à *capta :* « et les étendards que prit son faible bras; » ou même : « qu'il osait à peine toucher. » En déplaçant la virgule, le sens m'a paru plus naturel et plus simple.

52. *Signa* (v. 228). Phraate avait rendu à Auguste les étendards pris sur Crassus. Ils furent placés dans le temple de Mars Vengeur. Aucun exploit ne flatta autant Auguste que ce succès obtenu par la seule terreur de son nom et sans effusion de sang; aucun ne fut autant célébré par les poètes. Voyez *Fastes*, v, 551 ; et vi, 465; Virgile, *Én.*, vii, 606; Horace, *Od.*, IV, xv, 6; *Ép.*, I, xviii, 56.

53. *Legum tuarum* (v. 233). Voyez Suétone, *Vie d'Auguste*, xxiv, xxxii, xxxiv, xxxv, xxxix, etc.

54. *Este procul* (v. 247). Ces quatre vers sont dans le premier livre de l'*Art d'aimer*, vers 31 à 34.

55. *Vittæ* (v. 247). C'était une gaze fine qui couvrait la tête, et d'où pendaient deux barbes par derrière. Cet ornement était interdit aux courtisanes.

56. *Instita* (v. 248). Large bande ou frange cousue au bas des robes, et, par synecdoque, la robe elle-même.

57. *Legitimum* (v. 249). Ovide a bien soin de dire qu'il n'a pas violé les sévères lois qu'Auguste avait établies contre l'adultère. C'est dans ce but qu'il a remplacé par ces mots les mots *nos Venerem tutam* qui se trouvent dans son *Art*, iv, 33.

58. *Ecquid* (v. 251). Ce mot se trouve plusieurs fois dans Ovide pour *an non*.

59. *Submovimus* (v. 251). Il le dit encore *Pont.*, III, iii, 51.

60. *Stola* (v. 252). La *stola* ne se distinguait de la *toga*, selon quelques commentateurs, que par la bordure ou frange *instita*, interdite aussi aux courtisanes.

61. *At matrona* (v. 253). Ovide suppose qu'on lui fait ici cette objection : « Mais cet *Art*, que vous dites destiné à d'autres, peut bien aussi corrompre les femmes honnêtes ; elles y peuvent trouver de quoi s'instruire, quoique ce poëme ne soit point fait pour elles. » A cela Ovide répond : « Il faut donc les condamner à ne jamais rien lire. » Ce passage n'avait pas encore été jusqu'ici, que je sache, entendu par les commentateurs. *Artibus* désigne ici le poëme d'Ovide, il faut donc une capitale.

62. *Annales* (v. 259). C'est l'ouvrage d'Ennius qui porte ce titre : il faut donc une capitale aussi. Ovide appelle plus bas Ennius *arte rudis* (v. 424).

63. *Æneadum genitrix* (v. 261). Ovide désigne le poëme de Lucrèce, qui commence par une magnifique invocation à Vénus. Il en parle encore au vers 425.

64. *Unde sit* (v. 262). Une note de l'édition Lemaire commente ces mots par *unde ducat originem*. Nul doute qu'Ovide ne fasse ici, au contraire, allusion à la naissance d'Énée, fils d'Anchise et de Vénus.

65. *Nil prodest, quod, etc.* (v. 266). Plutarque nous offre, dans le traité *de l'Utilité des ennemis*, chap. II et III, la contre-partie de cette pensée : « On peut tout utiliser. » Il emploie d'ingénieux développemens, et c'est un rapprochement très-piquant à faire. Sénèque (*Questions nat.*, v, 18) développe aussi cette idée que « l'homme abuse de tout. »

66. *Facundia* (v. 273). *Voyez* une page éloquente de Quintilien (II, 16), sur l'abus de l'éloquence.

67. *Arena* (v. 282). On répandait du sable sur le sol pour les combats de gladiateurs.

68. *Non tuta licentia circi* (v. 283). Voyez *Art d'aimer*, I, 136 :

Multa capax populi commoda circus habet.

69. *Erichthonium* (v. 294). Voyez *Métam.*, II, 553.

70. *Tua munera* (v. 295). Auguste, après la défaite de Brutus et Cassius, fit élever un temple en l'honneur de Mars Vengeur sur le *forum Augusti*. Voyez Suétone, XXIX.

71. *Stat* (v. 296). Ce mot ne peut pas signifier « Vénus entre les bras de Mars, » comme on l'a dit ; il désigne une statue de cette déesse placée peut-être à la porte du temple de Mars, en regard de celle de ce dieu, ou du moins à la porte du temple de Vénus même, situé en face de celui de Mars (car *juncta* veut dire ici *voisine, près de*, comme III, 1, 69). Si Auguste avait fait représenter les filets de Vulcain sur la porte du temple de Mars, Ovide n'eût pas eu la maladresse de blâmer cette scène au vers 377 ; il ne veut rappeler ici que la déesse des amours en général.

72. *Viro* (v. 296). Cette leçon a paru suspecte ; on a proposé de la remplacer par *quid* avec point interrogatif ; mais on n'a pas songé

que ce mot *viro* explique pourquoi la statue de Vénus se serait trouvée en regard de celle de Mars; c'est qu'il était aussi son époux. S'il fallait changer ce mot, j'aimerais mieux encore le remplacer par *Deo*.

73. *Isidis* (v. 297). La nymphe Io fut aimée de Jupiter, qui, pour la soustraire à la jalousie de Junon, la métamorphosa en génisse. Junon, pénétrant le mystère, demanda à son époux qu'il lui en fît présent, et la confia à la garde d'Argus, que Jupiter fit tuer par Mercure. Junon la fit tourmenter alors par les Furies. Elle parcourut le continent, traversa les mers et aborda en Égypte, où enfin elle recouvra sa première forme, et prit le nom d'Isis. Voyez *Métam.*, I, et Virgile, *Géorg.*, III, 152.

74. *Latmius heros* (v. 299). Endymion, que Diane ou Phébé venait visiter chaque nuit dans une grotte du Latmus, montagne sur les confins de l'Ionie et de la Carie. *Voyez* Pausanias, V, 1.

75. *Jasion* (v. 300). *Voyez* Homère, *Odyssée*, v, 125.

76. *Rea est* (v. 306). Ainsi Rousseau a dit, dans la préface de son *Héloïse* : « Toute fille qui ouvre ce livre est perdue. »

77. *Nudas* (v. 309). C'était aux jeux Floraux, qui étaient célébrés vers la fin d'avril, la nuit, à la lueur des flambeaux, par des courtisanes, avec une licence effrénée.

78. *Thebas* (v. 319). Stace a voulu répondre à cet appel. *Voyez* aussi la tragédie de Sénèque, et celle de Racine.

79. *Duce suo* (v. 320). Adraste, Amphiaraüs, Hippomédon, Capanée, Tydée, Parthénopée, Polynice, attaquaient chacun une des sept portes de la ville. *Voyez* les *Sept devant Thèbes* d'Eschyle.

80. *Arguor immerito* (v. 327). *Voyez* 531.

. . . . Non omnia possumus omnes
   (Virg., *Buc.*, VIII, 62.)

La nature, fertile en esprits excellens,
Sait entre les auteurs partager les talens :
L'un peut. . . .
   (Boileau, *Art poét.*, I.)

81. *Tenuis* (v. 327).

. . . . Je n'ai ni le ton ni la voix assez forte.
   (Boileau, *Disc. au Roi*.)

Je mesure mon vol à mon faible génie.
   (*Ibid.*)

82. *Onus* (v. 334).

> .... Ma muse tremblante
> Fuit d'un si grand fardeau la charge trop pesante.
> ....
> Aussitôt je m'effraie, et mon esprit troublé
> Laisse là le fardeau dont il est accablé.
>
> (Boileau, *Disc. au Roi.*)

Voyez aussi Hor., *Ép.* II, 1, 258 :

> .... Nec meus audet
> Rem tentare pudor, vires quam ferre recusent.

83. *Cæsaris* (v. 335).

> Pour chanter un Auguste il faut être un Virgile.
>
> (*Ibid.*)

84. *Detrectare* (v. 337).

> (Ma muse) Touchant à tes lauriers craindrait de les flétrir.
>
> (*Ibid.*)

85. *Leve opus* (v. 339).

> Sur de moindres sujets *je m'*exerce et *m'*amuse.
>
> (*Ibid.*)

86. *Fabula* (v. 350). *Voyez* IV, x, 68.
87. *Mores* (v. 353). *Voyez* I, ix, 59.
88. *Accius* (v. 359). Célèbre auteur tragique dont il ne reste que des fragmens. *Voyez* dans Aulu-Gelle, xiii, 2, son entrevue avec Pacuvius.
89. *Teia Musa* (v. 364). Anacréon.
90. *Sappho* (v. 365). Voyez *Héroïdes*, xv.
91. *Battiade* (v. 367). Callimaque.
92. *Adultera* (v. 371). Hélène, que Ménélas son époux réclamait à main armée de Pâris son ravisseur. Voy. *Hér.*, xvi, et xvii.
93. *Chryseidos* (v. 373). Surnom d'Astynomé, prise par Achille au sac de Lyrnesse, et qui échut en partage à Agamemnon. Chrysès son père la vint redemander : elle lui fut refusée. Apollon, à la

prière de Chrysès, son grand-prêtre, frappa les Grecs de la peste. Agamemnon se résigna enfin à rendre Chryséis à son père.

94. *Rapta puella* (v. 374). Briséis, surnom d'Hippodamie, fille de Brisès et femme de Minos, roi de Lyrnesse, échut en partage a Achille, mais lui fut enlevée par Agamemnon, quand ce prince rendit Chryséis à son père. Achille, indigné de cet outrage, s'enferma dans sa tente, et refusa de prendre part aux combats. Cette querelle et les résultats qu'elle amène sont la matière de l'*Iliade*. Voyez *Héroïde* III.

95. *Femina* (v. 375). Voyez *Héroïde*, I.

96. *Ligatos* (v. 377). Homère, *Odyssée*, VIII, 267; Ovide, *Mét.*, IV, 171; Athénée, I, 24, et XII, 3; enfin Plutarque, *de Audiend. poet.*, VI, p. 68 (édit. Reisk.).

97. *Duas Deas* (v. 380). Calypso et Circé, qui cherchèrent à retenir Ulysse. *Mét.*, XIV; et Hom., *Odyssée*, IV, V et X.

98. *Hippolyto* (v. 383). Pièce d'Euripide, imitée par Sénèque. Voyez *Héroïde* IV.

99. *Canace* (v. 384). Eut un fils de son frère Macarée. *Voyez Héroïde* XI.

100. *Tantalides eburnus* (v. 385). Pélops, dont Cérès avait mangé une épaule au festin où Tantale servit son fils aux dieux. Jupiter, après avoir rendu la vie à Pélops, remplaça cette épaule par une épaule d'ivoire.

101. *Pisæam* (v. 386). Hippodamie, fille d'OEnomaüs.

102. *Mater* (v. 387). Médée, trahie par Jason. Voyez *Mét.*, VII; *Hér.*, XII, et la tragédie de Sénèque.

103. *Cum pellice regem* (v. 389). Térée, roi de Thrace, qui fit violence à Philomèle, sa belle-sœur. Il fut changé en hibou, et Philomèle en rossignol. (*Mét.*, VI.)

104. *Mater* (v. 390). Progné, irritée de l'infidélité de Térée son époux, lui servit dans un festin Itys, qu'elle avait eu de ce prince. Elle fut métamorphosée en hirondelle, et Itys en faisan. (*Métamorph.*, VI.)

105. *Æropen* (v. 391). Épouse d'Atrée, roi de Mycènes, séduite par Thyeste son beau-frère. Atrée fit servir à Thyeste les membres des enfans qu'il en avait eus. *Voyez* la tragédie de Sénèque.

106. *Scylla* (v. 393). Coupa le cheveu d'or de Nisus, son père, pour pouvoir livrer Mégare à Minos, objet de son amour, qui la

traita si mal, qu'elle se précipita du haut de la citadelle. Elle fut changée en alouette, et Nisus en épervier. Voyez *Métam.*, VIII; VIRG., *Géorg.*, 1, 404.

107. *Electran* (v. 395). Voyez la tragédie de Sophocle.

108. *Tyndaridos* (v. 396). Clytemnestre. Voyez la note 65, liv. I, et l'*Agamemnon* de Sénèque.

109. *Domitore* (v. 397). Bellérophon, qui dédaigna l'amour d'Antée ou Sthénobée, femme de Proclus ou Prœtus, roi d'Argos. Voyez HOM., *Iliade*, VI, 179, et HOR., *Od.*, III, VII, 13.

110. *Hermionen* (v. 399). Promise à Oreste. (*Hér.* VIII; *Métam.*, X.)

111. *Schœneia* (v. 399). Atalante. (*Mét.*, X, 660.)

112. *Phœbas* (v. 400). Cassandre, fille de Priam, inspirée par Apollon, aimée d'Agamemnon, qui l'emmena à Mycènes.

113. *Danaen* (v. 401). Danaé, aimée de Jupiter.

114. *Nurum* (v. 401). Andromède, épouse de Persée. (*Mét.*, v.)

115. *Matrem* (v. 401). Sémélé, qui eut Bacchus de Jupiter.

116. *Hæmona* (v. 402). Hémon, fils de Créon, roi de Thèbes, épris d'Antigone, se tua sur son cadavre, après que Créon eut fait mettre à mort cette princesse, pour avoir enseveli Polynice. Voyez III, III, 67.

117. *Noctes duæ* (v. 402). Jupiter, pour posséder plus longtemps Alcmène, doubla la durée de la nuit.

118. *Generum Peliæ* (v. 403). Admète, époux d'Alceste, qui se dévoua pour lui à la mort. Voyez EURIPIDE, *Alceste*.

119. *Thesea* (v. 403) Aima et abandonna Ariane. (*Hér.*, X.)

120. *Pelasgum* (v. 403). Protésilas, époux de Laodamie. Voyez la note 78 du livre I.

121. *Iole* (v. 405). Fille d'Eurytus, aimée par Hercule.

122. *Pyrrhi parens* (v. 405). Déidamie, fille de Lycomède, roi de Scyros, qui fut aimée d'Achille.

123. *Herculis uxor* (v. 405). Mégare, fille de Créon, roi de Thèbes.

124. *Hylas* (v. 406). L'un des Argonautes, aimé d'Hercule, fut attiré par les nymphes, éprises de sa beauté, au fond de la fontaine où il venait puiser de l'eau.

125. *Iliades puer* (v. 406). Ganymède, fils de Tros, enlevé au ciel par Jupiter.

126. *Obscenos risus* (v. 409). Ovide veut parler du drame satirique, dans lequel les personnages principaux parlaient et agissaient avec gravité; mais où il y avait des chœurs de satyres qui débitaient de grossières bouffonneries : tel est le *Cyclope* d'Euripide.

127. *Mollem qui fecit Achillem* (v. 411). Il y eut sans doute quelque tragédie de la mort de Patrocle, où l'on avait représenté le genre de liaison plus que suspect qui existait entre Achille et lui; c'est le vrai sens de *mollis*, et il ne faut pas l'appliquer au séjour qu'il fit à la cour de Lycomède, et à sa passion pour Déidamie. *Voyez* LUCIEN, *Amours*, § 54.

128. *Junxit secum* (v. 413). Expression dure, qui doit être synonyme de *sibi adjunxit* : je ne crois pas qu'elle puisse signifier « a réuni ensemble, en corps d'ouvrage... » le mot *crimina* ne me semble pas se prêter à ce sens.

129. *Aristides* (v. 414). Né à Milet, ville fort dissolue, auteur des *Milésiaques* ou *Fables milésiennes*, récits licencieux qu'imitèrent Lucien dans l'*Ane de Lucius*, et Apulée dans l'*Ane de Patras*. *Voyez* PLUT., Reisk., t. III, p. 492, et LUC., traduct. de Belin de Balu, *Amours*, t. III, p. 540.

130. *Eubius* (v. 416). C'est tout ce qu'on sait de lui.

131. *Qui composuit Sybaritida* (v. 417). On trouve dans Lucien, *Adv. indoct.*, § 23, le nom d'un certain Hémithéon de Sybaris, qui a composé un ouvrage digne de la réputation de cette ville : est-ce de lui qu'il est ici question? — Heinsius propose ici *turpem* au lieu de *nuper*.

132. *Nec quæ* (v. 418). Il est ici question principalement de Philénis et d'Éléphantis, toutes deux auteurs de poésies obscènes. Athénée parle de la première, VIII, 13, et Suétone de la seconde, *Tib.*, XLIII. D'autres femmes s'étaient aussi rendues célèbres de la même manière : Astyanasse, Callistrata de Lesbos, Cyrène, Laïs, Nico de Samos : quelques hommes aussi avaient écrit sur ces matières, Paxamus, par exemple; et quelques éditions ont *qui* au lieu de *quæ* pour désigner les deux sexes.

133. *Ducum* (v. 420). Ce fut en effet à des généraux, à Paul Émile, à Sylla, à Lucullus, à Pollion, à Auguste, que les Romains dûrent leurs bibliothèques. *Voyez* la note des vers 60, 69 et 71 de la 1re *élég.* du livre III.

134. *Ennius* (v. 423). *Voyez* note 62.
135. *Triplex opus* (v. 426). Lucrèce dit en effet, v, 93 :

> Principio, maria ac terras, cœlumque tuere :
> Horum naturam triplicem, tria corpora....
> Una dies dabit exitio.

Ovide emploie encore cette expression *ad Liv.*, 361. *Voyez* la note 12.

136. *Lesbia* (v. 428). On croit que c'est Clodia.

137. *Calvi* (v. 431). Calvus (Corn. Licinius), célèbre orateur qui soutint long-temps une lutte inégale contre Cicéron, aima Quintilia, et fit des élégies en son honneur. (Suét., *Jul. Cés.*, XLIX.)

138. *Ticidæ* (v. 433). Composa des élégies sur sa maîtresse Metella, sous le nom de Perilla.

139. *Memmi* (v. 433). C. Memmius Gemellus, orateur et poète : c'est à lui que Lucrèce a dédié son poëme. *Voyez* PLINE LE JEUNE, v, 3; Suét., *Jul. Cés.*, XLIX; VIRG., *Én.*, v, 117, et LUCRÈCE.

140. *Cinna* (v. 435). C. Helvius Cinna mit dix ans à polir un poëme intitulé *Smyrna*. VIRG., *Buc.*, IX, 35.

142. *Anser* (v. 436). Poète aux gages d'Antoine, dont Cicéron se moque dans sa 13ᵉ *Philippique*, v, et Virg., *Buc.*, IX, 36.

142. *Cornifici* (v. 436). Celui auquel Cicéron adresse plusieurs lettres du XIIᵉ livre, et dont Macrobe cite quelques vers, *Saturn.* VI; il périt abandonné de ses soldats, qu'il avait appelés *galeati lepores*. Il eut une sœur poète.

143. *Catonis* (v. 436). Valerius Caton, grammairien célèbre, naquit dans la Gaule. Il reste de lui un petit poëme intitulé *Diræ*, où il exprime son chagrin de quitter sa patrie et sa chère Lydie.

144. *Metella* (v. 438). Celle dont nous avons parlé ci-dessus. J'ai adopté la correction de Heinsius. L'édition Lemaire porte : « *dicta, Metella, tuo,* » leçon qui exigerait *legeris*. Heinsius pense que ce distique devrait être placé avant le dernier, parce que c'étaient Ticidas et Memmius (et d'autres encore sans doute) qui avaient chanté Metella : l'éditeur allemand a suivi cet ordre.

145. *Qui duxit* (v. 439). P. Terentius Varro Atacinus, d'Atax, village de la Gaule, traduisit Apollonius de Rhodes. Il aima Leucadie.

NOTES

146. *Hortensi* (v. 441). Orateur célèbre, rival de Cicéron.

147. *Servi* (v. 441). Servius Sulpitius, fameux jurisconsulte.

148. *Sisenna* (v. 443) Un des plus anciens historiens romains, contemporain de Marius et de Sylla.

149. *Gallo* (v. 445). Gallus, gouverneur d'Égypte, pilla la ville de Thèbes; Auguste nomma une commission pour le juger : il se tua de désespoir. D'autres disent que ce fut pour avoir vu ses biens confisqués par Auguste à cause d'un bon mot qui lui était échappé contre son bienfaiteur. *Voyez* III, v, 48.

150. *Tibullus* (v. 447). *Voyez* le vers même de Tibulle, I, vii, 7 et 8.

151. *Fallere* (v. 449). *Voyez* Tib., I, ii, 15; vii, 9 et 10.

152. *Sæpe* (v. 451). Voyez *Ibid.*, 25 et 26.

153. *Digitis* (v. 453). Voyez *Ibid.*, 19 et 20.

154. *Succis* (v. 455). Voyez *Ibid.*, 13 et 14.

155. *Petit* (v. 457). Voyez *Ibid.*, 15 et 16.

156. *Latretur* (v. 459). Voyez *Ibid.*, 32.

157. *Exscreet* (v. 460). Voyez *Ibid.*, 36.

158. *Successi* (v. 467). Voyez *Tristes*, IV, x, 51-54.

159. *Alea* (v. 471). Les jeux de hasard furent regardés par les anciens Romains comme flétrissans, et proscrits par les lois Cornelia, Publicia, Titia, qui ne les permirent que pendant le mois de décembre (*voyez* v. 491). Auguste seul y jouait sans s'en cacher. Suét., *Aug.*, lxxi.

160. *Tali* (v. 473). Les osselets n'avaient que quatre faces de marquées : l'as, *unio*, trois, *ternio*, quatre, *quaternio*, et six, *senio*; ces quatre faces étaient oblongues.

161. *Canes* (v. 474). C'était le plus malheureux des coups : il consistait, pour les osselets, à amener le même nombre sur tous les quatre, et pour les dés, l'as sur tous les trois. On appelait ce coup *canes*, *caniculæ*, *vulturii*. Le coup le plus heureux était d'amener trois six pour les dés, et des nombres différens pour chaque osselet : il s'appelait *Venus*, *jactus venereus* ou *basilicus*.

162. *Tessera* (v. 475). Le dé avait la forme cube, comme le nôtre, et les six faces marquées.

163. *Distante* (v. 475). On sait si peu de chose sur la manière de jouer des anciens, que ce mot n'a été compris jusqu'ici par aucun commentateur, parce qu'on y a vu un terme technique du jeu

même; je crois pourtant qu'on le peut entendre tout naturellement comme dans cet autre passage d'Ovide (III, xii, 23) :

.... Studiisque favor distantibus ardet;

c'est comme s'il y avait ici *numeris distantibus, diversis, aliis alias*, des chiffres divers, tel ou tel chiffre : car quoi de mieux ? préfèrerait-on : un point différent sur chaque dé, ou : un nombre supérieur (comme quelquefois διαφέρων en grec), ou : le nombre qui manque pour que l'on ait gagné?

164. *Dare* (v. 476). C'est ici, je crois, jouer le coup. C'est encore ainsi que je l'entendrais au vers 204 du chant II de l'*Art d'aimer*; car on s'accorde à croire qu'on jetait les dés et qu'on jouait ensuite le point amené, à peu près comme nous faisons au trictrac, du moins dans le jeu des *duodecim scripta*, dont parlent Cicéron, *Or.*, 1, 50, et Quintilien, xi, 2.

165. *Calculus* (v. 478). Ce jeu, s'il eut quelque analogie avec notre jeu d'échecs, n'y ressemblait pas en tout sans doute, à beaucoup près.

166. *Tabella* (v. 481). C'est le *triodium*.

167. *Pilarum* (v. 485). Il y avait plusieurs espèces de paumés : *pila trigonalis*; les joueurs se plaçaient triangulairement; la balle était petite, dure, pleine de poils : *follis* ou *folliculus*; ballon de peau, gonflé d'air; on l'appelait simplement *pila* ou *pila velox* : *pila paganica*, plus petit que le *follis*, mais plus lourd, rempli de plumes, à l'usage des gens de la campagne : enfin *harpastum*, le plus petit de tous : les joueurs se l'enlevaient l'un à l'autre. *Voyez*, sur tous ces jeux, Pollux, liv. ix.

168. *Artem nandi* (v. 486). On a proposé *artem hic venandi*, parce que les Romains regardaient la chasse comme indigne d'un homme libre (*Voyez* Sall., *Catil.*, iv), au lieu qu'ils faisaient grand cas de l'art de nager, qui était un de leurs exercices favoris.

169. *Trochi* (v. 486). C'était un petit cerceau de fer ou de cuivre garni d'anneaux. *Voyez* III, xiii, 20.

170. *Fucandi* (v. 487). Nous avons d'Ovide même un fragment de *Medicamine faciei*.

171. *Hic epulis leges* (v. 488). Sénèque parle d'un certain Apicius qui vivait sous Auguste, et donna des leçons de bonne chère (*Cons. à Helv.*, x). *Voyez* aussi Athén., 1, 6; Pline, etc.

172. *Decembris* (v. 491). Époque des Saturnales. *Voyez* la note 159. — *Talia* sans doute embrasse tout ce que comprennent les vingt vers précédens.

173. *Prætor* (v. 508). C'était en effet le préteur ou l'édile qui était chargé des jeux.

174. *Auguste* (v. 509). *Voyez*, sur les spectacles qu'il donna, Suét., *Aug.*, XLIII.

175. *Populo* (v. 519.) Au datif, « pour le peuple, en public. »

176. *Saltata* (v. 519). *Saltare fabellam*, c'est jouer une pantomime : s'il ne s'agissait que de cela, le raisonnement d'Ovide serait bien faible, puisque ce ne sont pas ces sortes de pièces qui lui ont attiré son exil. Mais *poemata* n'est pas ici pour *fabulam*, non plus que dans (V, VII, 25) *carmina pleno saltari theatro;* comment une pantomime eût-elle été écrite en vers? Il faut donc supposer qu'on lisait sur la scène des pièces de vers détachées, et qu'on entremêlait de danses cette lecture : c'était une espèce d'entr'acte ou d'intermède. M. Jahn donne la chose comme positive. Ovide semble le faire entendre IV, x, 57.

177. *Vestris* (v. 521). Ovide entend par ce mot les palais de la noblesse romaine.

178. *Figuras* (v. 523). Suétone le dit aussi, *Tib.*, XLIII.

179. *Telamonius* (v. 525). L'Ajax de Timomachus, acheté par lui fort cher. *Voyez* Pline, XXXV.

180. *Mater* (v. 526). La Médée du même peintre. *Voyez* Pline, XXXV. Ausone et Plutarque en parlent aussi.

181. *Venus* (v. 527). La Vénus *Anadyomène* d'Apelle. Voyez *Pont.*, IV, 1, 29.

182. *Tui generis* (v. 530). Tibère, Drusus fils de Tibère, et Germanicus son neveu.

183. *Invida* (v. 531). Rapprochez ces vers du vers 327 et suivans.

185. *Amor* (v. 536). Le quatrième livre de l'*Énéide* est en effet un chef-d'œuvre : c'est, de plus, la création de Virgile.

186. *Juvenis* (v. 538). Il composa les *Bucoliques* de vingt-huit ans à trente-deux ans, l'année de Rome 712 à 716.

187. *Jam pridem* (v. 539). En effet, il travailla à son *Art d'aimer* dès l'âge de vingt-huit ou vingt-neuf ans, selon les uns, et, selon d'autres, de trente-trois à quarante-deux : il y avait donc

au moins dix ans qu'il avait paru, s'il n'y avait pas davantage. *Voyez* III, 1, 7.

188. *Eques* (v. 542). *Voyez* v. 90, et note 19.

189. *Sex Fastorum totidemque libellos* (v. 549). Jusqu'ici on avait traduit ces mots par « douze livres de Fastes. » Mais d'abord, *sex totidemque* est-il latin pour signifier douze? Ensuite Ovide dit, au vers 552, que son exil est venu interrompre ce travail; il n'était donc pas terminé. Nulle part dans les auteurs anciens on ne rencontre un seul vers des six derniers livres qu'on croit perdus, présomption bien forte qu'ils n'ont jamais été composés. Il faut donc entendre, avec Masson et M. Jahn, « six des Fastes, que je me proposais, *ou*, six mois de Fastes, et autant de livres. » — Les *Fastes* sont une espèce de calendrier des fêtes des Romains : c'est un ouvrage plein d'une érudition qui n'exclut pas la poésie. En 1640, un savant de Dijon, Morisot, a essayé de compléter cet ouvrage, en suppléant les six livres qui nous manquent : « On reconnaît bien l'érudit (dit à ce sujet M. Amar, le seul jusqu'ici, je crois, qui en ait parlé), mais le poète s'y fait trop désirer. »

190. *Tuo sub nomine, Cæsar* (v. 551). Ovide les avait dédiés à César; mais il n'avait pas publié son poëme avant son exil : il ne le fit paraître qu'après la mort d'Auguste, et le dédia à Germanicus.

191. *Tragicis cothurnis* (v. 553). La tragédie de *Médée*, dont parle Quintilien.

192. *Pauca* (v. 559). En effet, à la fin des *Métamorphoses*, il élève Auguste au dessus de César. *Voyez* ci-dessus notes 13 et 15.

193. *Mordaci carmine* (v. 563). Ce n'est que plus tard, et pendant son exil, qu'il composa son *Ibis*.

194. *O pater* (v. 574). *Voyez* note 9.

195. *Tutius exsilium* (v. 577). *Voyez* v. 185 et *passim*.

LIVRE TROISIÈME.

Ce fut au printemps de l'année 763 de Rome, 10 de J.-C., vers la fin de mars, qu'Ovide arriva à Tomes. Ce troisième livre fut composé dans le cours de cette année jusqu'à la fin du printemps de 764, époque où il l'envoya à Rome. Il y travailla sans doute en même temps qu'à sa justification.

ÉLÉGIE PREMIÈRE.

Cette élégie ne fut composée qu'après le livre même auquel elle sert de préface, comme nous l'avons déjà vu pour la première du premier livre. Dans cette dernière, Ovide faisait à son livre ses recommandations : ici c'est le livre lui-même qui raconte son arrivée à Rome.

1. *Amare docet* (v. 4). Comparez I, 1, 67.
2. *Viridi in œvo* (v. 7). *Voyez* la note 187 du livre II.
3. *Temporibus* (v. 10). *Voyez* la note 84 du livre I.
4. *Cedro... pumice* (v. 13). *Voyez* I, 1, 7 et 11.
5. *Cultior* (v. 14). *Voyez* I, 1, 3.
6. *Lituras* (v. 15). *Voyez* I, 1, 13, et la note 10.
7. *Fora Cæsaris* (v. 27). Le Forum de César, situé près du Forum d'Auguste. *Voyez* SUÉT., *Jul. Cés.*, XXVI; PLIN., XXXVI, 24.
8. *Via* (v. 28). La voie Sacrée conduisait au Capitole; elle était ainsi nommée, ou à cause de l'alliance qui y avait été jurée entre Romulus et Tatius, ou parce qu'on la suivait pour porter les objets sacrés du Capitole aux Augures.
9. *Vestæ* (v. 29). Le temple de Vesta, édifice de forme ronde, construit par Numa entre le Capitole et le Palatin, sur le Forum. (DENYS D'HAL., II, 65.)
10. *Regia Numæ* (v. 30). Édifice qui servait, ou dont une partie du moins servait d'*Atrium* au temple de Vesta. On croit qu'il fut assigné par Auguste pour demeure aux Vestales. Voyez *Fast.*, VI, 263, et SOLIN, II.
11. *Porta Palati* (v. 31). L'enceinte de Rome, tracée par Romulus, n'embrassait que le Capitole : elle avait quatre portes : celle qui regardait le Palatin fut appelée d'abord *Saturnia*, du nom du Capitole, nommé *Mons Saturnius*, puis *Pandana*, parce qu'elle était toujours ouverte; enfin *Palati porta*, à cause de sa situation. A l'époque d'Ovide ce n'était sans doute qu'une ruine; peut-être même n'en existait-il plus de traces, quoique le nom en subsistât, comme cela avait lieu pour le *lac Curtius*, le *Tigillum sororis*, etc.

12. *Stator* (v. 32). Temple dont Romulus avait jeté les fondemens à l'endroit où il était parvenu à arrêter les Romains fuyant devant les Sabins. Il était situé au nord-ouest du Palatin.

13. *Condita Roma.* (v. 32). *Voyez* VIRG., *Én.*, VIII, 51 à 54.

14. *Lauro* (v. 39). *Voyez* PLINE, XV, 39.

15. *Leucadio* (v. 42). Apollon, qui avait un temple célèbre à Leucade, île de la mer Ionienne, près de l'Épire. C'est une allusion à la victoire d'Actium, due à la protection de ce dieu.

16. *Pacis* (v. 44). *Voyez* PLINE, XV, 40.

17. *Superpositæ* (v. 47). J'ai rétabli cette leçon, que donnent quelques manuscrits, et qui m'a semblé préférable à celle de l'édition Lemaire : *causaque subpositæ*.

18. *Vereor* (v. 53). Comparez I, 1, 71.

19. *Intonsi Dei* (v. 60). Apollon. Ovide indique ici la bibliothèque établie par Auguste dans une galerie du temple qu'il fit construire en l'honneur d'Apollon sur le mont Palatin. (SUÉT., *Aug.*, XXIX; VELL., II, 81; DION. CASS., LIII, 1; HOR., *Ép.* I, III, 17.) Les auteurs briguaient à l'envi l'honneur d'y être admis.

20. *Custos* (v. 67). Caius Jul. Hyginus. *Voyez* le préambule de l'*élégie* XI de ce livre.

21. *Altera templa* (v. 69). Les avis ont été long-temps partagés au sujet de ce temple : on a voulu que ce fût celui de Vénus victorieuse, d'Hercule Musagète (chef des Muses), de Cybèle, de Vesta, et que le théâtre fût celui de Balbus, ou de Pompée. D'autres enfin voulaient que *altera templa* indiquât l'*atrium Libertatis*, en sorte que le distique suivant ne fût que le développement de ces mots : telle est l'incertitude dans laquelle nous laisse la note de l'édition Lemaire : il est bien constant cependant qu'il est ici question du portique d'Octavie (PLINE, XXXVI, 4), peu éloigné du théâtre de Marcellus (*voyez* la *Vie d'Ovide* par Masson). Nous avons déjà vu (II, 296) que le mot *juncta* signifiait *voisin de...* Le mot *templa* au pluriel est ici d'autant plus juste, que l'enceinte des portiques d'Octavie renfermait deux temples, l'un consacré à Apollon, et l'autre à Junon. *Voyez* DION CASS., XLIX, 43; VELL., I, 11; TITE-LIVE, CXXXI; 54; PLUTARQ., *Marcell.*, XXX, et SUÉT., *Aug.*, XXIX.

22. *Prima* (v. 71). Le vestibule, ou, comme on l'appelle, l'*atrium* du temple de la Liberté, construit par Asinius Pollion sur

le mont Aventin (Pline, vii, 31, et xxxv, 2; Suét., *Aug.*, xxix, et Tite-Live, cxxvii, 52), fut la première bibliothèque ouverte au public. Il n'y avait auparavant que des bibliothèques particulières : telle était celle où Lucullus (Plut., xlii) se plaisait à réunir les savans. Paul-Émile, après la défaite de Persée, avait rapporté à Rome les premiers livres qu'on y vit, et Sylla enrichit cette ville de plusieurs ouvrages qui y étaient inconnus, tels que ceux d'Aristote et de Théophraste.

23. *Statio publica* (v. 79). Ces mots font bien voir qu'il n'y avait alors à Rome que les trois bibliothèques publiques dont nous avons parlé.

ÉLÉGIE DEUXIÈME.

24. *Ergo erat in fatis* (v. 1). Boileau a dit (*Lutrin*, chant ii) :

> Ainsi le ciel l'écrit au livre des destins.

25. *Scythiam* (v. 1). C'est la première élégie qu'il composa à Tomes, et cette exclamation l'exprime assez clairement : c'est comme s'il disait : « Me voilà donc en Scythie ! »

26. *Lycaonio* (v. 2). *Voyez* la note 53 du livre I.

27. *Pierides* (v. 3). Les Muses, ainsi nommées du mont Piérus, qu'elles habitaient, ou parce qu'elles étaient filles de Piérus, ou en mémoire de leur victoire sur les filles de Piérus.

28. *Magis jocosa* (v. 6). *Voyez* II, 354.

29. *Mollis* (v. 10). *Voyez* IV, x, 37.

30. *Fallebat* (v. 16). *Voyez* I, xi, 12.

31. *Subit* (v. 21). *Voyez* III, iii, 14.

32. *Tot gladios* (v. 25). Il paraît qu'en traversant la Thrace il courut beaucoup de dangers, et qu'il n'y échappa que grâce à Sext. Pompée. Voyez *Pontiq.*, IV, v, 33-36.

33. *Interitus* (v. 30). Il forme ce vœu plus d'une fois dans les *Tristes*. Voyez III, iii, 34, et viii, 39.

ÉLÉGIE TROISIÈME.

Cette élégie est une des plus touchantes : l'imagination et le sentiment s'y trouvent réunis au plus haut degré.

34. *Aquis* (v. 7). *Voyez* III, viii, 23, et *Pont.*, I, x, 35. On n'avait à Tomes pour boisson que l'eau des marais, comme Ovide le dit dans ce livre même, x, 26, et xii, 28.

35. *Apta* (v. 9). Il explique en partie pourquoi, V, x, 29.

36. *Apollinea* (v. 10). Apollon, berger d'Admète, s'occupa de l'étude des simples.

37. *Subit* (v. 14). *Voyez* III, ii, 21.

38. *Absentem* (v. 17). J'ai cru pouvoir me permettre, en traduisant un poète, cette petite irrégularité dans la construction de la phrase française, pour donner plus de concision et de vivacité au tour. Ainsi Racine :

> Je t'aimais inconstant, qu'aurais-je fait fidèle ?
> (*Androm.*, act. IV, sc. v.)

> Grandia si parvis assimilare licet.

39. *Subpresso* (v. 21). Les anciens croyaient que le palais se contractait et s'abaissait sur le gosier, et que la mort était ainsi produite par l'étouffement.

40. *Dominam* (v. 23). Ce mot signifiait aussi femme de qualité. *Voyez* Virg., *Én.*, vi, 397.

41. *Mors* (v. 34). *Voyez* III, ii, 30, et viii, 39, etc.

42. *Lecto* (v. 39). Andromaque, pleurant Hector, lui dit : « Hélas ! de ton lit de mort tu ne m'as point tendu tes mains défaillantes. » (*Iliade*, xxiv, 743.)

43. *Depositum* (v. 40). Expression tirée de l'ancienne coutume d'exposer les malades à la porte de la maison pour que ceux des passans qui avaient eu la même maladie, pussent indiquer le remède. (Virg., *Én.*, xii, 395, et ii, 644.) Du reste, on plaçait le mort sur un lit dans le vestibule.

44. *Cum... manus* (v. 43 et 44). En m'adressant les derniers adieux, une main... Accordera-t-on à une traduction en prose d'une œuvre poétique le droit de violer la grammaire en mettant ce gérondif, qui ne peut se rapporter au sujet que si l'on suppose ici le mot *main* synonyme du mot *personne ?*

45. *Clamore* (v. 43). Après avoir fermé les yeux au mort, on l'appelait par son nom à plusieurs reprises, d'où l'expression *conclamatum est*, tout est fini, perdu; il n'y a plus d'espoir.

46. *Indeploratum* (v. 46). C'était lorsque le corps était étendu dans le vestibule (v. 40) qu'on faisait entendre des lamentations.

47. *Quod potes* (v. 57). J'ai rétabli cette leçon au lieu de *quam potes*, « de tout ton pouvoir, autant qu'il t'est possible. » *Quod potes* est bien plus dans le génie d'Ovide; il rappelle le vers 55, et y fait suite.

48. *Ferendo* (v. 57).

> .... Levius fit patientia,
> Quidquid corrigere est nefas.
> (Hor., I, xxiv.)

49. *Samii senis* (v. 62). Pythagore. Voyez *Métam.*, xv, 153.

50. *Sarmaticas Romana* (v. 63). Ovide a plusieurs fois manifesté la crainte de mourir à Tomes. Voyez *Pont.*, I, ii, 60, et 109-114.

51. *Thebana soror* (v. 67-68). Antigone, qui ensevelit son frère Polynice, malgré la défense de Créon. Voyez l'*Antigone* de Sophocle, et livre II, note 116.

52. *Suburbano solo* (v. 70). Une loi des Douze-Tables ordonnait d'enterrer les morts hors de la ville : c'était ordinairement sur le bord des grandes routes. Du reste, il est à croire qu'Ovide indique ici non le lieu public de sépulture, mais plutôt ses jardins, dont nous avons parlé (livre I, note 123), où était sans doute le *tumulus avitus* dont il parle IV, iii, 45.

53. *Molliter* (v. 76). C'était un des vœux que l'on formait pour les morts, et que l'on gravait sur les tombeaux : *Sit tibi terra levis*. Voyez le Perse de cette *Collection*, p. 38, note 23. « Polyxène tombe, dit Sénèque, sur le tombeau d'Achille, de manière à rendre la terre pesante pour ce héros. » (*Troyenn.*, 1159.)

54. *Majora* (v. 77). Voyez I, vii, 11.

55. *Feralia munera* (v. 81). C'était après les neuf jours du deuil qu'on allait faire au mort des sacrifices et des offrandes de victimes, de guirlandes, de libations de vin. Voyez *Fastes*, II.

56. *Serta* (v. 82). Voyez Virg., *Én.*, iii, 63, 302; vi, 883, et Pline, xxi, 3.

57. *Favilla* (v. 84). Voyez V, v, 31.

58. *Vale* (v. 89). Ovide a plusieurs fois joué sur cette idée. Voyez V, xiii, 1; et *Pont.*, I, x, 1.

ÉLÉGIE QUATRIÈME.

Voyez le préambule de l'*élégie* v, livre 1.

59. *Prælustria vita* (v. 5). Il faut comparer à cette apologie de la médiocrité le chœur d'*Hippolyte* dans Sénèque, 1119, celui d'*OEdipe*, 881, et *Herc. OEt.*, 652.

60. *Arce* (v. 6). *Voyez* I, 1, 72.

61. *Elpenor* (v. 19). Elpénor, l'un des compagnons d'Ulysse, s'était endormi, dans l'ivresse, sur le faîte du palais de Circé, d'où il se tua en tombant. (Hom., *Odyssée*, x, 552; xi, 51; xii, 10.)

62. *Dædalus* (v. 21). Voyez *Métam.*, viii, 183 et suiv.

63. *Non suas* (v. 24). Heinsius propose *nonne* au lieu de *non*, et met un point d'interrogation. J'avais rétabli le point simple, quand je l'ai retrouvé dans l'édition de Leipsick. *Non suas*, qui ne leur appartenaient pas, m'a paru se rapprocher davantage du goût d'Ovide.

64. *Bene qui latuit, bene vixit* (v. 25). *Voyez* Hor., *Ép.* I, xvii, 10. C'est une maxime d'Epicure, que réfute Plutarque dans un petit traité spécial : *De occulte vivendo*. On peut en effet être plus heureux; mais on se doit à son pays. Si tous les hommes de bien se bornaient à vivre pour eux, ils laisseraient le champ libre aux ambitieux et aux gens pervers, et par là compromettraient leur bonheur, en même temps que celui de leur patrie. *Voyez* aussi Sall., *Cat.*, 1.

65. *Intra* (v. 25). L'édition Lemaire porte *infra*, que Heinsius avait introduit dans le texte, d'après quelques manuscrits. *Intra* (non *ultra*) me semble plus naturel.

66. *Eumedes* (v. 27). Eumède, père de Dolon. Hom., *Iliade*, x, 314, et Virg., xii, 347.

67. *Merops* (v. 30). Mérops, mari de Clymène, père de Phaéthon. (*Métam.*, ii, 1.)

68. *Contrahe* (v. 32). Ce n'est pas *memor propositi*, mais *vela propositi*, comme *Pont.*, I, viii, 72 : *Et voti contrahe vela tui*. Ainsi Sénèque, *OEdipe*, 884 : *Temperem Zephyro levi vela*, etc. *Voy.* Hor., *Od.* II, x, 23.

69. *Hæsura mihi* (v. 36). *Hærere* ici ne signifie pas rester fidèle, mais rester gravé dans l'âme, comme plus bas, v. 63.

70. *Luctu* (v. 37). Les manuscrits donnent *vultu* : *luctu* est une ingénieuse conjecture de Heinsius, que j'ai cru pouvoir introduire dans le texte, par l'impossibilité où j'étais de rendre en français : *vultum fuisse in ore*. Voyez Élég. v, 12.

71. *Bibi* (v. 40), Voyez Élég. v, 14.

72. *Pares* (v. 44). Firmissima inter pares amicitia. QUINT.-CURT.

73. *Ursæ* (v. 47). *Voyez* la note 60 du livre I.

74. *Bosporos* (v. 49). Le Bosphore Cimmérien.

75. *Loci* (v. 50). Est-ce *nomina pauca loci* pour *locorum vix satis notorum*, ou *nomina pauca* sert-il d'apposition à *loci*? Cette dernière construction est plus élégante, et nous en avons suivi la ponctuation.

76. *Amet* (v. 72). *Voyez* I, IX, 26.

ÉLÉGIE CINQUIÈME.

Voyez le préambule de l'*élégie* v, livre I.

77. *Parvus* (v. 2). Le sens que je donne à ce mot est motivé par le vers 9.

78. *Nec* (v. 3). Les manuscrits et tous les textes imprimés ont *ni*, qui ne m'offrait aucun sens satisfaisant. L'éditeur allemand l'a bien senti : il a fait une note fort longue, où il se tourmente pour expliquer cette restriction ; mais sans y réussir, à mon avis. Je ne verrais qu'un moyen de conserver *ni* : ce serait de traduire le quatrième vers par : « lorsque ma barque éprouva la destinée que le destin lui réservait apparemment; » il faudrait alors supposer qu'Ovide l'entend de sa disgrâce ; mais cela répugne à l'usage constant de ce poète, qui met toujours *vento suo* pour *secundo vento* (V, v, 60, et *pass*.) : or, que peut signifier : tu aurais pu dissimuler ta liaison avec moi, si tu ne l'avais resserrée, au temps de ma prospérité? Il ne me restait donc qu'à adopter la conjecture de *nec*, qui m'a été suggérée par un de mes collègues, aussi connu par sa sagacité que par son érudition, auquel je proposais la difficulté. Du reste, la ligature de *nec* peut facilement se confondre dans les manuscrits avec celle de *ni*; toutes deux consistent dans un petit trait diagonal.

79. *Vidi, visosque* (v. 11). Ovide aime beaucoup ces rapprochemens. *Voyez* I, 1, 38; II, 21; III, IX, 27, et X, 13; aussi ai-je

tâché, malgré la difficulté que j'y ai souvent trouvée, de conserver dans la traduction ce trait de la physionomie de notre poète.

80. *Fletu* (v. 12). Voyez *Élég.* IV, 37.

81. *Bibi* (v. 14). Voyez *Élég.* IV, 39.

82. *Quo quis enim major* (v. 31). « La bonté est l'effet nécessaire d'une puissance sans bornes. Quand les anciens appelaient *optimus maximus* le dieu suprême, ils disaient très-vrai : mais en disant *maximus optimus*, ils auraient parlé plus exactement, puisque sa bonté vient de sa puissance : il est bon parce qu'il est grand. » (ROUSSEAU, *Profess. de foi du vic. savoyard; Émile*, liv. IV.)

83. *Magnanimo* (v. 33). Voyez *Élégie* XI, 24, et CLAUDIEN, *Épître* I, 28 :

> Prætereunt subjecta feræ: torvique leones
> Quæ stravisse calent, eadem prostrata relinquunt.

84. *Achille* (v. 37).

> Manibus Hectoreis atrox ignovit Achilles.
> (*Ibid.*, 13.)

85. *Poros* (v. 39).

> Tradita captivo spatiosior India Poro.
> (*Ibid.*, 19.)

86. *Funeris* (v. 40).

> Pellæum juvenem regum flexere ruinæ;
> Et Darium famulis manibus doluisse peremtum
> Fertur, et ingenti solatus fata sepulcro.
> (*Ibid.*, 15.)

87. *Junonis gener* (v. 42). Hercule épousa Hébé, fille de Junon. SEN., *Octav.*, 210.

88. *Mero* (v. 48). *Voyez* II, 446, et la note 149.

ÉLÉGIE SIXIÈME

Cette élégie est peut-être adressée à Atticus, dont Ovide dit, *Pontiq.*, II, IV, 21 :

> .... Tantus amor nobis, carissime, semper,
> Quantus in Æacidis Actoridisque fuit.

89. *Te mihi..... tibi me* (v. 3-4). Il me semble qu'Ovide n'a pas dû dire deux fois la même chose, et qu'il vaudrait mieux mettre, au vers 4, *mihi te* : « Personne ne me fut plus attaché que toi. »

90. *Illi viro* (v. 8). On suppose qu'il veut parler d'Auguste : peut-être cependant eût-il mis *Deo*.

91. *Id quoque si scisses*. (v. 13). Pour concilier ce passage avec ce que dit Ovide (IV, x, 99), que la cause de son exil n'est que trop connue, on peut supposer qu'il craint d'entraîner son ami dans sa ruine, s'il le déclarait dépositaire du secret fatal. On le peut expliquer aussi en disant que si, avant de parler à personne du crime dont il fut témoin, il l'avait confié à cet ami, cet ami lui aurait recommandé d'ensevelir la chose dans le silence le plus profond, et qu'ainsi Auguste ne l'eût pas banni de Rome. *Voyez* I, 1, 23, et v, 51.

92. *Mihi* (v. 16). Les éditions ordinaires ont *bonæ* : j'ai adopté *mihi*, que donnent deux manuscrits.

93. *Idque ita* (v. 25). *Voyez* la note 44 du livre I.

94. *Condita* (v. 32). *Voyez* I, v, 51.

ÉLÉGIE SEPTIÈME.

95. *Perillam* (v. 1). Périlla fut-elle sa fille, ainsi que l'indiquait l'ancien argument, dont j'ai retranché le mot *filiam*? Rien ne le prouve dans cette élégie. Si Ovide s'était adressé à sa fille, son cœur paternel se serait abandonné à de tendres épanchemens : il eût parlé de sa femme, de ses petits-enfans. On a pris le change à cause du mot *patrio* (v. 12) qui ici signifie *Romano*, et des mots *utque pater natæ* (v. 18) : mais ce n'est là qu'une comparaison : « comme fait un père pour sa fille, » sens bien opposé à celui qu'on prétend tirer de ce passage. La meilleure raison peut-être qu'on eût pu donner, c'est que, pour qu'Ovide se hasardât à nommer Périlla, il fallait apparemment qu'elle lui fût unie par des liens d'une nature analogue à ceux qui l'unissaient à son épouse, la seule avec elle qu'il désigne sans détour dans les *Tristes*. A cela je réponds qu'Ovide n'a pas fait à Auguste l'injure de supposer que cela pût compromettre à ses yeux une femme.

96. *Vivere* (v. 7). *Voyez* I, 1, 19.

97. *Tu quoque, dic* (v. 11). *Tu* désigne-t-il la lettre, ou Pé-

rilla? Est-ce « dis-lui aussi toi-même? » N'est-ce pas plutôt « dis-lui : Et toi, restes-tu encore fidèle aux Muses? »

98. *Non patrio more* (v. 12). Ces mots ont été entendus de plusieurs manières : 1° *patrio* pour *paterno :* « en t'écartant des traces de ton père; » mais d'abord c'est un avis qu'il lui donne plus bas, v. 29 et 30; puis il faudrait prouver qu'elle fut sa fille; enfin, *patrii moris* se trouve *Pont.*, I, v, 49, pour dire habitude de la patrie, mœurs romaines : 2° on a voulu appliquer ces mots à la mesure lyrique de ses vers : mais Horace, qui le premier avait composé des odes en 720, avait eu probablement bien des imitateurs en 763. Reste une dernière alternative : Ovide a-t-il dit : « par une habitude étrangère à ta patrie, » parce qu'elle était femme, et qu'il y avait peu de femmes poètes à Rome, ou (*more* pour *sermone*) parce qu'elle écrivait en grec, phénomène encore plus rare parmi les Romains, et surtout dans son sexe? — Peut-être Ovide avait-il en vue les trois derniers points à la fois, puisqu'il la compare à Sapho, qui réunit ces trois circonstances.

99. *Cum fatis* (v. 13). J'ai joint ces mots à *natura;* on les pourrait joindre aussi à *mores :* « de la modestie, et une vie pleine de pudeur. »

100. *Pegasidas* (v. 15). L'Hippocrène, fontaine de la Béotie que Pégase, d'un coup de pied, fit jaillir de la terre.

101. *Male* (v. 16). On peut dire indifféremment *male fecundæ* (stérile), ou *male periret*.

102. *Utque pater natæ* (v. 18). C'est la leçon des meilleurs manuscrits : les autres donnent : *utque patet, venæ*, qu'ont adopté Heinsius, Burm., l'édition *ad usum* et l'édition Lemaire, leçon froide et vague. Voyez le préambule.

103. *Lesbia* (v. 20). Voyez II, 365.

104. *Tui* (v. 24). S'il y avait *mei judex (eras)*, le tour correspondrait mieux au vers précédent; *tui* serait sous-entendu après *magister*. En laissant ce vers tel qu'il est, *judex* est développé par le vers 25, et *magister* par le vers 26.

105. *Fata secuta* (v. 28). Expression dure et obscure que donnent les manuscrits. M. Jahn a adopté l'ingénieuse conjecture de Muret : *facta remissa*, « tu t'es réfroidie. »

106. *Irus* (v. 41). Fameux mendiant d'Ithaque. (Hom., *Odyss.*, XVIII, 1.)

107. *Comitor* (v. 47). Ce vers rappelle le célèbre passage de Cicéron pour *Arch.*, VII : *Pernoctant nobiscum, peregrinantur, rusticantur.* — *Voyez* IV, 1, 20 et 50.

ÉLÉGIE HUITIÈME.

108. *Currus* (v. 1). Le char que Triptolème reçut de Cérès. OVIDE, *Métam.*, v, 645.

109. *Medeæ* (v. 3). Voyez *Métam.*, VII. — « Nous détestons cette Médée que Jason emmena de la Colchide, et dont la vie ne fut, dit-on, qu'un tissu d'horreurs. Peut-être n'eut-elle d'autre magie que ses charmes, d'autre crime que son amour. » (*Voyage d'Anacharsis*, Introduct.)— Selon une ancienne tradition, les Corinthiens auraient égorgé les deux enfans de Médée; et long-temps après, en apprenant qu'Euripide se préparait à mettre sur la scène les malheurs de cette reine, leurs descendans lui auraient fait offrir cinq talens pour l'engager à décharger leurs aïeux d'un crime qui les rendait odieux à toute la Grèce. Ainsi la barbarie dont le reproche pèse éternellement sur la mémoire de Médée, n'aurait de fondement que dans l'imagination de ce poète. Voyez *Voyage d'Anacharsis*, chap. XXXVII.

110. *Persen* (v. 6). Voyez *Mét.*, IV.

111. *Dædale* (v. 6). *Voyez* la note 62.

112. *Nec cœlum, nec aquæ.* (v. 23.) *Voyez* la note 34.

113. *Necis* (v. 39). *Voyez* la note 33.

ÉLÉGIE NEUVIÈME.

114. *Mileto* (v. 3). Milet était, 500 ans avant J.-C., la ville la plus florissante et la plus puissante de l'Asie-Mineure : son commerce était très-étendu. Elle fonda près de quatre-vingts colonies.

115. *Rate* (v. 7). Ce fut la première expédition maritime de la Grèce. Voilà pourquoi les poètes ont dit qu'Argo fut le premier vaisseau qui vogua sur la mer.

116. *Medea* (v. 9). *Voyez* la note 109.

117. *Hostis* (v. 12). Leçon de Heinsius, adoptée par l'édition allemande, au lieu de *hospes*. — Le désordre des paroles décèle ici le trouble du soldat.

118. *Minyæ* (v. 13). Les Argonautes furent ainsi nommés d'un petit canton de la Thessalie.

119. *Vicimus* (v. 23). Leçon de l'édition allemande, au lieu de *vincimus*.

120. *Divellit, divulsaque* (v. 27). *Voyez* la note 79.

121. *Tomis* (v. 33). *Tomi, -orum*, ou *Tomis, -idis* (Voyez *Pont.*, IV, XIV, 59), de τέμνω, couper.

ÉLÉGIE DIXIÈME.

122. *Stellis* (v. 3). *Voyez* I, note 32.

123. *Quam non digna* (v. 6). *Voyez* les vingt premiers vers de l'épître IV de Boileau; ils offrent un riche développement de cette pensée. *Voyez* aussi *ibid.*, vers 145 et suiv.

124. *Jacet; et jactam* (v. 13). *Voyez* la note 79.

125. *Braccis* (v. 19). Espèce de large pantalon, ou haut-de-chausses, commun aux Perses, aux Mèdes, aux Gaulois, aux Sarmates, et dont les Romains firent quelque temps usage.

126. *Vina* (v. 24).

.... Cæduntque securibus humida vina.

Comparez tout le morceau de Virgile, *Géorg.*, III, 349.

127. *Aquæ* (v. 26). *Voyez* la note 34.

128. *Papyrifero* (v. 27). *Voyez* POMPON. MELA, II, 1, 8.

129. *Pedibus* (v. 31).

Puppibus illa prius patulis, nunc hospita plaustris.
(VIRG., *Géorg.*, III, 361.)

130. *Leandre* (v. 41). Voyez *Héroïde* XIX.

131. *Acontius* (v. 73). Voyez *Hér.* XX.

ÉLÉGIE ONZIÈME.

On suppose que cette élégie peut avoir été adressée à Hygin, ainsi que l'élégie IX du livre IV, VIII du livre V; les élégies III et XVI du livre IV des *Pontiques*, et le poëme satirique intitulé *Ibis*. *Voyez* SUÉTONE, *de Illustr. gramm.*, XX.

132. *Mænalis ursa* (v. 8). Le Ménale, montagne d'Arcadie. *Voyez* livre I, note 53.

133. *Premunt* (v. 24). *Voyez* III, v, 33.

134. *Hæmonios* (v. 28). Hémonie, ancien nom de la Thessalie.

135. *Busiride* (v. 39). Voyez *Art d'aimer*, I, 649; VIRG., *Géorg.*, III, 5.

136. *Qui* (v. 40). Phalaris, tyran d'Agrigente. Voyez *Art d'aimer*, I, 653.

137. *Quique* (v. 41). Pérille, artiste athénien. *Voyez* PLINE, XXXIV, 8; VALÈRE MAXIME, IX, 2; et surtout LUCIEN, *Premier Phalaris*.

138. *Imbue* (v. 52). *Imbuere* est ici, je crois, imprégner les parois intérieures de l'animal, et non consacrer, faire l'essai de... Voyez *Pont.*, II, 1, 65.

139. *Collatus Ulysses* (v. 61). *Voyez* cet ingénieux parallèle, I, v, 57.

140. *Maxima cura* (v. 70). Ironie amère.

ÉLÉGIE DOUZIÈME.

141. *Qui* (v. 3). Le Bélier, la première des douze constellations du zodiaque, et dans laquelle le soleil entre au mois de mars. C'est l'équinoxe de printemps.

142. *Hellen* (v. 3). *Voyez* I, note 104.

143. *Violam* (v. 5). Ovide peint ici le printemps d'Italie, non celui de Scythie.

144. *Hirundo* (v. 9). *Voyez* II, note 104.

145. *Cúnas* (v. 10). *Voyez* les vers de L. Racine, *Poëme de la religion*, I, 114.

146. *Pila* (v. 20). *Voyez* II, note 167.

147. *Virgine aqua* (v. 22). Source, à huit milles de Rome, montrée par une jeune fille à des soldats, et qu'au moyen d'un aquéduc Agrippa amena jusqu'au Champ-de-Mars. Au lieu de la fontaine romaine, on voit maintenant un monument élevé par Nicolas V, et embelli par Clément XII et Clément XIII : c'est la fontaine de *Trévi* (*Trivium*). PLINE, XXXI, 3; DION CASSIUS, LIV, 14.

148. *Terna... tribus* (v. 24). Le *Forum romanum*, celui de César, celui d'Auguste; les trois théâtres, celui de Pompée, de Marcellus, de Balbus. (MASSON, année 743; ADAM, t. II, p. 138.)

149. *Non* (v. 28). Leçon adoptée par l'éditeur allemand, au lieu de *vix*, qui est la leçon ordinaire.

150. *Latio Jovi* (v. 46). Jupiter Capitolin.

151. *Ducis* (v. 48). Tibère, et non Drusus, qui était déjà mort a cette époque. *Voyez* II, notes 33, 34, 35.

ÉLÉGIE TREIZIÈME.

152. *Natalis* (v. 2). C'était le 18 ou 19 mars. *Voyez* IV, x, 13.

153. *Soliti moris honorem* (v. 13). Comparez V, v.

154. *Euxini falso nomine* (v. 28). *Voyez* IV, iv, 55 et 56, et la note 41 du livre I.

ÉLÉGIE QUATORZIÈME.

155. *Quid facis* (v. 2). Ancienne leçon à la place de laquelle Heinsius avait introduit *qui facis*, qu'il faudrait entendre ainsi, en supprimant la virgule et le point d'interrogation : « ami, qui toujours es fidèle à ma veine; » mais n'y a-t-il pas une sorte de contradiction à dire : « toi qui es toujours fidèle à ma veine, t'occupes-tu encore à recueillir mes ouvrages? » Restait encore un autre sens avec *quid*, en mettant *semper amice* entre deux virgules : « que fais-tu du produit de ma veine, fidèle ami? » *facere* est bien latin dans ce sens : j'ai préféré toutefois, comme plus naturel, celui que j'ai adopté : « que fais-tu maintenant, toi qui jadis montras toujours du goût pour mes poésies? »

156. *Tres* (v. 17). *Voyez* I, i, 111.

157. *Sunt quoque* (v. 19). *Voyez* I, i, 117, et vii, 27 à 40.

158. *Quo tempore quoque loco* (v. 28). Comparez I, xi, 35; III, 1, 17; et IV, i, 1.

159. *Æquus* (v. 29). Comp. I, i, 37.

160. *Recitem* (v. 39). Comp. IV, i, 89, et x, 113.

LIVRE QUATRIÈME.

Ce livre fut composé la seconde année de son exil, 764 et 765 de Rome, 11 de J.-C. Voyez *élég.* vi, 19 et 20; vii, 1 et 2.

ÉLÉGIE PREMIÈRE.

1. *Excusata* (v. 2). *Voyez* I, i, 37; xi, 35; III, i, 17; xiv, 28.

2. *Compede* (v. 5). Tibulle (II, vii, 25) a dit aussi :

> Spes etiam valida solatur compede vinctum :
> Crura sonant ferro, sed canit inter opus.

3. *Lyrnesside* (v. 15). *Voyez* la note 94 du livre II.
4. *Hæmonia* (v. 16). *Voyez* III, note 132.
5. *Orpheus* (v. 17). Voyez *Métam.*, x; Virg., *Géorg.*, iv; Hor., *Od.*, I, xii.
6. *Comes* (v. 20). *Voyez* v. 50; III, vii, 47; et IV, x, 117.
7. *Culpam* (v. 24). *Voyez* I, iii, 37; v, 42; III, 1, 52; v, 49; vi, 35; et I, note 13.
8. *Lotos* (v. 31). *Voyez* Hom., *Odyssée*, ix; Pline, xiii, 17; Sil. Ital., iii, 310. Quand les compagnons d'Ulysse en eurent mangé, ils oublièrent leur patrie.
9. *Edonis* (v. 41). Montagne de Thrace sur laquelle on célébrait des orgies en l'honneur de Bacchus.
10. *Comites* (v. 50). *Voyez* note 6.
11. *Vix tutum* (v. 70). *Voyez* III, xiv, 42.
12. *Militiæ* (v. 71). Il est donc bien certain qu'il ne porta pas les armes en Asie sous Varron, comme on l'a prétendu.
13. *Hostis* (v. 77). *Voyez* III, x, 55 et 63.
14. *Recitem* (v. 89). *Voyez* III, xiv, 39, et IV, x, 113.
15. *Quo et unde* (v. 100). *Voyez* I, iii, 52.
16. *Focos* (v. 102). *Voyez* I, vii, 20.

ÉLÉGIE DEUXIÈME.

Comparez à cette élégie la première du livre II des *Pontiques*.

17. *Cæsaribus* (v. 1). Il désigne Auguste et Tibère.
18. *Germania* (v. 1). *Voyez* II, 229. Ovide savait que Tibère était parti pour venger la défaite de Varus; cette expédition dura deux ans : le poète présume ici que Tibère est vainqueur. Suét., *Tib.*, xviii et xx.
19. *Juvenes* (v. 9). Drusus fils de Tibère et Germanicus son neveu, adoptés par Auguste. *Voyez* la note 34 du livre II.
20. *Nuribus* (v. 11). Livie, ou Liville, sœur de Germanicus, femme de Drusus, et Agrippine, fille de Julie et d'Agrippa, et par conséquent petite-fille d'Auguste, femme de Germanicus.

21. *Titulis* (v. 20). Les noms des peuples vaincus et des villes conquises étaient inscrits sur des cadres en bois; quelquefois les plans des provinces y étaient tracés.

22. *Is qui* (v. 27). Le poète nous transporte au milieu de la scène : il disparaît tout-à-fait lui-même, et nous assistons à la conversation des spectateurs.

23. *Perfidus hic* (v. 33). Arminius, qui attira Varus dans les défilés où ses légions furent taillées en pièces.

24. *Ministro* (v. 35). Allusion aux druides. *Voyez* CÉSAR, *Bell. Gall.*, VI.

25. *Drusus* (v. 39). Drusus, frère de Tibère, avait fait, de 742 à 745, quatre expéditions en Germanie, où il mourut.

26. *Quæ... fuit* (v. 40). Avec cette leçon, *parente* ne peut désigner qu'Auguste, qui avait adopté Drusus : Heinsius a proposé *tulit* au lieu de *fuit*, de manière à signifier : « et ce surnom passa à son vertueux fils (Germanicus), rejeton digne de son père (Drusus)... »

27. *Male tectus ab ulva* (v. 41). Sans doute Boileau connaissait ce vers : son *épître* IV en fait foi.

28. *Inde* (v. 55). La marche triomphale commençait, dit Adam, au Champ-de-Mars, se dirigeait le long de la rue des Triomphes, traversait le *Campus*, le *Circus Flaminius*, jusqu'à la porte Triomphale; et de là, par les principales places publiques, se rendait au Capitole.

ÉLÉGIE TROISIÈME.

29. *Feræ* (v. 1). La grande et la petite Ourse, appelées, la première *Helice*, la seconde *Cynosura*.

30. *Sicca* (v. 2). *Voyez* I, note 32, et III, x, 3.

31. *Dominam* (v. 9). *Voyez* la note 40 du livre III.

32. *Exisset* (v. 41). On pourrait aussi expliquer ce verbe et tous les verbes suivans par le conditionnel : « Du moins j'aurais expiré entre tes bras, etc. » — Rapprochez ce passage de l'élégie III du livre III, v. 37 et suiv.

33. *Tacta* (v. 46). La sage-femme posait l'enfant sur la terre, aussitôt qu'il était né, en invoquant Ops (*ut opem ferret*); le père alors le relevait (*tollebat*) en s'adressant à la même déesse sous

le nom de Levana (*levare*), cérémonie sans laquelle l'enfant n'eût pas été regardé comme légitime. De là *tollere liberos*, avoir ou élever des enfans.

34. *Me* (v. 53). Ce mot ne semble être qu'une conjecture : les manuscrits donnent *te*.

35. *Capaneus* (v. 63). Un des sept capitaines qui accompagnèrent Polynice au siège de Thèbes (*voyez* II, note 79); il périt frappé de la foudre. Évadné, son épouse, se jeta dans le bûcher qui consumait son corps. *Voyez* V, v, 54, et la description de la mort de Capanée, dans Stace, *Théb.*, III.

36. *Phaethon* (v. 66). *Voyez* III, IV, 30, et *Métam.*, II, I.

37. *Semele* (v. 67). Fille de Cadmus et mère de Bacchus. Voyez *Métam.*, III.

38. *Tiphy* (v. 77). Ce fut lui qui fit construire le vaisseau des Argonautes; il en fut le pilote. *Voyez* livre III, note 114.

39. *Phœbe* (v. 78). *Voyez* la note 36 du livre III.

40. *Dat tibi* (v. 81). *Comparez* V, XIV, *passim*.

ÉLÉGIE QUATRIÈME.

41. *O qui* (v. 1). Cette élégie est bien certainement adressée à Maxime (*voyez* le préambule I, IX), auquel Ovide a adressé plusieurs des épîtres Pontiques (I, II, V, IX; II, III; III, III, VIII). Pour s'en convaincre, il ne faut que comparer ce premier distique avec le premier des *Pontiques* I, II, et II, III, et les vers 26, 27 et suiv., avec le vers 75 et suiv., *Pont.*, II, III. Voyez *Tristes*, I, IX.

42. *Patrii* (v. 3). Il y eut un consul de ce nom l'an 743 de Rome; ce ne peut être celui auquel Ovide s'adresse ici, puisqu'il le qualifie, ainsi que nous l'avons vu, I, IX, de *juvenis* en 762 : c'était son père.

43. *Signis* (v. 7). *Voyez* I, v, 7.

44. *Pater patriæ* (v. 13). *Voyez* II, 39, et la note 9.

45. *Conspicitur, creditur* (v. 20). La flatterie est outrée; mais elle est si spirituelle!

46. *Nostra* (v. 23). J'ai rétabli l'ancienne leçon au lieu de : ...*injuria nostro Incolumis cum quo*... *Nostro* n'est qu'une conjecture, et quelle barbarie dans *cum quo nostro*, pour *nobis favente*!

47. *Tuus...pater* (v. 27). C'est ce qu'il répète mot à mot, *Pont.*, II, III, 73, 75 et suiv. Il dit la même chose aussi du père de Messalinus, frère de Cotta, *Pont.* I, VII, 27.

48. *Timor* (v. 39). C'est un mot dont il n'est pas facile de rendre compte, et qui ne jette guère de jour sur la nature de sa faute. *Voyez* I, notes 13 et 69; II, 103; III, V, 49; VI, 27.

49. *Axenus* (v. 56). *Voyez* I, note 41; III, XIII, 28, etc.

50. *Hic* (v. 67). Le récit qui va suivre se retrouve en d'autres termes, et plus développé même dans une élégie adressée à Cotta, *Pont.*, III, II, 61 et suiv.

51. *Pro subposita* (v. 67). Il y a ici hypallage : *pro quâ supposita cerva est*.

52. *Orestes* (v. 69). *Voyez* I, note 65.

53. *Phocæus* (v. 71). *Voyez* I, note 65.

54. *Duo.... unus* (v. 72). Φιλία ἐστὶ μία ψυχὴ ἐν δυοῖν σώμασιν. ARISTOTE.

55. *Triviæ*. (v. 73). Surnom de Diane, ou comme présidant aux carrefours, ou comme déesse des voyageurs.

56. *Transtulit* (v. 82). *Voyez* l'*Iphigénie en Tauride* d'Euripide, et PAUSANIAS.

ÉLÉGIE CINQUIÈME.

57. *O mihi* (v. 1). Ovide s'adresse probablement ici à Sextus Pompée : car le sens du vers 7 : *cujus eram censu non me sensurus egentem* se retrouve dans une élégie à lui adressée, *Pont.*, IV, I, 24 :

Nec mihi munificas arca negavit opes.

C'est lui, d'ailleurs, qui avait défendu à Ovide de le nommer, comme on le voit *ibid.*, 22, *invito te quoque gratus ero*, ce qui répond bien à ce que nous avons ici, v. 13, *si sineres*. *Voyez* V, IX, et notre préambule des *Tristes*.

ÉLÉGIE SIXIÈME.

Cette élégie était jadis réunie à la précédente.

58. *Ruricolæ* (v. 1). Si j'ai mis « la charrue agricole, » c'est que

cela m'a paru plus poétique; mais je doute qu'Ovide ait dit *aratrum ruricola*; ce mot doit être le complément de *taurus* ou de *aratri*.

59. *Inda bellua* (v. 7-8). L'éléphant.

60. *Bis* (v. 19). Ce mot nous donne la date précise de ce livre: il était parti de Rome à la fin de 762 : il était donc alors à la fin de l'automne de 764.

61. *A corpore* (v. 39). On pourrait aussi, en supprimant la virgule, construire *a corpore auguror*: le tour *accedent a corpore* a une physionomie plus latine.

62. *Braccataque* (v. 47). *Voyez* III, note 123.

ÉLÉGIE SEPTIÈME.

Voyez le préambule de l'*élégie* VIII du livre I, et V, XIII.

63. *Bis me sol* (v. 1). Il avait donc passé l'hiver de 763 et celui de 764 : il était donc au printemps de 765.

64. *Pisce* (v. 2). Les Poissons sont le dernier signe du zodiaque; c'est pour cela qu'Ovide dit que le soleil a accompli sa révolution annuelle : cet astre entre dans ce signe au mois de février; il en sort au mois de mars, pour entrer dans le Bélier.

65. *Tempore tam longo* (v. 3). Comparez les *épîtres* 23 et 24 d'Ausone, et les *lettres* 3 et 4 de Claudien, tome II, p. 376 et 378 de notre édition, page 405, ligne 3.

66. *Vincula* (v. 7). Les anciens fermaient leurs lettres avec un fil qu'ils cachetaient.

67. *Medusae* (v. 11). Voyez *Métam.*, IV, 771.

68. *Canes* (v. 13). Scylla, selon quelques mythographes, était une jeune fille qui avait six longs cous et six têtes : chacune de ses gueules avait trois rangs de dents.

69. *Chimæram* (v. 13). *Voyez* II, 397; *Métam.*, IX, 646, et HOMÈRE, *Iliade*, VI, 179. Monstre de Lycie, qui avait la tête d'un lion, le ventre d'une chèvre, le reste du corps d'un dragon, et qui vomissait des flammes.

70. *Quadrupedes* (v. 15). Les Centaures.

71. *Virum* (v. 16). Géryon.

72. *Canem* (v. 16). Cerbère.

73. *Sphinga* (v. 17). *Voyez* le beau récit de Ballanche, dans les notes de Sénèque-le-Tragique, *OEdipe*, tome II, page 337 de notre édition.

74. *Harpyias* (v. 17). *Voyez* VIRGILE, *Énéide*, III.

75. *Gygen* (v. 18). Gygès, ou plutôt Gyas, l'un des trois géans aux cent mains (les deux autres étaient Cottus et Briarée), fit la guerre aux dieux avec les Titans. (HOR., *Odes*, III, IV, 69.)

76. *Virum* (v. 18). Le Minotaure.

ÉLÉGIE HUITIÈME.

77. *Erat* (v. 5). Ce vers peut ici s'expliquer également bien par l'imparfait et par le conditionnel : « il était temps, » ou : « il serait temps. »

78. *Rura paterna* (v. 10). Situés dans le pays des Péligniens. (*Pont.*, I, VIII, 41.)

79. *Quondam peragi* (v. 13). C'est-à-dire : *Mea ætas speraverat hæc sic peragi quondam* (*sic peragenda esse*).

> Hélas! pour mes vieux jours j'attendais ces plaisirs.
> (DELILLE, *l'Homme des Champs*, ch. II.)

80. *Ponere* (v. 14). Ancienne leçon que je rétablis au lieu de *condere*, conjecture inutile; car on dit *vitam ponere*; et *annos ponere* n'est pas autre chose.

81. *Equus* (v. 20). Ce distique semble une imitation de ce passage où Virgile, *Géorg.*, III, 96, dit de laisser en repos l'étalon vieilli (*abde domo*), et d'épargner un coursier dont la jeunesse couvre de gloire les vieux jours (*nec turpi ignosce senectæ*), vers qu'on a quelquefois traduit par : « Bannis-le de tes pâturages, sans pitié pour une vieillesse flétrie : » sentiment que devait repousser un cœur de poète.

82. *Rude* (v. 24). On présentait aux gladiateurs victorieux ou trop âgés, une verge ou épée de bois : ce signe annonçait qu'ils étaient à l'avenir dispensés de combattre dans l'arène.

83. *Hortos* (v. 27). *Voyez* la note 123 du livre I.

ÉLÉGIE NEUVIÈME.

Voyez le préambule de l'*élégie* xi du livre III.

84. *Sicca* (v. 18). *Voyez* la note 32 du livre I, et III, x, 3.
85. *Cornua* (v. 27). Les commentaires disent: *calamum et chartam, quibus te petam, ut cornibus taurus feras depugnantes.* — *Cornua* ne pourrait-il pas être encore la trompette qui donne le signal du combat? cela répondrait à *cane receptus.*

ÉLÉGIE DIXIÈME.

Cette élégie peut avoir inspiré à Boileau la fin de sa x^e *épître*, dans laquelle il fait aussi son portrait. Horace, à la fin de la 20e *épître* du livre I, en offrit à Ovide et à Boileau la première idée.

86. *Sulmo* (v. 3).

> Pars me Sulmo tenet Peligni tertia ruris.
> (*Am.*, II, xvi, 1.)

> Gens mea Peligni, regioque domestica Sulmo.
> (*Pont.*, IV, xiv, 49.)

87. *Novies decem* (v. 4). Il paraît que les anciens milles étaient moins longs que ceux de l'Italie moderne : car on ne compte, selon Ciofano, que soixante-dix milles de Rome à Sulmone.
88. *Consul uterque* (v. 6). Hirtius et Pansa, consuls l'an de Rome 711, quarante-deux ans avant J.-C., qui périrent en combattant contre Antoine, près de Modène. (Pat., II, 61.) Ce vers se trouve tout entier dans Tibulle, III, v, 18, où quelques critiques le supposent intercalé par les copistes, parce qu'il manque dans quelques manuscrits. *Voyez*, sur ce sujet, la note du P. Sanadon, dans son *Horace* in-4°, tome II, page 294.
89. *Eques* (v. 8). *Voyez* II, 112; *Am.*, I, III, 7; III, xv, 5. — *Modo* peut se construire aussi avec *factus*: chevalier de fraîche date.
90. *Tribus quater mensibus* (v. 10). Douze mois, un an.
91. *Hæc est* (v. 13). Ces fêtes étaient appelées *quinquatries*, parce qu'elles duraient cinq jours, à partir du 19 mars : le premier

était consacré à la déesse : les combats commençaient le second jour : c'est donc le 20 mars qu'Ovide naquit.

92. *Insignes viros* (v. 16). On ne peut préciser quels furent ses premiers maîtres : pour la rhétorique, ce furent Arellius Fuscus et M. Porcius Latro. (SÉN., *Controv.*, II, 10.)

93. *Frater* (v. 17). Lucius, selon Ciofano.

94. *Mæonides* (v. 22). *Voyez* I, note 16.

95. *Lato clavo* (v. 29). Le laticlave était donné avec la robe virile aux chevaliers qui aspiraient aux fonctions sénatoriales.

96. *Viris tribus* (v. 34). Triumvir *capitalis*, à ce qu'on croit : ils avaient la police des prisons, et faisaient exécuter les coupables condamnés par le préteur. D'autres croient qu'ils remplissaient des fonctions analogues à celles de nos juges-de-paix.

97. *Clavi mensura* (v. 35). L'angusticlave, tunique garnie d'une étroite bande de pourpre, et semée de nœuds ou boutons en forme de têtes de clou.

98. *Nec patiens* (v. 37). *Voyez* III, II, 9.

99. *Macer* (v. 44). Né à Vérone; il avait aussi écrit un poëme sur la ruine de Troie.

100. *Ponticus* (v. 46). Il avait composé un poëme sur la guerre de Thèbes. (PROP., I, VII.)

101. *Bassus* (v. 47). Poète dont parle aussi Properce.

102. *Vidi tantum* (v. 51). Virgile mourut en effet l'an 19 avant J.-C., 735 de Rome : Ovide n'avait alors que vingt-quatre ans :

> . . . . J'ai peu connu Voltaire :
> Je l'ai vu seulement triompher et mourir.
>
> (BERTIN.)

103. *Tibullo* (v. 51). Tibulle mourut la même année que Virgile, peu après lui (*Am.*, III, IX), à l'âge de quarante-cinq ans : il était né vers l'an 690 et non 711. *Voyez* la note 88.

104. *Galle* (v. 53). Gallus était mort l'an 728 de Rome, vingt-six ans avant J.-C. *Voyez* la note 149 du livre II.

105. *Propertius* (v. 53). Il mourut, selon Masson, l'an 739 de Rome, 15 avant J.-C.

106. *Quartus* (v. 54). *Voyez* II, 467 : *his ego successi*. Il fut le quatrième poète élégiaque : Gallus avait été le premier, Tibulle le second, et Properce le troisième.

107. *Minores* (v. 55). Ne pourrait-on pas mettre *minorem*, traduire *majores* par : « ces poètes bien supérieurs à moi, » et *minorem* par : « on honora en moi leur indigne émule ? » Comp. v. 127.

108. *Legi* (v. 57). Lisait-on réellement soi-même (*ou* faisait-on lire au peuple) ses poésies légères, et faut-il étendre jusque-là ce qu'on sait des lectures que les poètes faisaient à leurs amis, ou dans des réunions plus ou moins nombreuses? *Voyez* la note 176 du livre II, et 39 du livre V.

109. (v. 58). *Barba resecta*. C'était à l'âge de vingt-un ou vingt-deux ans que les Romains commençaient à se faire raser, ce qui nous reporte à l'année 732 de Rome.

110. *Multa* (v. 61). Ce fut donc à partir de cette année 732 qu'il écrivit ces élégies que, plus tard, en 745, il revit et réunit en trois livres, après avoir brûlé ce qui lui parut trop faible.

111. *Ignibus* (v. 62). *Voyez* I, vii, 20.

112. *Fabula* (v. 68). *Voyez* II, 350.

113. *Pectora qui* (v. 92). Il n'est pas très-rare de trouver dans les poètes l'adjectif ou le *qui* relatif s'accordant avec l'idée renfermée dans le substantif plutôt qu'avec ce substantif même : *pectora* est ici synonyme de *amici*, et c'est à ce mot qu'il faut rapporter *qui*.

114. *Decies* (v. 96). L'olympiade n'était que de quatre ans; mais les Romains comptant et l'année de l'olympiade d'où l'on partait, et celle de l'olympiade suivante, en faisaient souvent un espace de cinq ans; c'est ainsi que nous disons huit jours, quoiqu'il n'y en ait que sept. Ovide a déjà dit *decem lustris*, IV, viii, 33.

115. *Non est testificanda* (v. 100). *Voyez* I, v, 51; III, vi, 27, et *passim*.

116. *Comitumque nefas* (v. 101). Ce vers dont on s'appuie pour supposer que les amis et les gens d'Ovide trahirent sa confidence, peut signifier simplement qu'ils l'abandonnèrent dans sa disgrâce, comme il le dit tant de fois. *Voyez* I, v, 64, et *Pont.*, II, vii, 61.

117. *Nemo* (v. 113). *Voyez* III, xiv, 39; IV, 1, 89.

118. *Musa* (v. 117). *Voyez* III, vii, 47, et IV, 1, 20 et 50.

LIVRE CINQUIÈME.

Ce livre fut composé dans l'année 765 et 766.

ÉLÉGIE PREMIÈRE.

Cette élégie est la meilleure réponse à faire à ceux qui se plaignent des redites et de la monotonie des *Tristes*. *Voyez* notre préambule général.

1. *Phalaris* (v. 53). *Voyez* III, xi, 41 et suiv.
2. *Nioben* (v. 57). Voyez *Métam.*, vi, 301.
3. *Procnen* (v. 60). *Voyez* II, 390, et *Métam.*, vi et xi.
4. *Halcyonen* (v. 60). Voyez *Métam.*, xi, 742.
5. *Pœantius* (v. 61). Philoctète. *Voyez* Sophocle, et *Métam.*, xiii, 45.
6. *Ingeniosus* (v. 74). Voyez *Pont.*, I, v, 64 et suiv.

ÉLÉGIE DEUXIÈME.

7. *An* (v. 6). *Ni* sans interrogation me semblerait bien préférable à cette leçon.
8. *Pœantius* (v. 13). *Voyez* la note 5.
9. *Telephus* (v. 15). *Voyez* I, note 22.
10. *Lenis* (v. 36). *Voyez* I, note 67.
11. *Viderit; ipse* (v. 43). Peut-être faudrait-il placer le point et virgule après *ipse :* ce verbe sans sujet est un peu isolé.
12. *Zanclæa Charybdis* (v. 73). Zancle, ville de Sicile, sur laquelle fut construite Messine. D'autres disent que c'est un surnom de la Sicile même. Ce nom vient de ce que la faux (ζάγκλη) de Saturne tomba dans cette île, selon les poètes, fiction qui est le symbole de sa fertilité.
13. *Leucadii Dei* (v. 76). Apollon. *Voyez* III, note 15.

ÉLÉGIE TROISIÈME.

14. *Illa dies* (v. 1). C'était le 15 des calendes d'avril (18 mars). Voyez *Fastes*, III, 713.

15. *Ad vina* (v. 4). Cicéron (*Cœl.*, 28) a dit aussi *ad vinum disertum esse.*

16. *Cynosuridos* (v. 7). *Voyez* IV, note 29.

17. *Strymona* (v. 22). Le Strymon, fleuve de Thrace. — *Voyez* les conquêtes de Bacchus dans Diodore, III.

18. *Illo* (v. 29). Capanée. *Voyez* IV, note 35.

19. *Lycurgi* (v. 39). Lycurgue, roi de Thrace, ennemi du culte de Bacchus, s'arma d'une hache pour détruire les vignes de son royaume. (Hom., *Iliade*, VI, 130.) — Nous avons vu le prix que les anciens attachaient à ce que la terre leur fût légère, III, note 53.

20. *Pentheos* (v. 40). Roi de Thèbes, mis en pièces par sa mère et sa tante, qui célébraient des orgies auxquelles il voulait s'opposer. (*Métam.*, III, 511.)

21. *Conjugis* (v. 42). Ariane, fille de Minos et de Pasiphaé.

ÉLÉGIE QUATRIÈME.

22. *Menœtiaden* (v. 25). Patrocle. *Voyez* II, note 127. — *Qui comitavit.* Pylade. *Voyez* I, v, 21.

23. *Ægiden* (v. 26). Thésée. *Voyez* I, v, 19. — *Euryalum.* *Voyez* I, note 65.

ÉLÉGIE CINQUIÈME.

Comparez l'*élégie* XIII du livre III.

24. *Laertius heros* (v. 3). Ulysse.

25. *Nebulis* (v. 31). *Voyez* III, III, 84.

26. *Consilio* (v. 32). Les éditions ordinaires donnent : *Consilium fugiunt cetera pæne meum* : « tout le reste est contraire à mes vœux. » J'ai suivi la conjecture de Withof, adoptée par M. Jahn.

27. *Fratribus* (v. 34). Étéocle et Polynice.

28. *Discors* (v. 35).

. . . . . . Exundant diviso vertice flammæ.
        Stat.

29. *Battiades* (v. 38). Callimaque. *Voyez* II, 367.
30. *Queis erat Æetion* (v. 44). La fille d'Éétion était Andromaque; celle d'Icarius, Pénélope.
31. *Echionias* (v. 53). Échion fut un des compagnons de Cadmus, fondateur de Thèbes. — *Vir.* Capanée. *Voyez* IV, note 35.
32. *Una* (v. 55). Alceste. *Voyez* II, note 118.
33. *Laodamia* (v. 58). Épouse de Protésilas. *Voyez* I, note 78.
34. *Pylios* (v. 62). Nestor, roi de Pylos. Voyez *Métamorph.*, XII, 187.

ÉLÉGIE SIXIÈME.

35. *Podalirius* (v. 11). Fils d'Esculape, et médecin célèbre, qui se trouva au siège de Troie.
36. *Merito* (v. 22). On pourrait entendre aussi : *vilior merito*, « indigne de tes bienfaits. » J'ai pris *merito* comme adverbe, en le joignant à *videor*.
37. *Hybla* (v. 38). Ville ou montagne de Sicile.

ÉLÉGIE SEPTIÈME.

38. *Cura tibi est* (v. 10).

> Du lieu qui m'y retient veux-tu voir le tableau?
> (Boileau, *Épître* v.)

39. *Saltari* (v. 25). J'ai dit (II, note 176) que ce mot désignait une lecture entremêlée, c'est-à-dire précédée ou suivie de danses; peut-être est-ce seulement : « accompagnée de gestes. » *Saltare* serait proprement : « déclamer avec les gestes de la pantomime. »
40. *Theatris* (v. 27). Masson propose *theatra* : « J'ai toujours fait peu de cas du théâtre. » Car on ne peut pas traduire : « Je n'ai rien fait pour le théâtre, » puisqu'Ovide dit lui-même qu'il avait composé une tragédie (II, 553). Sans adopter sa correction, je crois qu'il a raison, quant au sens, et j'ai traduit en conséquence. *Voyez* la note 176 du livre II.
41. *Capharéam* (v. 36). *Voyez* la note 19 du livre I.
42. *Braccis* (v. 49). *Voyez* la note 127 du livre III.

ÉLÉGIE HUITIÈME.

Comparez III, xi; IV, ix; V, viii, et *Pont.*, IV, iii et xvi.

43. *Rhamnusia* (v. 9). Némésis, ainsi appelée de Rhamnus, bourg de l'Attique où elle avait un temple.

44. *Petam* (v. 30). Après l'incise *exemplo deum*, on devait s'attendre à trouver un verbe dont le sujet fût Auguste : aussi n'a-t-on pas manqué de proposer *dabit, feret*, etc. Mais le poète, au moment de placer un mot analogue, semble s'être arrêté, comme si c'eût été trop de présomption de sa part; et, sans se flatter positivement d'*obtenir*, il se borne modestement à *demander* : c'est une délicatesse dont Auguste ne pouvait que lui savoir gré. Quant à *roganda*, il n'est pas redondant, comme on pourrait le croire au premier abord : Ovide dit qu'outre son rappel, il a une autre faveur à implorer, *plura*, quelque chose de plus, par une allusion indirecte à la punition de son ennemi; et que, quelque jour, il osera solliciter cette grâce : *feram, putem* pour *petam* sont donc d'inutiles conjectures. En dépit de la grammaire, qui voudrait que l'incise *à l'exemple des dieux* se rapportât au sujet, j'ai religieusement conservé en français le tour si fin du texte.

ÉLÉGIE NEUVIÈME.

Cette élégie peut bien avoir été adressée à Sextus Pompée, comme la ve du livre IV; du moins Ovide déclare-t-il, *Pont.*, IV, v, 31, et xv, 2, comme ici, vers 11 et 12, qu'après César c'est à lui qu'il doit la vie. C'est d'ailleurs lui, nous le savons (IV, v), qui lui avait défendu de le nommer, et il le dit ici, v. 1, *si sineres;* 23, *si paterere*, et 25, *quamvis est jussa (musa) quiescere;* on sait aussi que c'est lui qui protégea Ovide dans la Thrace (*Pont.*, IV, v, 35), comme nous le voyons ici au vers 13.

ÉLÉGIE DIXIÈME.

45. *Ter frigore constitit Ister* (v. 1). Parti de Rome en décembre 762, il n'était arrivé qu'au printemps à Tomes : il n'a donc pu

voir que l'hiver de 763, 764 et 765; il était donc au commencement de 766.

46. *Solstitium* (v. 7). Le solstice d'été.

47. *Bruma* (v. 8). Le solstice d'hiver.

48. *Vere sinistra* (v. 14). Ici le jeu de mots n'est pas douteux. *Voyez* I, viii, 39; III, xiii, 28; IV, iv, 55.

49. *Non rapto vivere* (v. 16). On pourrait bien aussi faire tomber *non* sur *vivere* : « c'est un déshonneur chez eux de ne pas vivre de brigandage; — de vivre d'une autre ressource que du fruit de ses brigandages. »

50. *Utque fit* (v. 41). Tout ce distique a été regardé comme apocryphe. — Faut-il construire ainsi : *si quid quoties* (pour *aliquoties*) *abnuerim adnuerimque*; ou : *si quid abnuerim, et quoties* (pour *quotiescumque*) *adnuerim?*

ÉLÉGIE ONZIÈME.

51. *Nec opes, nec jus* (v. 15). Nous avons déjà vu (II, 137) la différence qu'Ovide met entre un exilé et un banni.

ÉLÉGIE DOUZIÈME.

52. *Quia carmina* (v. 3). *Voyez* I, 1, 39 et suiv.

53. *Niobe* (v. 8). Voyez *Métam.*, vi, 146.

54. *Anyti reo* (v. 12). Socrate, accusé par Anytus, Melitus et Lycon, d'impiété envers les dieux.

55. *Ille senex* (v. 15). Socrate, dit Cicéron (*de Orat.*, III, 16), ne laissa pas d'écrits; cependant Diogène de Laërce, Platon (*Phédon*), Thémiste (*Disc.* 11), parlent d'un hymne composé par ce philosophe en l'honneur d'Apollon, au sujet de l'oracle par lequel ce dieu l'avait déclaré le plus sage des mortels.

56. *Equus* (v. 26). Heinsius avait cru devoir mettre *equos* d'après quelques manuscrits : nous avons préféré *equus* avec M. Jahn.

57. *Fabricator* (v. 47). Pérille. *Voyez* III, xi, 41 et suiv.

58. *Jam didici* (v. 58). Voyez *Pont.*, III, 11, 40.

ÉLÉGIE TREIZIÈME.

Cette élégie n'était sans doute pas adressée au même ami que la septième du livre IV; il y a trop de rapport entre elles pour le fond et pour la forme. *Voyez* le préambule, I, viii.

59. *Salutem* (v. 16). *Voyez* III, iii, 89; *Pont.*, I, x, 1; et *Héroïde*, iv, 1.
60. *Numeros* (v. 10). *Voyez* I, note 96.
61. *Missa sit* (v. 16). *Voyez* IV, vii, 24.
62. *Liquet* (v. 19). *Voyez* IV, vii, 11.
63. *Trinacris Hybla* (v. 22). *Voyez* note 37. Cette epithète de *Trinacris* et le nom de *Trinacria* venaient à la Sicile de ses trois promontoires, Lilybée, Pélore et Pachynum.

ÉLÉGIE QUATORZIÈME.

64. *Ingenio meo* (v. 4). Périphrase poétique pour *mihi*; car il ne veut pas dire : « tu devras l'immortalité à mon génie, » mais seulement : « je chanterai toujours ta gloire, tes vertus, » et la preuve, c'est qu'il dit aussitôt après : *dumque legar*. *Voyez* I, note 81.
65. *Quæ* (v. 19). L'édition Lemaire a la virgule après ce mot, ce qui le fait rapporter à *præsta* : cela n'aurait pas de sens : *præsta* est synonyme de *fac*.
66. *Laudem* (v. 22). Les manuscrits donnent : *Et semper probitas irreprehensa fuit*, leçon bien froide, et qui n'ajoute guère à ce qui précède : j'ai suivi, avec l'édition Lemaire, la conjecture de Burmann.
67. *Ponat opus* (v. 24). Heinsius proposait *tollat onus, prodat opus*; *ponat* est ici pour *erigat*, et *opus* pour *monumentum*.
68. *Si qua tamen* (v. 31). Voyez *Pont.*, II, iii, 12. Cicéron, *pro Mil.*, xxxv, dit : « Fortes et sapientes viros non tam præmia sequi solere recte factorum, quam ipsa recte facta. » Claudien (*de Cons. Mall. Theod.* I) :

Ipsa quidem virtus pretium sibi;

et L. Racine, en apostrophant la vertu (*Relig.*, 1, 460) :

La richesse, il est vrai, la fortune te fuit ;
Mais la paix t'accompagne et la gloire te suit :

Et, perdant tout pour toi, l'heureux mortel qui t'aime,
Sans biens, sans dignités, se suffit à lui-même.

69. *Ut tempus numeres* (v. 33). Pour que tu calcules le temps, si tu veux en calculer la durée.

70. *Et loca* (v. 34). M. Jahn met deux points après ces mots, qui alors font suite à *per secula* : j'ai préféré la ponctuation de l'édition Lemaire, qui fait de *loca* le sujet de *mirantur* : il semble qu'on doive sous-entendre « veux-tu en connaître l'étendue ? » pour répondre à *ut tempus numeres*, et cette pensée *loca mirantur* répond à *per secula nulla tacetur*.

71. *Admeti* (v. 37). Alceste. *Voyez* II, note 118, et V, v, 55.

72. *Iphias* (v. 38). Évadné, femme de Capanée. *Voyez* IV, note 35.

73. *Conjux Phylaceia* (v. 39). Laodamie, reine de Phylacé, ville de Thessalie, dans la Phthiotide, ou petite-fille de Philacus, puisqu'elle avait épousé Protésilas, fils d'Iphicus, dont Philacus était le père. *Voyez* I, note 78.

Notre dessein avait été, en commençant nos recherches pour les notes, de donner, à mesure que les mots se présenteraient, quelques éclaircissemens sur la géographie du Pont. Ce travail, nous avons eu le bonheur de le trouver tout fait, et avec une supériorité dont nous fussions resté fort éloigné : M. Jahn a réuni et coordonné dans un vaste cadre, tout ce qu'il a pu recueillir dans les *Tristes* et les *Pontiques* de notions sur ces contrées et sur les mœurs de leurs habitans. Nous nous sommes donc interdit presque toute espèce de notes morcelées, nous réservant le plaisir d'offrir en français à nos lecteurs ce beau morceau d'ensemble, qui eût été perdu pour un grand nombre d'entre eux, parce qu'il est écrit en allemand : c'est un tableau statistique plein d'intérêt.

GÉOGRAPHIE

DE LA

CÔTE EUROPÉENNE DU PONT-EUXIN

D'APRÈS OVIDE.

Ovide ne parle qu'une seule fois du rivage entier du Pont-Euxin (c'est-à-dire des côtes de l'Europe et de l'Asie) (*Pont.*, I, IV, 27), et il le désigne par le nom général de *Pontus*; ordinairement il ne parle que de la côte européenne, et le plus souvent même que de l'espace qui s'étend depuis le Bosphore de Thrace (le détroit de Constantinople) jusqu'à l'embouchure du Danube; il nomme cette partie de la côte *Pontus, Pontica terra, Pontus Euxinus*, ou *Sinister*, ou *Lævus*, ou *Euxinus Sinister*. Cette dénomination ne paraît s'appliquer que rarement à la côte située au nord du Danube, et qu'il désigne par les mots *Scythia, Sarmatia*. Nous n'avons pas sur ce pays de notions géographiques bien précises, de limites bien déterminées, parce que le pays au nord de l'Hémus, et bien plus encore, au nord du Danube, était à cette époque presque inconnu aux Romains : ce ne fut même que successivement qu'Ovide acquit quelques connaissances à cet égard, et jamais elles ne s'étendirent beaucoup au-delà des environs de Tomes. Dans le premier livre des *Tristes*, II, 85, il ne sait pas encore positivement où est située cette ville, et c'est dans les derniers livres de ce poëme et dans les *Pontiques*, qu'il faut chercher des indications plus exactes; encore y parle-t-il souvent en poète et d'une manière un peu vague. Au reste il n'était guère possible alors d'avoir sur ce point des notions précises; les Romains, dans toute la contrée, comprise plus tard sous le nom de Mésie, ne possédaient que deux ou trois villes isolées, tandis que le pays même était parcouru par un grand nombre de peuplades nomades qui changeaient continuellement de demeure, et se divisaient en une foule de tribus. (Hérodote, V, 111; Pomponius Méla, II, 11, 31; Pline, IV, 11, al. 18.) A cette époque en général, dans la division adoptée alors et conservée encore par Méla, on comprenait sous le nom de Thrace tout le pays qui s'étend depuis la mer Méditerranée, la Propontide et les deux détroits, jusqu'aux rives du Danube (Pomp. Méla, II, 11, 1), et l'on donnait le nom de Scythie au pays qui s'étendait au nord du Danube. Il est vrai que, sous Auguste, on sépara de la Thrace, l'an de Rome 725, la contrée qui s'étend de l'Hémus au Danube, et qu'on lui donna le nom de Mésie ou Mysie. Mais Ovide ne suit pas cette nouvelle division, ou ne l'adopte tout au plus que pour la Mésie supérieure (*Pont.*, IV, ix, 77). La Scythie, au delà du Danube, a des bornes indéterminées. Ovide ne connaît pas encore dans cette contrée le pays nommé la Dacie, dont les limites, d'après Ptolémée, s'étendent à l'orient jusqu'au fleuve Hiérasus ou Poras (le Pruth). Strabon cependant place les Daces beaucoup plus à l'ouest, aux environs des sources du Danube. Ovide ne connaît au nord de ce fleuve que deux peuples principaux, les Scythes (Sarmates) sur la côte, et les Gètes, plus reculés dans l'intérieur des terres, mais qui cependant descendent presque aussi jusqu'à la côte. D'après lui, ce dernier peuple occupait à peu près toute la contrée qui, plus tard, s'appela Dacie: ainsi (*Pont.*, IV, ix, 77) nous le trouvons en face des Mysiens; mais il est en même temps voisin de Tomes; dans les *Tristes*, III, xiv, 47, nous lisons :

> Threicio Scythicoque fere circumsonor ore,
> Et videor Geticis scribere posse modis.

Ces trois langues, Ovide les désigne peu après par le nom de *Pontica verba*. Ce passage prouve d'ailleurs qu'il comptait encore comme faisant partie de la Thrace le pays où se trouve Tomes (la Basse-Mésie); ce qui le prouve encore mieux, c'est qu'il parle (*Pont.*, I, 11, 112) de chevaux bistoniens (thraces) comme se trouvant auprès de Tomes, et (*Pont.*, I, 111, 59) d'ennemis bistoniens. Mais quoique d'après cela Ovide demeure en Thrace, il lui arrive d'étendre aussi la Scythie au delà de la rive droite ou méridionale du Danube, et de placer Tomes non pas seulement sur le rivage de la mer Scythique (mer Noire) (*Tr.*, IV, 1, 45; V, x, 14) et dans le domaine du Danube scythique (*Tr.*, V, 1, 21), mais encore dans le Pont scythique (*Tr.*, III, iv, 46), et même dans la Scythie (*Tr.*, I, iii, 61; viii, 40; III, ii, 1; IV, ix, 17; V, vi, 19, x, 48; III, xii, 51; *Pont.*, III, vii, 29; I, ii, 110). Pour expliquer ces dénominations, on n'a pas besoin de songer aux Scythes Ἀροτῆρες, qui, d'après Pline (iv, 18), avaient habité la côte méridionale du Danube; il suffit de se rappeler que le nom de Scythe était très-étendu, et qu'on le donnait à tous les peuples du nord. D'ailleurs, dans Ovide, ce nom ne paraît pas être pris dans un sens bien rigoureusement géographique; il sert seulement à exprimer tout ce que ce séjour avait d'affreux, parce que, pour les Romains, un exil en Scythie était chose bien autrement terrible qu'un exil en Thrace. C'est pour la même raison qu'il parle (*Tr.*, III, xii, 2) d'un hiver méotique à Tomes, et qu'il dit (*Pont.*, IV, x, 1) qu'il habite *Cimmerio in litore*. Joignez à cela qu'il regarde les Sarmates comme des Scythes, et que ce peuple demeurait tout près de Tomes. C'est avec plus de fondement qu'il place aussi les Gètes sur la rive droite du Danube, puisque Hérodote (iv, 93) les place sur les deux rives de ce fleuve, et en parle comme d'une des principales races de la Thrace septentrionale. Il paraît que d'abord ils n'occupaient que la rive droite du Danube, et que ce fut plus tard seulement qu'ils s'étendirent sur la rive gauche. D'après Ovide, il y a des Gètes jusqu'au Strymon (*Tr.*, V, iii, 22), et la côte gétique commence immédiatement au nord du Bosphore de Thrace (*Tr.*, I, x, 14). Tomes est donc situé dans le pays des Gètes, et Ovide habite au milieu d'eux. (*Tr.*, III, ix, 4; xii, 14 et 16; IV, viii, 26; V, 1, 1 et 46; v, 28; x, 38; xii, 10; xiii, 1; *Pont.*, I, 1, 1; II, 1, 20; iv, 92; viii, 84; x, 2 et 70.)

Le pays nommé *Pontus*, où Ovide demeure, commence donc au Bosphore de Thrace; et si, à partir de ce point en suivant la côte, on monte vers le nord, on arrive d'abord au cap Thynias, puis aux villes d'Apollonie, Anchiale, Mésembrie, Odesse, Dionysiopolis, Calatis et Tomes (*Tr.*, I, x, 35-42). Ces villes sont, il est vrai, d'origine grecque, mais elles sont situées au milieu de peuplades barbares, et ont presque entièrement perdu les mœurs et le langage de la Grèce. Pour ce qui concerne Tomes, Ovide nous le dit expressément, c'est une colonie de Milet (*Tr.*, III, ix, 1 et suiv.; V, x, 33). Les Tomites sont donc un mélange de Grecs et de Barbares (V, x, 28), et ces Barbares sont principalement des Gètes et des Sarmates (*Tr.*, V, vii, 11 et suiv.). La barbarie de ces derniers a été, il est vrai, un peu adoucie par les Grecs (*Pont.*, IV, xiv, 47); mais cette influence n'a pas été très-marquée, et comme parmi les habitans ce ne sont pas les Grecs, mais les Gètes et les Sarmates qui forment la majorité (*Tr.*, V, vii, 13), ce sont plutôt les Grecs qui ont adopté les usages des Barbares. Par exemple, au lieu du costume de leur patrie, ils portent le pantalon appelé *braccæ* (*Tr.*, V, x, 34), parce que les Gètes le portaient aussi (*Tr.*, IV, vi, 47); la langue grecque n'est plus en usage parmi eux, et ce qu'il en reste est devenu barbare par la prononciation gétique (*Tr.*, V, ii, 68); on ne peut donc parler grec, ni surtout latin, qu'avec des voyageurs (*Tr.*, III, xii, 39); à Tomes, personne n'entend cette dernière langue (*Tr.*, V, ii, 67), et les stupides Gètes tiennent Ovide pour un Barbare, et se moquent de lui (*Tr.*, V, x, 37). La langue qu'on parle à Tomes est une langue sauvage et barbare (*Tr.*, V, ii, 57; xii, 55) qu'Ovide ne comprend pas; aussi a-t-il beaucoup de peine à se faire entendre des habitans, et en est-il souvent mal compris (*Tr.*, III, xi, 9; V, x, 37 et suiv.); il désapprend le latin et apprend à parler gète et sarmate (*Tr.*, III, xii, 48; V, vii, 56; xii, 57).... Les habitans, d'après la coutume de tout le reste du pays, se couvrent de peaux de bêtes, portent de longs cheveux, une longue barbe; ils ont une voix sauvage, un visage effrayant, un air barbare; ils sont méfians, querelleurs; ils aiment le sang, ne respectent aucune loi, et souvent aux pieds des tribunaux c'est par le fer qu'ils terminent leurs procès; ils sont toujours armés, portent un casque, un arc, un carquois, des traits empoisonnés, enfin un couteau de guerre à leur ceinture (*Tr.*, V, vii, 13 et suiv., 45 et suiv.; x, 29 et suiv.). La ville elle-même est une forteresse située sur une hauteur et entourée de remparts peu imposans (*Tr.*, V, x, 17 et 27); elle est environnée de toutes parts de tribus ennemies (*Tr.*, III, xi, 13

IV, 1, 22; x, 111; V, 11, 32, 69 et suiv.; xII, 20) qui souvent viennent inopinément fondre sur elle, ravager la campagne et lancer leurs traits jusque dans l'enceinte des murs (*Tristes*, V, x, 19 et suiv.). De là vient que les Tomites s'occupent peu d'agriculture, vont toujours armés (*Tristes*, V, x, 23), et sont pauvres (*Tr.*, III, x, 60). Cette ville n'a pas non plus d'autres industries. Rarement des navigateurs poussent jusque-là; le plus souvent ils ne viennent que du voisinage, jamais de Rome. On voit en général peu de Romains dans cette mer (*Tr.*, III, xII, 31 et suiv.; IV, IV, 58), dont ils redoutent les orages fréquens (*Tr.*, IV, 1, 22; IV, 57), et qui, de plus, est pauvre en ports (*Tr.*, III, 11, 11, 12 et 38; IV, IV, 58). Le pays est barbare et inhospitalier (*Tr.*, III, xI, 7; IV, 1, 22; V, 1, 46; 11, 31; xII, 55), couvert de rochers (*Tr.*, I, vIII, 39) et sans culture; il y est du reste peu propre; car les violens ouragans des vents du nord y exercent continuellement leur fureur (*Tr.*, III, x, 45 et 51; IV, 1, 22; IV, 57). Le sol y est brûlé par un froid éternel (*Tr.*, III, 11, 8; V, 11, 65). L'hiver y dure plus long-temps qu'à Rome (*Tr.*, III, xII, 2); le Danube, la mer même, y gèlent dans cette saison. Le vin y gèle lui-même (*Tr.*, III, x, 9 et suiv.; xII, 28); aussi n'y croît-il pas un arbre; aussi n'y récolte-t-on ni fruit ni vin (*Tr.*, III, x, 71 et suiv.; xII, 13 et suiv.; comparez *Pont.* I, vII, 9 et suiv.; II, vII, 63 et suiv.; III, 1, 1 et suiv.; vIII, 1 et suiv.; x, 31 et suiv.); l'absinthe seule y croît en abondance (*Tr.*, V, xIII, 21; *Pont.*, III, vIII, 15). Cela n'a rien de surprenant, puisque ce pays est situé à l'extrémité septentrionale du monde (*Tr.*, III, xIII, 27; V, 11, 31), sous un ciel tout-à-fait différent de celui de l'Italie (*Tr.*, IV, 11, 69), sous des constellations qu'on ne connaît pas à Rome (*Tr.*, I, v, 61), tout près ou immédiatement au dessous de l'étoile polaire et du pôle nord (*Tr.*, III, 11, 2; IV, 47; x, 3; xI, 8; IV, vIII, 41; IX, 18; V, 11, 64; III, 7; *Pont.*; I, v, 73; IV, x, 39). Tomes est la dernière possession romaine (*Tr.*, II, 195 et suiv.; I, 1, 128); et en général les Romains ne sont pas encore bien établis dans le pays; dans la Haute Mésie, même, ils ont peine à contenir l'humeur guerrière des habitans (*Pont.*, IV, IX, 77). Ovide parle fort peu de la topographie de l'intérieur du Pont, quoiqu'il l'ait traversé depuis Tempyre, protégé par les soins de Sextus Pompée (*Tr.*,

I, x, 23; *Pont.*, IV, v, 33 et suiv.). En pénétrant dans l'intérieur du pays près du Danube, est située dans la Mésie inférieure la ville d'OEgissos ou OEgypsos (*Pont.*, I, vIII, 13 et suiv.; IV, vII, 21 et 53), et, dans la Haute-Mésie, la ville de Trosmis (*Pont.*, IV, IX; 79). Dans les environs de Tomes, outre les Gètes, on trouve au sud-ouest les Besses, tribu thrace, qu'Ovide place par conséquent plus au nord au delà de l'Hémus, que Pline qui (IV, 18) les place près du Nessus ou Nestus. Ils sont probablement, ainsi que d'autres tribus thraces, compris sous le nom générique et poétique de Bistoniens, lesquels, avec leurs longues lances (*sarissæ*), menacent Tomes et habitent au sud à l'opposé des Sarmates, situés au nord (*Pont.*, I, III, 59).

Près de Tomes vers le nord est l'embouchure du Danube, et Ovide demeure auprès de ce fleuve (*Tr.*, IV, x, 119; V, 1, 21; vII, 2; *Pont.*, III, Iv, 91). Le poète le désigne ordinairement sous le nom d'*Ister*, quelquefois, mais très-rarement, sous le nom de *Danubius* : ce fleuve est *binominis* (*Pont.*, I, vIII, 11); d'après une ancienne division, dans sa partie supérieure jusqu'aux cataractes, il s'appelle *Danubius*, et vers son embouchure il prend le nom d'*Ister* (*Comparez* Pline, IV, 24; Pomp. Méla, II, 1, 8; Ptolémée, III, 10). C'est un fleuve aussi considérable que le Nil; il se jette par sept bouches dans la mer (*Tr.*, II, 189; III, x, 27; V; vII, 2). Des deux côtés habitent des Gètes et des tribus sarmates et scythes (*Pont.*, III, Iv, 92; IV, II, 37); de là *Scythicus Ister* (*Tr.*, v, 1, 21). Pendant l'été ses flots empêchent les peuples ennemis de la côte septentrionale de fondre sur le territoire de Tomes (*Tr.*, III, x, 7; xII, 29); mais dans l'hiver, et lorsqu'il est gelé, ses glaces leur servent de pont pour le traverser et pour aller ravager et piller la contrée (*Tr.*, III, x, 34 et suiv.; xI, 10; xII, 30; IV, 1, 21 et 69; Iv, 59; V, II, 69; x, 16 et suiv.; *Pont.*, IV, vII, 9).

Au dela du Danube, sur la côte septentrionale et au bord de la mer, habitent les Sauromates ou Sarmates, divisés en plusieurs tribus (*Pont.*, I, II, 79 et suiv.). C'est à cause de cela que leur pays a le nom de *côte* (Sarmatis ora) (*Tr.*, IV, x, 110; V, III, 8). Ils appartiennent à la grande famille des Scythes (*Voyez* Tzschucke, sur Pomponius Méla, III, Iv, 1), et la division des Sarmates et des Scythes en deux peuples n'a été introduite qu'après Ovide par Méla. Pline fait encore cette remarque (IV, 25) : *Scytharum nomen usquequaque transit in Sarmatas;* et peu auparavant il parle des Sarmates comme d'un peuple scythe situé vers l'embouchure du Danube. Chez Ovide, le nom de Scythie est le nom générique de la côte septentrionale du Danube, et la Sarmatie une subdivision, un nom spécial; et s'il veut séparer les uns des autres, la Sarmatie est le pays qui s'étend sur la côte occidentale, à peu près jusqu'au Tyras, et la Scythie celui qui s'étend sur la côte septentrionale de la mer Noire. Cependant cette distinction ne se fonde sur aucune preuve bien positive; car le passage suivant (*Tr.*, I, VIII, 40) : *Genitus in feris Scythiæ Sarmaticisque jugis*, ne prouve rien : au contraire, le pays où il place les Sarmates, il l'appelle ailleurs Scythie (*Tr.*, IV, VI, 47; X, 110; III, XI, 55; X, 7); mais, à l'exception de ce passage du premier livre qui était écrit avant qu'il fût arrivé à Tomes, il ne place jamais les Sarmates et les Scythes auprès les uns des autres comme deux peuples différens. Ces Sarmates, pendant l'hiver, passent le Danube en ennemis (*Tr.*, III, X, 34; XII, 30), et menacent Tomes du côté du nord. De là (*Pont.*, I, III, 57) :

Hostis adest dextra lævaque a parte timendus.
Vicinoque metu terret utrumque latus :
Altera Bistonias pars est sensura sarissas,
Altera Sarmatica spicula missa manu.

Mais le séjour des Sarmates n'est pas borné par le Danube, et les habitans de Tomes sont en grande partie des Sarmates (*Tr.*, V, VII, 13). Voilà pourquoi Ovide voit des Sarmates autour de lui (*Pont.*, II, II, 95); voilà pourquoi il habite au milieu des Sarmates (*Tr.*, V, I, 74; III, III, 63; *Pont.*, I, II, 114), sur la côte sarmate (*Tr.*, IV, I, 110; V, I, 13), et dans une contrée sarmate (*Tr.*, IV, VII, 16); voilà pourquoi il parle sarmate (*Tr.*, V, VII, 56)... La description qu'il donne des Sarmates est à peu près la même que celle des Gètes... Cependant ils sont un peu plus pacifiques. Une autre différence, c'est que les Gètes vont à cheval et que le Sarmate s'avance sur des chariots attelés de bœufs (*Tr.*, III, X, 34; XII, 30). Toutefois, on ne sait pas si ces chariots, qui rappellent les ἁμαξόβιοι d'autres géographes, s'étendent à toute la race des Sarmates.

Quoique le nom de Sarmates soit le nom générique des habitans de la côte, par opposition aux Gètes qui occupent l'intérieur du pays, cependant, dans d'autres passages, le poète distingue des tribus isolées, et en sépare les Sarmates dans le sens le plus restreint du mot, sans qu'il soit possible d'assigner à ces tribus des demeures bien fixes : tels sont les *Coralli* (*Pont.*, IV, II, 37, et VIII, 83), dont il faut à ce qu'il paraît chercher le pays au delà du Danube sur les frontières des Gètes : ils sont blonds et couverts de peaux de bêtes. Non loin de Tomes, sur les frontières du territoire romain, par conséquent au delà du Danube, habitent les Bastarnes et les Sauromates (*Tr.*, II, 198), et, au sujet de ce passage, on peut admettre peut-être que les Sarmates proprement dits habitaient le bord de la mer, et que les Bastarnes se trouvaient plus avant dans l'intérieur du pays, vers les confins des Gètes. Dans les *Tristes* (II, 191) il est question des Jazyges, des Colchiens, des hordes de Météréé, qui ne sont séparés de Tomes que par les flots du Danube. De la comparaison du vers 198 et des *Pont.* (I, II, 79), où les Jazyges sont distingués des Sarmates, il semble résulter qu'ils habitaient encore un peu plus au nord que les Bastarnes et les Sarmates. Ce qui confirme encore cette opinion, c'est que, d'après Ptolémée (III), les Jazyges habitaient à l'occident du Palus-Méotis. Les Colchiens sont donc peut-être les habitans du Pont, près du Phase. Les Jazyges (*Pont.*, IV, VII, 9) sont désignés comme ἁμαξόβιοι, ce qui prouve leur affinité avec les Sarmates. Plus au nord se trouve encore le Bosphore (Cimmérien), le Tanaïs, les marais scythiques (Palus-Méotis), et quelques lieux encore dont le nom est à peine connu (*Tr*, III, IV, 49).

Enfin les Gètes habitaient également sur le Danube (*Pontiques*, III, IV, 92); mais ils pénètrent davantage dans l'intérieur du pays. De là *Sarmatis ora juncta Getis* (*Tr.*, IV, X, 110, V, III, 8); et voilà pourquoi les Gètes sont voisins des Mysiens (*Pont.*, IV, IX, 78). Cependant on en trouve aussi aux environs de Tomes, sur la rive droite du Danube, et ils sont les voisins de cette ville (*Pont.*, I, II, 78; IV, XIV, 14); mais ils habitent aussi plus haut vers le nord, et les Tauriens dans la pé-

ninsule de la Crimée ne sont pas loin d'eux (*Pont.*, III, 11, 46).
Ils sont durs et sauvages (*Tr.*, V, 1, 46; III, 8; *Pont.*, II, VII,
31), avides de guerre et indomptés (d'où *Marticolæ*) (*Tr.*, V,
III, 22; *Pont.*, I, VIII, 6; III, IV, 92; IV, XIV, 14); ils vivent de
rapines et de butin, et fourragent continuellement autour de
Tomes (*Tr.*, III, XIV, 42; V, III, 11; X, 16). Ils passent à cheval le Danube, font de longues et rapides courses, peuvent long-
temps supporter la faim et la soif; ils font aussi usage de flèches
empoisonnées (*Pont.*, I, II, 85 et suiv.). Du reste, ils ressemblent aux Gètes de Tomes.

Les Tomites avaient donc pour voisins, au sud et au sud-
ouest, des peuplades thraces (les Besses, les Gètes); au nord, des
Sarmates et des Scythes; au nord-ouest et à l'ouest, des Gètes.

FIN DU TOME NEUVIÈME.

www.ingramcontent.com/pod-product-compliance
Lightning Source LLC
Chambersburg PA
CBHW050914230426
43666CB00010B/2157